名校名师通识教育
新形态系列教材

慕课版

名校名师

数字素养
与技能导论

黄如花 / 主编

李白杨 黄雨婷 / 副主编

U0739096

人民邮电出版社
北京

图书在版编目（CIP）数据

数字素养与技能导论：慕课版 / 黄如花主编.
北京 ：人民邮电出版社，2025. -- （名校名师通识教育
新形态系列教材）. -- ISBN 978-7-115-66309-2

Ⅰ. TP3

中国国家版本馆 CIP 数据核字第 20254TQ949 号

内 容 提 要

本书为数字素养领域的通识课教材，系多位长期从事数字素养教学与研究的作者集体智慧的结晶。全书分为概念篇、方法篇、工具篇、应用篇、安全与伦理篇 5 个部分，共 12 章，系统阐述了数字素养的基础元素、概念、对公民的要求；介绍了数字信息资源获取、选择与评价的方法与技术；推荐了功能强大、特色显著的人工智能、大数据等数字信息资源获取、加工与处理工具；挖掘了数字素养在衣、食、住、行、乐、购、学等常见数字生活与学习场景中的应用；总结了在线隐私泄露、电信诈骗、数字成瘾和网络暴力等数字安全问题的应对方法，强调了人工智能时代法律法规与道德伦理对数字行为提出的规范与约束。

本书在每章的章首均设置了学习目标与导读，以帮助读者快速了解各章的核心内容；章末提供了适量习题与阅读推荐书目，以便读者巩固所学、延伸思考。全书尽量避免堆砌专业术语，而是通过简洁明了的文字、生动形象的图片与案例，以及引人深思的拓展阅读，深入浅出地讲解数字素养的基础知识。本书用二维码链接与本书密切相关的慕课、PPT 课件和相关文件等，以方便教师备课、学生拓展学习。

本书可作为高等院校通识课教材，供各专业学生学习使用，也可以作为数字素养与技能领域教学培训与研究人员的参考用书，还可供对数字素养感兴趣的广大用书群体拓展阅读。

◆ 主　　编　黄如花

　　副 主 编　李白杨　黄雨婷

　　责任编辑　方　菲

　　责任印制　陈　犇

◆ 人民邮电出版社出版发行　　北京市丰台区成寿寺路 11 号

　　邮编　100164　电子邮件　315@ptpress.com.cn

　　网址　https://www.ptpress.com.cn

　　三河市中晟雅豪印务有限公司印刷

◆ 开本：787×1092　1/16

　　印张：12　　　　　　　　　　2025 年 1 月第 1 版

　　字数：356 千字　　　　　　　2025 年 1 月河北第 1 次印刷

定价：49.80 元

读者服务热线：(010)81055256　印装质量热线：(010)81055316
反盗版热线：(010)81055315

编委会

主　编　黄如花

副主编　李白杨　黄雨婷

委　员　赖　彤　石乐怡　吴应强

　　数字素养与技能提升是多重国家战略叠加的需求。2021 年 11 月 5 日，中央网络安全和信息化委员会办公室（以下简称"中央网信办"）高规格发布纲领性文件《提升全民数字素养与技能行动纲要》（以下简称《行动纲要》），将提升全民数字素养与技能上升为国家战略，将其作为"建设网络强国、数字中国的一项基础性、战略性、先导性工作"，明确提出了"全民数字素养与技能等能力达到更高水平，高端数字人才引领作用凸显"的战略目标。同年 12 月，中央网信办印发《"十四五"国家信息化规划》，将"全民数字素养与技能提升行动"列为十大优先行动之首，要求"搭建全民数字技能教育资源体系""让人民群众共享信息化发展成果"。2024 年 4 月 2 日，人力资源和社会保障部等九部门联合印发《加快数字人才培育 支撑数字经济发展行动方案（2024—2026 年）》，重点任务之二就是"推进数字技能提升行动"。

　　数字素养与技能提升是国际社会共同关注的战略发展方向。2018 年，联合国教科文组织发布《数字素养全球框架》，旨在助力实现联合国 2030 年可持续发展目标中的 4.4.2 "至少达到数字素养技能最低熟练程度的青年 / 成人百分比"。欧盟提前布局全民数字素养与技能提升战略，于 2013 年首次发布《欧盟公民数字胜任力框架》（简称"DigComp"），2022 年将之更新至 DigComp 2.2，对欧盟成员国乃至全球主要国家的数字素养教学、评估、研究与实践产生了深远影响。2018 年，经济合作与发展组织、世界经济论坛和世界领先的标准制定机构"IEEE 标准协会"历史性地认可了首个以数字素养为主题的全球标准"关于数字素养、数字技能和数字准备的全球标准"（IEEE 3527.1™标准），为全球各国和各行业的数字素养与技能提升事业提供了行动基准。

　　教材建设应当服务教育高质量发展和教育强国建设。2016 年 5 月 17 日，习近平总书记在哲学社会科学工作座谈会上的重要讲话中指出："要抓好教材体系建设，形成适应中国特色社会主义发展要求、立足国际学术前沿、门类齐全的哲学社会科学教材体系。"2024 年，国家教材委员会就加强教材建设和管理作出重要工作部署，明确提出要"加快推进教材数字化转型，促进教材建设服务国家重大战略和人才培养需求"。面向数字素养与技能提升开展教材建设符合数字中国、人才强国等国家重大战略导向。2022 年 10 月，中共中央办公厅、国务院办公厅印发《关于加强新时代高技能人才队伍建设的意见》，提出以"实施提升全民数字素养与技能行动"为培养力度，以"大力推进符合高技能人才培养需求的精品课程、教材和师资建设，开发高技能人才培养标准和一体化课程"为保障措施。2023 年，教育部办公厅印发《"十四五"普通高等教育本科国家级规划教材建设实施方案》，将"加快以数字教材为引领的新形态教材建设"列为基本原则。

然而，我国数字素养与技能类教材的资源体系还比较薄弱。以信息素养、媒介素养、文献检索、信息技术等为主题的教学教辅资源相对丰富，而以数字素养与技能为主题的成果不多；阐释信息技术使用与文献资源获取的教材颇多，而以数智时代为背景，关注大数据、人工智能等新兴数字技术与工具及其利用方法的较少；面向中小学生与各专业大学生的专门和专业性教材数量较多，但兼顾其他公民群体数字生活与学习需求的数字素养与技能类教材尚少。

本书立足国际前沿与国内需求，定位于通识课教材，兼顾广大用书群体。本书关注 2018 年联合国教科文组织在《数字素养全球框架》中提出的七个素养领域之二"信息和数据素养"，聚焦《行动纲要》提出的数字学习与数字生活两大应用场景。本书强调"内容为王"，重点关注如何利用数字化、智能化技术与工具，获取、甄别、管理、共享与利用由数字化载体传递的数据、信息与知识。具体而言，本书从数字素养的基本概念、方法、工具与应用出发，阐述数字素养的相关概念与能力要求，揭示获取、选择与评价数字信息资源的方法，介绍获取、加工与处理数字信息资源的工具，挖掘数字素养在日常生活与终身学习中的应用途径，强调数字安全与伦理的重要性。

黄如花负责全书的策划并提出编写大纲。李白杨、黄雨婷参与策划并对大纲提出修改意见。各章的具体分工情况是：第 10 章，黄如花；第 7 章～第 8 章，李白杨；第 1 章～第 6 章、第 9 章、第 11 章～第 12 章，黄雨婷。黄如花为第 1 章、第 2 章、第 4 章、第 6 章、第 7 章、第 9 章提供部分讲义与相关素材，并负责全书的审稿和统稿工作。博士生赖彤、石乐怡、吴应强参与大纲和文稿修订讨论，提出了很好的建议，提供了相关素材，并协助处理参考文献。

编者在编写本书过程中广泛吸取了国内外大量相关的研究与实践成果，在此谨向这些文献的作者致以诚挚的谢意！本书的出版得到了人民邮电出版社的支持，责任编辑方菲副编审为本书的出版付出了辛勤劳动，提出了许多宝贵的修改意见，在此谨表谢忱。

数字技术与工具日新月异，加之编者学识、水平有限，书中难免存在疏漏、不妥之处，敬请专家、学者和读者批评指正，以便今后修订和补充。

黄如花

2024 年 9 月 6 日于武昌珞珈山

第一篇　概念篇

01 第1章　数字素养的基础元素 \\ 2

本章学习目标 \\ 2

导读 \\ 3

1.1 数据 \\ 3

1.2 大数据 \\ 4

1.3 信息 \\ 6

1.4 知识 \\ 7

1.5 智慧 \\ 8

1.6 智能 \\ 8

1.7 人工智能 \\ 9

1.8 DIKW金字塔 \\ 10

本章练习 \\ 10

阅读书目推荐 \\ 11

**02 第2章　数字素养"概念
　　　　家族" \\ 12**

本章学习目标 \\ 12

导读 \\ 13

2.1 穿越时空的素养 \\ 13

2.1.1 计算机时代的计算机素养 \\ 13

2.1.2 网络时代的网络素养 \\ 14

2.1.3 远程通信时代的信息通信技术
素养 \\ 15

2.1.4 读图时代的视觉素养 \\ 16

2.1.5 媒体时代的媒介素养 \\ 16

2.1.6 信息时代的信息素养 \\ 17

2.1.7 大数据时代的数据素养 \\ 18

2.1.8 数字时代的数字素养 \\ 19

2.1.9 算法时代的算法素养 \\ 20

2.1.10 智能时代的AI素养 \\ 20

2.1.11 与时俱进的媒介与信息
素养 \\ 21

2.2 数字素养的"兄弟姐妹" \\ 22

2.2.1 数字能力 \\ 22

2.2.2 数字胜任力 \\ 23

2.2.3 数字技能 \\ 23

2.2.4 数字智商 \\ 24

2.2.5 数字素养与技能 \\ 24

本章练习 \\ 24

阅读书目推荐 \\ 25

**03 第3章　数字素养对公民的
　　　　要求 \\ 26**

本章学习目标 \\ 26

导读 \\ 27

3.1 立足中国，争做数字公民 \\ 27

3.1.1 中央网信办的纲领性要求 \\ 27

3.1.2 科普研究的最新成果 \\ 28

3.1.3 评估实践的量化标准 \\ 29

3.2 关注国际，谋求竞争优势 \\ 30

3.2.1 欧盟《公民数字胜任力
框架》 \\ 30

3.2.2 美国"北极星数字素养
评估" \\ 31

3.2.3 英国《基本数字技能国家
标准》 \\ 31

3.3 放眼全球，对齐世界标准 \\ 32

3.3.1 集大成的联合国教科文组织
框架 \\ 32

3.3.2 首个数字素养全球标准 \\ 34

3.3.3 应用广泛的国际水平认证 \\ 37

本章练习 \\ 38

阅读书目推荐 \\ 39

第二篇　方法篇

04 第4章　信息检索的基本方法 \\ 41

本章学习目标 \\ 41

导读 \\ 42

4.1 灵活圈定检索范围 \\ 42

4.2 精准直击理想结果 \\ 43

4.3 一网打尽相关内容 \\ 44

4.4　聚焦一个主题　\\ 44
4.5　锁定一个题名　\\ 44
4.6　限定一种格式　\\ 45
4.7　框定一段时间　\\ 45
4.8　锚定一个语种　\\ 46
本章练习　\\ 47
阅读书目推荐　\\ 47

05 **第5章　跨媒介信息检索　\\ 48**
本章学习目标　\\ 48
导读　\\ 49
5.1　寻图　\\ 49
　　5.1.1　巧搜相似图　\\ 49
　　5.1.2　遍寻高质图　\\ 51
　　5.1.3　深挖特色图　\\ 53
　　5.1.4　巧解图中意　\\ 55
5.2　识曲　\\ 55
　　5.2.1　听音秒识曲　\\ 55
　　5.2.2　畅享好音乐　\\ 56
　　5.2.3　"小众"音频全网罗　\\ 57
　　5.2.4　特殊音效轻松寻　\\ 58
5.3　找视频　\\ 59
　　5.3.1　不知片名也可搜　\\ 59
　　5.3.2　电影大片一站搜　\\ 60
　　5.3.3　珍贵影像尽在手　\\ 61
本章练习　\\ 62
阅读书目推荐　\\ 62

06 **第6章　信息的选择与评价　\\ 63**
本章学习目标　\\ 63
导读　\\ 64
6.1　权威认证更可靠　\\ 64
　　6.1.1　信赖官方来源　\\ 64
　　6.1.2　核查作者声望　\\ 65
6.2　浩瀚网络"贝海拾珠"　\\ 65
　　6.2.1　兼听他人反馈　\\ 65
　　6.2.2　咨询专家意见　\\ 66
　　6.2.3　参考客观数据　\\ 67

6.3　不要被偏见"带歪"　\\ 67
6.4　川流信息化为"知识宫殿"　\\ 68
6.5　信息也有"最佳赏味期"　\\ 69
6.6　用特色信息彰显你的个性　\\ 70
6.7　有图未必就有真相　\\ 70
本章练习　\\ 73
阅读书目推荐　\\ 73

第三篇　工具篇

07 **第7章　信息获取的通用工具　\\ 75**
本章学习目标　\\ 75
导读　\\ 76
7.1　搜索引擎　\\ 76
　　7.1.1　什么都能搜的"综合性搜索引擎"　\\ 77
　　7.1.2　按图索骥的"目录式搜索引擎"　\\ 82
　　7.1.3　专注特定领域的"垂直搜索引擎"　\\ 83
　　7.1.4　一键遍览各平台的"元搜索引擎"　\\ 84
7.2　社交媒体　\\ 86
　　7.2.1　亲朋好友联络站　\\ 87
　　7.2.2　与领域专家面对面　\\ 89
　　7.2.3　以"图"会友　\\ 92
　　7.2.4　（短）视频社交新潮流　\\ 94
7.3　生成式人工智能工具　\\ 96
　　7.3.1　具有代表性的大语言模型　\\ 99
　　7.3.2　人工智能搜索引擎　\\ 101
　　7.3.3　人工智能图像工具　\\ 104
　　7.3.4　人工智能语音工具　\\ 108
　　7.3.5　人工智能翻译工具　\\ 110
　　7.3.6　人工智能编程工具　\\ 112
本章练习　\\ 114
阅读书目推荐　\\ 114

08 **第8章 数字加工和处理工具** \\ **115**

本章学习目标 \\ 115

导读 \\ 116

8.1 常用办公软件 \\ 116

8.1.1 个人办公软件 \\ 116

8.1.2 协作办公软件 \\ 118

8.2 多媒体编辑工具 \\ 120

8.2.1 图像美化工具 \\ 120

8.2.2 音频制作工具 \\ 120

8.2.3 视频剪辑工具 \\ 121

8.3 数据分析工具 \\ 121

8.3.1 计量与可视化工具 \\ 121

8.3.2 统计分析工具 \\ 125

本章练习 \\ 128

阅读书目推荐 \\ 129

第四篇　应用篇

09 **第9章 畅享数字美好生活** \\ **131**

本章学习目标 \\ 131

导读 \\ 132

9.1 勤俭节约的技巧 \\ 132

9.1.1 一个便宜三个爱 \\ 132

9.1.2 货比三家不吃亏 \\ 133

9.1.3 数字消费权益多 \\ 133

9.2 时尚大师为你支招 \\ 135

9.2.1 立于时尚的"浪尖" \\ 135

9.2.2 提升自己的"衣品" \\ 136

9.2.3 选择合适的颜色 \\ 136

9.3 为你的健康保驾护航 \\ 137

9.3.1 均衡营养好体格 \\ 137

9.3.2 安全用药恢复快 \\ 138

9.3.3 智慧医疗效率高 \\ 138

9.4 畅行万里路 \\ 139

9.4.1 旅游规划也省心 \\ 139

9.4.2 不会开车如何"丝滑"
畅游 \\ 140

9.4.3 开车出游不麻烦 \\ 140

9.5 享受智能家居生活 \\ 141

9.5.1 用语音"指挥"家居 \\ 141

9.5.2 躺着把家务活干了 \\ 142

9.5.3 360度的安全防护 \\ 142

本章练习 \\ 143

阅读书目推荐 \\ 143

10 **第10章 提高终身学习能力** \\ **144**

本章学习目标 \\ 144

导读 \\ 145

10.1 免费读万卷书的好地方——
图书馆 \\ 145

10.1.1 到附近的图书馆阅览 \\ 146

10.1.2 网上借阅 \\ 146

10.1.3 图书馆更多的服务等你
体验 \\ 146

10.1.4 你选书、图书馆买单 \\ 147

10.1.5 搜索全球图书馆的目录——
WorldCat \\ 147

10.2 搜索免费电子书 \\ 147

10.2.1 利用综合性搜索引擎的网页检索
功能 \\ 147

10.2.2 利用综合性搜索引擎的图书搜索
功能 \\ 148

10.2.3 利用专门的图书搜索
引擎 \\ 148

10.2.4 使用专用的网盘搜索
引擎 \\ 148

10.2.5 读书App \\ 148

10.3 解放你的眼睛——听书 \\ 149

10.3.1 利用综合性搜索引擎的网页检索
功能 \\ 149

10.3.2 利用有声书搜索引擎 \\ 149

10.3.3 有声书App \\ 149

10.3.4 有声书分享网站 \\ 150

10.3.5 有声图书馆 \\ 150

10.3.6 利用文字转音频的工具 \\ 150

10.4 免费学习全国名师课程 \\ 150

10.4.1 五大"国字号"学习
平台 \\ 151

10.4.2 知名大学"压箱底"的
好课 \\ 152

10.4.3 趣味好课，藏在意想不到的
平台 \\ 153

10.5 免费学习全球"大咖"课程 \\ 154

10.5.1 慕课的"三驾马车" \\ 154

10.5.2 足不出户享受全球顶尖大学
资源 \\ 155

10.5.3 在线获取博士学位 \\ 156

10.6 自学英语也轻松 \\ 156

10.6.1 品味英语美文 \\ 156

10.6.2 找英语母语者练口语 \\ 157

10.6.3 英语大考轻松备战 \\ 157

本章练习 \\ 158

阅读书目推荐 \\ 158

第五篇 安全与伦理篇

第11章 应对数字安全新挑战 \\ 160

本章学习目标 \\ 160

导读 \\ 161

11.1 逃离屏幕背后的窥探 \\ 161

11.1.1 隐私，数字时代的
"奢侈品" \\ 161

11.1.2 隐私泄露后的"裸奔" \\ 162

11.1.3 构筑个人隐私的"长城" \\ 162

11.2 谨防电信诈骗 \\ 163

11.2.1 电信诈骗的多重面具 \\ 163

11.2.2 破解电诈刻不容缓 \\ 164

11.2.3 练就信息甄别的火眼金睛 \\ 164

11.3 逃脱"数字成瘾" \\ 165

11.3.1 "网瘾"究竟是不是病 \\ 166

11.3.2 过度上网危害大 \\ 166

11.3.3 平衡"数字-现实"跷跷板 \\ 166

11.4 当心网络暴力 \\ 167

11.4.1 互联网"隐秘的角落" \\ 167

11.4.2 虚拟的现象，真实的后果 \\ 167

11.4.3 如何应对网络暴力 \\ 168

本章练习 \\ 168

阅读书目推荐 \\ 169

第12章 守望数字道德与
伦理 \\ 170

本章学习目标 \\ 170

导读 \\ 171

12.1 网络不是"法外之地" \\ 171

12.1.1 网上的作品是"免费
午餐"吗 \\ 171

12.1.2 网络造谣有何后果 \\ 173

12.1.3 不小心传谣不用负责吗 \\ 173

12.2 网络社交时代的那些礼仪 \\ 173

12.2.1 网络发言有温度 \\ 174

12.2.2 数字行为有风度 \\ 174

12.2.3 偶遇冲突有气度 \\ 174

12.3 冲破"信息茧房" \\ 175

12.3.1 掌握信息获取主动权 \\ 176

12.3.2 拓宽信息获取渠道 \\ 176

12.3.3 拒绝人云亦云 \\ 176

12.4 跨越"数字鸿沟" \\ 176

12.4.1 接入、技能与效果的多重
差距 \\ 176

12.4.2 数字富有者和数字
贫困者 \\ 177

12.4.3 连接、飞跃、融合 \\ 178

本章练习 \\ 179

阅读书目推荐 \\ 179

附录 \\ 180

图目录

图1-1　大数据的3个"V"　\\　4

图1-2　DIKW金字塔模型　\\　10

图2-1　全球统一的"信息素养"名称与标识　\\　18

图3-1　中国科普研究所"全民数字素养与技能评价模型"　\\　28

图3-2　全国高等学校计算机教育研究会"人才数字力认证"的等级划分　\\　29

图4-1　文氏图：逻辑"与"　\\　43

图4-2　文氏图：逻辑"或"　\\　43

图4-3　文氏图：逻辑"非"　\\　43

图4-4　中国知网的首页（局部）　\\　44

图4-5　百度搜索的高级搜索页面　\\　45

图5-1　Pinterest的相似物品搜索功能　\\　51

图5-2　知识共享许可证的图标　\\　53

图6-1　"动起来"的蒙娜丽莎　\\　71

图6-2　国际图书馆协会联合会"如何分辨假新闻"信息图　\\　72

图7-1　搜狗搜索的高级搜索设置界面　\\　80

图7-2　YouTube的搜索过滤条件界面　\\　95

图7-3　大语言模型时间线　\\　99

图7-4　文心一言的五大应用场景　\\　101

图7-5　用文心一格绘图　\\　105

图7-6　用即梦AI绘图　\\　105

图7-7　用DALL·E 3绘图　\\　107

图8-1　中国知网对数字素养主题论文的可视化分析　\\　122

图8-2　用CiteSpace生成的文献图谱　\\　123

图8-3　用SPSS生成的图表　\\　127

图11-1　"数字隐私"的检索热度持续提升　\\　162

图11-2　国家反诈中心的反诈信息图　\\　165

图12-1　我国网民的年龄结构　\\　178

表目录

表3-1　欧盟公民数字胜任力的熟练程度级别及其主要特征　\\　31

表3-2　联合国教科文组织《数字素养全球框架》　\\　32

表3-3　"可持续发展目标""福祉指标"与IEEE 3527.1™标准的对应关系　\\　35

表3-4　"国际数字素养认证"对公民数字素养的要求　\\　37

表4-1　谷歌搜索引擎的语言代码对照表　\\　46

表6-1　《中国图书馆分类法》的部类和基本大类　\\　69

表9-1　数字消费者权益的主要类型　\\　134

第一篇　概念篇

第 1 章 数字素养的基础元素

本章学习目标

- 知晓什么是数据、信息、知识与智慧。
- 理解数据、信息、知识与智慧之间的区别与联系。
- 认识人工智能。
- 感受身处的数字环境。

导读

人们常说，"腹有诗书气自华"，似乎书读得多了知识储备也就多了，整个人自然而然地变得有智慧、有气质了。那么，究竟什么是"知识"呢？是不是书本上的内容就是"知识"呢？1964年，被誉为"现代管理学之父"的彼得·德鲁克（Peter Drucker）在其经典之作《成果管理》（*Managing for Results*）中写道："书上没有知识，书上只有信息。"意思就是，书本更多的是一种传递数据和信息的载体，同样的书由不同的人来读，效果是不同的。比如，一个小孩子阅读一本哲学主题的英文著作，他可能读不懂英文、难以理解复杂的哲学思想、没有耐心坚持读下去……这本著作中的内容于他而言就仅仅是数据而已，连信息都算不上。

身处数字时代，很多人都会在闲来无事时"刷视频""打游戏"，在日常办公时编辑加工文档和表格，在自学一门技能时通过网络公开课接受教育……这样看来，现代人类开展的一切活动都与数据、信息、知识和智慧息息相关。但是，很少有人能准确说出这4个概念之间的区别与联系。

经过本章的学习，你将知道什么是数据、什么是信息，以及怎样将它们转化为知识与智慧。

1.1　数据

近年来，"大数据""数据管理""数据资产""数据要素"等概念变得流行起来。其实，数据的历史很长，古代人结绳记事、刻痕计数都是以数据为基础的。例如，《周易·系辞下》记载："上古结绳而治，后世圣人易之以书契，百官以治，万民以察"。

拓展阅读 ## 数据的历史

17世纪40年代，帽子制造商约翰·格朗特（John Graunt）开始收集有关伦敦死亡人口的信息，记录了死亡人数、各年龄组的死亡率、死因等统计数据，彻底改变了人类使用医疗数据的方式。事实上，格朗特被认为是第一个使用数据分析来理解和解决问题的人。

19世纪80年代，德裔美国统计学家赫尔曼·霍利里思（Herman Hollerith）看到一名火车售票员为乘客打卡后，萌生了使用穿孔卡写入和处理数据的想法。穿孔卡通常是一种硬纸，机器会在特定位置上打孔。卡在黄铜棒之间移动，以便以电子方式读取数据。凭借这一重大突破，霍利里思帮助美国政府完成了1890年的人口普查工作。

从这些与数据相关的重要历史事件可以看出，正如"数字+论据"这一简单直白的字面含义，"数据"是一种"有根据的数字"，是对客观世界进行记录、测量和计算的结果。我国的《辞海》（第七版）将"数据"定义为"描述事物的数字、字符、图形、声音等的表示形式"；在国外，《韦氏词典》（*Merriam-Webster's Dictionary*）对"data"的释义则是"用作推理、讨论或计算基础的事实信息（如测量或统计数据）"。

1.2   大数据

在人类活动扩展、全球互联网普及、传感器技术发展等多重因素影响下，全球范围内的数据类型变多、数据传输速度变快、数据体量变大；数据挖掘算法、自然语言处理、可视化分析、云存储等大数据方法和技术的发展，又使人们得以解读与应用海量的数据。当代社会，"大数据"（Big Data）这类特殊的"数据"脱颖而出。

大数据是一个定义松散的术语，由一个"大"字就可以看出，大数据与普通数据最显著的区别在于它多用于描述庞大而复杂的数据集，这些数据集的大小往往超出人类在可接受时间内获取、管理和分析数据的范畴。2024年，全球领先的科技公司"甲骨文"（Oracle）提出"大数据是包含更多种类的数据，以越来越大的数量和更快的速度传递""简而言之，大数据是更大、更复杂的数据集，尤其是来自新数据源的数据集。这些数据集非常庞大，传统的数据处理软件无法管理它们。但是，这些海量数据可用于解决以前无法解决的问题"。在数字技术取得颠覆性发展的当今世界，大数据的宝贵价值越来越显著，数据存储和计算的成本呈指数级降低，使存储更多数据比以往任何时候都更容易、成本更低。随着大数据量的增加，人们更容易，也能以更少的花费获得大数据，人们可以做出更准确、更精确的业务决策。

大数据的特别之处有很多，区分它与一般"数据"的最简单的方式是3个"V"，如图1-1所示。

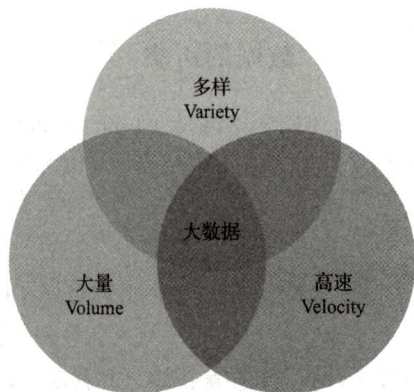

图1-1   大数据的3个"V"

其一，大量（Volume），即采集、计算、存储的数据量都非常庞大。人们在线上聊天、网络购物、上网搜索等过程中持续产生数量庞大的文字、图片、视频等各式各样的数据。现代人"片刻不离身"的智能手机，以及平板电脑、笔记本电脑、传感器等电子产品，无一不是数据的载体，数据的储存不再仅以人们耳熟能详的GB（10^9字节）或TB（10^{12}字节）为单位，而是跃升至PB（10^{15}字节）、EB（10^{18}字节）乃至ZB（10^{21}字节）级别。我们日常使用的手机一般有128GB、256GB或512GB的容量，1EB的数据量则需要2000个机柜的存储设备和21个标准篮球场大小的机房才能存储得下。2023年5月，国际数据公司（International Data Corporation，IDC）发布的报告《全球数据圈2023》（*Global DataSphere 2023*）显示，中国数据量规模将从2022年的23.88ZB增长至2027年的76.6ZB，年均增长速度达26.3%，位居全球第一。

其二，多样（Variety），即数据类型多种多样。通常来说，传统数据属于结构化数据，被组织成行和列，每个列包含特定的数据类型（如日期、文本、百分比等），能够被整齐地纳入关系数据库。而大数据还包括半结构或非结构化的数据资料，如媒体和娱乐数据、监控数据、地理空间数据、音频、天气数据、发票等，它们没有固定的组织原则，未经过滤，需要经过额外的预处理操作才能被深入地描述与分析。

其三，高速（Velocity），即数据增长、传输和处理的速度极快。随着数字技术的飞速发展，数据量也迎来了爆发式增长。国际数据公司在报告《数据时代2025》（*Data Age 2025*）中预测，从2018年到2025年，全球数据将从33ZB急速增长到175ZB，全球2025年产生的数据量大约是2016年产生的数据量的10倍。数据从源传输到目的地的速度大幅提升。2023年，一个国际联合团队创造了行业标准光纤传输速度新纪录：在67千米长的光纤上，数据传输速度高达每秒1.7PB[1]。这意味着一根头发粗细的光纤可承载100多万个家庭互联网的全速运行，且还有余力。数据处理速度快。2024年6月，"全球超级计算机排行榜"显示，全球最快的超级计算机是位于美国橡树岭国家实验室（Oak Ridge National Laboratory，ORNL）的"前沿"（Frontier），处理器核心数量达到8699904个，峰值性能（Rmax）为1194PFlop/s。

在不经意之间，大数据已经逐渐与我们的日常生产生活深度融合，产生了深远的影响。例如，医疗大数据通过收集与分析不同病例、病理报告、药物报告等，参考疾病数据库来快速帮助病人确诊，甚至提前预测与研判病情。2009年，谷歌公司凭借网络服务"谷歌流感趋势"（Google Flu Trends，GFT）汇总谷歌搜索查询记录并对流感活动做出了准确预测，比美国疾病控制与预防中心提前1～2周预测到了甲型H1N1流感的暴发，此事件震惊了医学界和计算机领域的科学家。联合国密切关注大数据的发展趋势及其可能带来的机遇与挑战，认为"如果得到负责任的应用，（大数据）可以做出更敏捷、更高效和基于证据的决策，并能够以包容和公平的方式更好地衡量可持续发展目标的进展"[2]。

① RADEMACHER G，VAN DEN HOUT M，LUÍS R S，et al. Randomly coupled 19-core multi-core fiber with standard cladding diameter［C］//Optical Fiber Communication Conference. Optica Publishing Group，2023：1-3.

② United Nations. Big Data for Sustainable Development［EB/OL］. ［2024-01-22］.

拓展阅读　　　　　　　　　　**网飞对大数据的利用**

　　著名的美国流媒体服务商——网飞（Netflix）借助大数据的力量，分析用户的收藏、推荐、回放、暂停、评分、搜索等信息行为，发现喜欢英国广播公司（British Broadcasting Corporation, BBC）电视剧和导演大卫•芬奇（David Fincher）的用户存在交集，一部影片如果同时满足这几个要素，就极有可能大卖！于是，网飞决定赌一把，以花费美国一般电视剧版权两倍的价格（即1亿美元），买下了一部早在1990年就播出的BBC电视剧《纸牌屋》（House of Cards）的版权，并请来大卫•芬奇担任导演。事实证明，他们赌对了——《纸牌屋》成了网飞网站有史以来观看量最高的剧集，在中美等40余个国家和地区掀起了观影热潮。因此，人们甚至赋予它"大数据鼻祖"的称号[①]。

1.3　信息

　　如果说"数据"是人们记录的事实、测量的数值和计算的结果，那么"信息"就是对这些客观事实、统计数值或计算结果的收集、处理和解释，是结构化的、被赋予了意义的数据。

　　"信息论之父"克劳德•香农（Claude Shannon）在其著名论文《通信的数学理论》（A Mathematical Theory of Communication）中提出了计算信息量的公式：一个信息由n个符号所构成，符号k出现的概率为P_k。则有：

$$H = \sum_{k=1}^{n} P_k \log_2 P_k$$

　　这个公式和热力学中熵的本质一样，故也称为"熵"。从公式可知，当各个符号出现的概率相等，即"不确定性"最高时，信息熵最大，故信息熵可以视为对"不确定性"或"选择的自由度"的度量。我们可以用更简单的语言来解释这个理论：信息就是用来消除不确定性的东西。控制论的奠基人诺伯特•维纳（Norbert Wiener）在《控制论——或关于在动物和机器中控制和通信的科学》（Cybernetics:Or Control and Communication in the Animal and the Machine）中提出，信息是"我们在适应外部世界，控制外部世界的过程中同外部世界交换的内容的名称"。我国著名的信息学专家钟义信教授认为信息是事物的存在方式或运动状态直接或间接的表述。美国信息管理专家福雷斯特•霍顿（Forest Horton）认为"信息是为了满足用户决策的需要而经过加工处理的数据"。

　　"信息"一词被如此广泛地应用于人类社会生活和科学研究的方方面面，但人们对信息的认知却各有异同。信息科学家、系统科学家和哲学家们相继对"信息"提出了200多种定义，虽然从不同层面揭示了信息的各种特征，加深了人们对信息复杂性的认识，但

---

　　① 向芬. 大数据时代的《纸牌屋》［M］//唐绪军. 中国新媒体发展报告 No. 5（2014）. 北京：社会科学文献出版社，2014：230-240.

至今未达成共识[①]。

1.4　知识

　　"知识"与"信息"之间既有区别又有联系。信息经由个体头脑的学习、理解、积累、反思和有意义的提炼，最终上升为知识，这种知识经由个体清楚地表达与传播，又转变为其他个体的信息。联合国教科文组织（United Nations Educational,Scientific and Cultural Organization，UNESCO）解释道："信息获取本身还不足以促成知识社会的建立，因为知识需要理解、占用和参与。因此，获取知识远不止于获得信息通信技术或数据信息那么简单，它还包括正式及非正式的在校学习和经验的累积。"

　　两千多年前，古希腊大哲学家柏拉图（Plato）在《泰阿泰德篇》（*Theaetetus*）中将"知识"定义为"确证的真信念"（Justified True Belief，JTB），他的"JTB理论"得到了不少哲学家的赞同，堪称知识的经典定义。具体而言，要使JTB理论成立，知识必须满足3个条件：第一，有理有据，即有充分的证据来证明知识是合理的；第二，真实，即知识是真实的而不是虚假的；第三，相信，即知识是一个信念，我们必须相信自己拥有的知识。更严谨地说，当且仅当下面3个条件得到满足时，知识才是合理的：某个人A"知道"（Know）某个事件B，或者说A掌握了关于B的知识，即B本身是真的；A相信B是真的；A相信B为真是确证的。

👁 **拓展阅读**　　　　　　　　**对JTB理论的思辨**

　　柏拉图的JTB理论虽然被许多哲学家接受，但也引发了一些争议。比如，1963年，美国哲学家埃德蒙·盖蒂尔（Edmund Gettier）在一篇只有3页纸的论文中提出了两个反例，说明即使是确证的真信念，也未必是知识，质疑了当时哲学界公认的"知识"的JTB定义。以下是其中的一个反例。

　　史密斯和琼斯两个人竞争一个工作职位，史密斯在某天晚上听到别人说上司会把这个职位给琼斯。事实上琼斯比他学历高，经验也更丰富，他很有理由相信琼斯会得到这个职位。同时，史密斯听说琼斯中了彩票。于是史密斯认识到："得到这个职位的人中了彩票"。然而，事实上上司让史密斯得到了这个职位，而且史密斯不知道的还有：他自己买的彩票也中奖了。现在的问题是：虽然史密斯认识到的"得到这个职位的人中了彩票"是一个确证的真信念，但他真的知道这件事吗？

　　回到当今时代，2019年，经济合作与发展组织（Organization for Economic Cooperation and Development，OECD）在《2030年的知识》（*Knowledge for 2030*）中指出，"知识……包括关于世界某些方面的既定事实、概念、思想和理论。知识通常包括理论概

---

① 陈定学．究竟什么是信息［J］．中州学刊，2006（6）240-243．

念和思想，以及基于执行某些任务的经验的实践理解"，并将知识划分为4种类型：

学科知识（Disciplinary Knowledge），包括特定学科的概念和详细的内容，如在学习数学和语言时学到的知识；

跨学科知识（Interdisciplinary Knowledge），涉及将一门学科的概念和内容与其他学科的概念和内容联系起来；

认识论知识（Epistemic Knowledge），是对学科专家如何工作和思考的理解，这些知识有助于学生找到学习的目的，理解学习的应用，扩展他们的学科知识；

程序知识（Procedural Knowledge），是对如何完成某件事的理解，是为实现目标而采取的一系列步骤或行动，有些程序性知识是某些领域特定的，有些程序性知识是可以跨领域转移的。

1.5　智慧

知识并不必然产生智慧。著名宗教家池田大作认为"光有知识，无法创造价值。唯有运用知识、活用智慧，才能创造出教育家牧口常三郎先生所提倡的'美的价值''利的价值''善的价值'"。但智慧必定基于知识。19世纪英国布道家查尔斯·司布真（Charles Spurgeon）将"智慧"定义为"正确使用知识"。武汉大学陈波教授将智慧总结为"良善的动机、广博的知识、审慎的判断和真诚的行动"[①]，"知识"即为四大要素之一。智慧是超越知识的存在，人们通过思辨、判断和行动，将知识转化为智慧。英国哲学家尼古拉斯·麦克斯韦尔（Nicholas Maxwell）认为，学术界应该将重点从获取知识转向寻求和促进智慧，新知识和技术诀窍增强了我们的行动能力，然而，如果没有智慧，这种新知识和技术诀窍可能会给人类造成伤害和损害人类的利益。

在我国，"智慧"是传统核心价值观和道德精神——"仁义礼智信"中最基本、最重要的一部分。中华民族传统核心价值观讲"智"，主要包括懂得遵"道"、利人利国、慎言慎行、自知知人、见微达变、好学知过、量力而行、居安思危等内涵。"智"的核心，是辨明是非、善恶、美丑、真假，树立明确的价值追求和道德认知，即良知[②]。

1.6　智能

我国古代思想家将"智"与"能"作为两个独立概念来理解。《荀子·正名篇》有云："所以知之在人者谓之知，知有所合谓之智。所以能之在人者谓之能，能有所合谓之能。"就是说，人本身具有的用来认识事物的能力称作知觉，知觉和所认识的事物相符合称作智；人本身所具有的用来处置事物的能力叫作本能，本能和所处置的事物相适合叫作才

①　陈波. 哲学：知识还是智慧？[J]. 中国社会科学，2023（8）142-161+207.

②　季明. 核心价值观概论[M]. 北京：人民日报出版社，2013.

能[①]。1983年，美国哈佛大学教授霍华德·加德纳（Howard Gardner）提出了"多元智能理论"（Theory of multiple intelligences），对人类的智能给出了更加广泛的定义。按照加德纳的理论，"多元智能"应包含以下8个情态范畴（Modality）：语言（Linguistic）、空间（Spatial）、逻辑数理（Logical-Mathematical）、肢体动觉（Bodily-Kinesthetic）、音乐（Musical）、人际（Inter-personal）、自省（Introspective），以及于1999年补充的自然辨识（Naturalist）。

随着科技的飞速发展，"智能"一词不再局限于形容人类的智与能，从智能手机、智能家具，到人工智能聊天机器人……从某些角度来看，"人工智能"在某些方面已经超越了"人类智能"。2017年，在"中国乌镇·围棋峰会"上，全球著名的围棋棋手柯洁与谷歌公司旗下公司DeepMind开发的人工智能AlphaGo进行了3个回合的"人机大战"，最终以AlphaGo 3∶0战胜当时世界排名第一的围棋棋手柯洁告终。虽然人工智能的算力可能远超人类，但它无法赋予这些计算任何意义。2023年，中国教育发展战略学会列举了人类智能和人工智能的五大区别，认为人类智能是一种具有主观意识，具备学习与适应能力、创造力与想象力、情感与道德及自主性与责任意识的独特能力，这是人工智能无法比拟的。

1.7　人工智能

人工智能（Artificial Intelligence，AI）是"一个致力于工程系统的技术和科学领域，该系统为一组人类定义的目标生成内容、预测、建议或决策等输出"[②]。1950年，"人工智能之父"阿兰·图灵（Alan Turing）在《计算机器和智能》（*Computing Machinery and Intelligence*）中提问"机器会思考吗？"，将一个机器是否能够在与人进行自然语言对话时使人无法区分它与真人的区别，作为判断其是否具有真正智能的标准。这就是著名的"图灵测试"，这一远见卓识后来成为人工智能探索的一个关键点[③]。1956年夏天，达特茅斯学院数学教授约翰·麦卡锡（John McCarthy）邀请了一小群来自不同学科的研究人员参加一个为期一个夏季的研讨会。在这次历史性的会议上，麦卡锡提出了"人工智能"的术语，并引发了持续20年的人工智能研究热潮。

近年来，受机器学习等新技术、强大计算机硬件，以及大量数据集的收集的影响，人工智能技术迎来了突破性研究进展与广泛场景的应用。例如，苹果智能手机的语音助手Siri、可以远程操控的小米智能家居、能够自主感知环境的特斯拉无人驾驶出租车……其中最令人瞩目的无疑是由美国人工智能研究和部署公司OpenAI开发的革命性聊天机器人ChatGPT，它能够像人类一样与用户对话、根据用户要求生成近似人类行文习惯的文章、回答各领域各行业的专业性问题。

---

① 周洪宇，齐彦磊. 教联网时代的生命教育：智能与生命的双和谐［J］. 现代教育管理，2020（8）1-7.

② ISO/IEC 22989：2022 Information technology-artificial intelligence-artificial intelligence concepts and terminology［S/OL］.［2022-07-01］.

③ TURING A M. Computing machinery and intelligence［M］. Berlin：Springer Netherlands，2009：23.

1.8   DIKW 金字塔

在信息大爆炸的数字时代，人们每天接触到的无价值、低价值的数据和信息呈爆炸式增长，而从纷繁复杂的数据和信息海洋中汲取知识、增长智慧却越来越难。要解决这个问题，我们必须厘清数据、信息、知识、智慧之间的逻辑关系，并从中找到规律，进而应用于数字化生产生活之中。

"DIKW金字塔"代表了数据（Data）、信息（Information）、知识（Knowledge）和智慧（Wisdom）之间的关系，如图1-2所示。每上一层金字塔，就较低一层多了一些特质、意义和价值。数据层包括原始的、无组织的事实集合，最为基本；信息层包括可被分析的结构化数据，以一种更有利于测量、可视化和分析特定目的的方式呈现；知识层包括人们能够洞察、学习与理解的、从信息转化而来的、可以用来解决某种问题的知识；智慧层包括人们利用从信息中获得的知识和见解来做出积极的决策时具备的思辨、判断和行动能力。

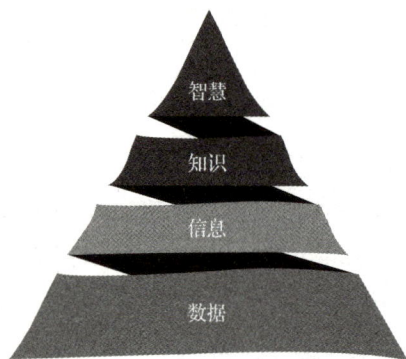

图1-2   DIKW金字塔模型

本章练习

一、名词解释

数字时代

大数据

智能

人工智能

二、思考题

1. 你在生活中遇到过大数据吗？

2. 网络上的信息总量越来越多，是好是坏？
3. 怎样才能把知识变成智慧呢？
4. 人工智能有可能取代人类吗？
5. 想象一下，未来人类将生活在一个怎样的数智世界之中？

阅读书目推荐

1．尼克·波斯特洛姆．超级智能：路线图，危险性与应对策略［M］．张体伟，张玉青，译．北京：中信出版社，2015．

2．维克托·迈尔-舍恩伯格，肯尼思·库克耶．大数据时代：生活、工作与思维的大变革［M］．盛杨燕，周涛，译．杭州：浙江人民出版社，2013．

3．詹姆斯·格雷克．信息简史［M］．高博，译．北京：人民邮电出版社，2013．

第 2 章 数字素养『概念家族』

本章学习目标

- 明白什么是数字素养。
- 理解不同"素养"之间的区别与联系。
- 反思自己数字素养方面的不足。
- 提升对数字素养重要性的认识。

导读

　　在第 1 章，我们从数据聊到了智慧，又从智慧聊到了人工智能，对我们周边的数字环境有了一定的认识。本章，让我们将目光从外在的数字环境转移到自身的数字素养。

　　《汉书·李寻传》有云："马不伏历，不可以趋道；士不素养，不可以重国。"意思就是马匹没有得到足够的营养，是没有力气在路上奔驰的；人没有足够的能力，是没有办法使国家强盛的。其中提到的"素养"，指的是一个人的修养，包括道德品质、外表形象、知识水平与能力等各个方面。《辞海》（第七版）将"素养"定义为"经常修习涵养"，《当代汉语词典》的定义则是"平日的修养"。"素养"的英文是"literacy"，也常被翻译成"识字"或"读写能力"。在《牛津英语词典》（*Oxford English Dictionary*）中，literacy 意为"1. 受过教育的性质、状况或状态；读写能力"或"2. 扩展用法（通常与修饰词连用）。'阅读'特定主题或媒介的能力；某一特定领域的能力或知识"。

　　20 世纪中期，人们还只是将"素养"简单地理解为识别字母和单词的能力。例如，1948 年，联合国人口委员会就建议将"素养"定义为"用任何语言书写简单信息的能力"。随着信息环境的复杂化，网络素养、信息素养、媒介素养、数字素养、数字胜任力、数字智商……各种各样的"素养"相继涌现。它们以"素养"要求的基本能力为底色，又有机融合了不同时代、不同场景、不同技术条件下的特殊能力要求。由此，形成了一个庞大的"概念家族"。

　　通过本章的学习，我们将了解什么样的时代和什么样的环境下分别需要什么样的"素养"，以及什么是当今数字时代必备的素养。

2.1　穿越时空的素养

　　不同的历史时期和社会背景下，素养（Literacy）具有不同的含义。早期对素养的理解局限于读写能力[1]，随着对素养含义的理解逐步深入，人们意识到对素养的定义离不开特定的目的与环境[2]，而这意味着不同的交流模式——读、写、说、听、看。

2.1.1　计算机时代的计算机素养

　　1946 年，世界上第一台通用电子计算机 ENIAC 在美国宾夕法尼亚大学诞生。在当时，计算机被用于军事研究与科学计算，只有极少数具备系统专业知识的领域"精英"才有

---

　　[1]　United Nations Educational，Scientific and Cultural Organization．Progress of literacy in various countries：a preliminary statistical study of available census data since 1900［R］．Paris：UNESCO，1953．

　　[2]　United Nations Educational，Scientific and Cultural Organization．Revised recommendation concerning the international standardization of educational statistics adopted by the general conference at its twentieth session［R］．Paris：UNESCO，1978．

机会、有能力接触与使用。20世纪60、70年代以来，随着信息技术的快速发展，计算机制作和使用的成本降低，计算机逐渐有了更为广泛的应用。世界迈入计算机时代的同时，普罗大众使用计算机的能力也受到越来越多的关注，计算机素养进入人们的视野。

1964年，达特茅斯学院被人们称为计算机素养之父的物理学家阿瑟·列尔曼（Arthur Luehrmann）引入了BASIC编程语言，并进一步成为计算机教育中有力的倡导者。1972年，列尔曼在美国信息处理协会联合会（American Federation of Information Processing Societies，AFIPS）发表了论文《计算机应该教学生，或反之？》（*Should the Computer Teach the Student,or Vice-Versa?*），提问"如果计算机是如此强大的资源……不应该教我们的学生掌握这个强大的智力工具吗？"，他列举了7种使用场景：①从大型数据库查询系统中获取社会科学信息，②模拟生态系统，③使用算法解决问题，④获取实验室数据并对其进行分析，⑤表示文本信息以供编辑和分析，⑥表示用于分析的音乐信息，⑦创建和处理图形信息。计算机编程是列尔曼强调的计算机素养中的重点技能。

在专家学者和业内人士的共同推动下，计算机素养教育逐步实施。1985年，法国政府推行"全民计算计划"（Plan Informatique Pour Tous），向全国1100万学生介绍计算机。20世纪80年代，著名的英国媒体BBC持续实施"计算机素养"项目，此时又恰逢计算机从少数人手中走入英国的众多普通家庭与学校，得益于天时、地利、人和，该项目通过电视、广播、计算机硬件、课程材料、系列建议等方式和渠道，推动着公众提升计算机素养，促进了一代程序员的发展。

2.1.2　网络时代的网络素养

互联网的起源可以追溯到20世纪50、60年代。1991年，英国计算机科学家蒂姆·伯纳斯-李（Tim Berners-Lee）创办了世界上第一个网站和第一个网页浏览器，让普通用户能够访问和浏览网页，他也因此被称为"万维网之父"。1994年，中国全功能接入互联网，至2024年恰好30周年。如今，互联网早已"飞入寻常百姓家"。2023年，国际电信联盟（International Telecommunication Union，ITU）发布的统计数据显示，全球互联网使用人口约54亿，占全球总人口的67%，特别是高收入国家或地区中93%的人口都在使用互联网[①]。

互联网的普及推动人类进入了网络时代，在全球第一个网站成立不久的1994年，美国学者查尔斯·麦克卢尔（Charles McClure）率先提出了"网络素养"（Network Literacy）的概念，用于描述个人"识别、访问并使用网络中的电子信息的能力"。他认为，网络素养的基本组成部分包括知识（对网络资源的范围和使用的认识；了解网络信息在解决问题和"基本生活活动"中的作用和使用；了解网络信息产生、管理和提供的系统）和技能（从网络中检索特定类型的信息；对网络信息的操纵、组合、提炼、增值；

---

① International Telecommunication Union. Measuring digital development：facts and figures 2023［R］. Geneva：ITU，2023.

利用网络信息帮助个人做出与工作和个人生活有关的决定）。

与外国学者强调的网络信息识别、访问与使用不同，我国特别重视未成年人的网络素养，比如他们在使用网络时的身心健康、道德品格、价值取向等受到了极大关注。2024年，经修订后的《中华人民共和国未成年人保护法》出台，其中第六十四条规定："国家、社会、学校和家庭应当加强未成年人网络素养宣传教育，培养和提高未成年人的网络素养，增强未成年人科学、文明、安全、合理使用网络的意识和能力，保障未成年人在网络空间的合法权益。"2022年，中央网信办官网上刊发的文章强调，应把"提升青少年信息加工能力、网络环境下的交际能力、情绪表达能力及建构积极正向的价值观和生命意义感"作为培育青少年网络素养的根本目标[①]。

2.1.3　**远程通信时代的信息通信技术素养**

"远程通信"的英文名称是telecommunication，由tele和communication两部分组成。其中，tele来自希腊语"远程"，communication则是沟通交流的意思。实际上，我国老百姓在日常生活中使用更多的说法是"电信"[②]，形象地来看，远程通信就是信息被包裹在电磁波中，由一方传送到遥远的另一方的过程。远程通信的历史可以追溯到1844年，"电报之父"塞缪尔·莫尔斯（Samuel Morse）在华盛顿国会大厦向约64千米以外的巴尔的摩发出了人类历史上第一份长途电报，电文是一句话："上帝创造了何等的奇迹！"1876年，发明家亚历山大·贝尔（Alexander Bell）通过电话向其助手呼唤："华生，快来！我需要你！"这是人类历史上第一次通过电话清晰地传递出去的声音。但是，这些通信方式是通过电线传输的，对现代社会而言还是太慢了。此后，移动电话、无线电视、卫星广播、互联网等各式各样的远程通信工具涌现，陆续进入人们的日常生活。

2002年，国际信息通信技术素养小组（International ICT Literacy Panel）提出了信息通信技术（Information and Communication Technology，ICT）素养的定义："信息通信技术素养是指利用数字技术、通信工具或网络来获取、管理、整合、评估和创造信息，以便在知识社会中发挥作用。"经济合作与发展组织每三年举行一次"国际学生评价项目"（Programme for International Student Assessment，PISA），将信息通信技术素养纳入测评内容，将信息通信技术素养定义为"个人适当使用数字技术和通信工具来获取、管理、整合和评估信息、构建新知识及与他人沟通以有效参与社会的兴趣、态度和能力"；测评围绕5个主要能力领域展开，即"获取、评估和管理信息和数据；信息共享和沟通；转换和创造数字内容；数字环境下的个人和协作问题解决方案，以及计算思维；适当使用信息通信技术，其中嵌入了与安保、安全和风险意识相关的知识和技能"。

① 周少贤. 青少年网络素养的结构性培育［J/OL］. 中国网信，2022，5：1［2024-11-19］.

② 吴同. 远程通信与电信——谈 telecommunication 的译名［J］. 中国科技术语，2003，5（3）：31.

2.1.4   读图时代的视觉素养

在文字发明之前，人类经历了漫长的图像传播时代，比如在岩穴石壁上浮雕线刻、在陶器玉料上绘制纹饰，以此作为表达思想意识的载体。随后，世界各地陆续形成独特的文字系统，苏美尔人的楔形文字、古埃及的圣书字、中国的汉字和中部美洲的玛雅文字……文字成为信息传递的主要方式。人们日常读书、看报、看杂志以获取信息，都是通过阅读文字进行的。有意思的是，在由"读图"走向"读文"的重大历史变革后，人类又逐渐由"读文"走向全新的"读图"，"一图胜千言""有图有真相"成为新的流行风向。

视觉素养一词的使用通常归功于国际视觉素养协会（International Visual Literacy Association，IVLA）的联合创始人之一约翰·迪贝斯（John Debes）。1969年，他将视觉素养定义为"人类可以通过观看及整合其他感官体验来发展的一组视觉能力"。2023年，国际视觉素养协会又提出了新的定义，即"一套相互关联的参与视觉文化的实践、习惯和价值观，可以通过对视觉媒体的批判性、道德性、反思性和创造性参与来发展"。2011年，美国大学与研究图书馆协会（Association of College & Research Libraries，ACRL）还就此推出了《高等教育视觉素养能力标准》（2022年进行了更新），定义"视觉素养是一组能力，使个人能够有效地查找、解释、评估、使用和创建图像和视觉媒体"，强调"视觉素养使个人能够充分参与视觉文化"，并受到广泛认可。

2.1.5   媒体时代的媒介素养

"媒体"是各种传播工具或机构的总称。在古代，中国人发明烽火传讯传递边疆军事情报、将纸张绑在家鸽腿上传递书信。到近现代，各种媒介形式涌现，网友们在网络平台热烈讨论的"纸媒"和"数媒"之争，就分别指的是书籍、报纸、杂志等传统纸质媒体，以及数字影像、数字视频、互联网网页等以数字形式编码的传播媒体。当今世界，"自媒体"正当其时，人人都有话筒、人人都是记者和主持人，特别是在网络直播、短视频等平台，凭借自身特长和才艺"一夜爆红"的草根网红不断涌现。

世界范围内，媒体形式不断变换、转型，对参与者媒介素养的要求也早已有之并持续更新。媒介素养的起源可以追溯到20世纪上半叶，英国学者利维斯（Leavis）和汤普森（Thompson）提出通过教育引导学生区分高雅文化和通俗文化，对抗由电影普及造成的流行文化对传统教育的冲击。然而，时间证明对抗手段无法阻挡流行文化的汹涌浪潮，后期的媒介素养教育逐渐转型，聚焦于对媒介信息的访问、评估、利用、创建。在美国，最常被引用的定义是1992年阿斯彭媒介素养领导力研究所（Aspen Media Literacy Leadership Institute）敲定的一句简洁的话语："媒介素养是以各种形式访问、分析、评估和创建媒体的能力。"2003年，美国媒介素养中心（Center for Media Literacy，CML）以21世纪的媒介环境为背景拓展了上述定义并受到广泛认同："媒介素养是21世纪的一种教育方法。它提供了一个框架，用于访问、分析、评估和创建各种形式的消息——从印刷到视频再到互联网。媒介素养有助于理解媒体在社会中的作用，以及民主国家公民所必需的探究和自我表达的基本技能。"

媒介素养的重要性受到全球认可，以之为核心的教育、宣传、科普、评价活动连续不断。1997年，美国成立了全国媒介素养教育协会（National Association for Media Literacy Education，NAMLE），旨在使媒介素养受到高度重视并作为一项基本的生活技能得到广泛实践。该协会将媒介素养定义为"获取、分析、评估、创造和使用各种形式的交流并采取行动的能力"，并表明这是21世纪必不可少的素养；该协会定期举办美国媒介素养周，推出了媒介素养教育的十大核心原则，成立至今积累了成员8000余人、教育者30万余名。索菲亚开放社会机构（Open Society Institute–Sofia）每年研制并发布媒介素养指数（Media Literacy Index），揭示欧洲地区的媒介素养发展趋势、成就与不足，在2023年的"媒介素养指数"中，芬兰、丹麦、挪威在41个参评国中居前三名，得分依次为74、73和72。

2.1.6 信息时代的信息素养

始于20世纪中叶的第三次工业革命助力人类从工业时代跃入信息时代，在以原子能技术、航天技术、电子计算机技术为代表的高新技术的支持下，新的信息经济模式逐步形成。特别是从1980年开始，微型计算机迅速发展、互联网全球普及，信息的传递变得越来越简便、快捷、廉价，地域、意识形态、年龄、城乡等诸多人与人之间的沟通屏障被打破，人们得以在短时间内接触到海量的、各种各样的信息与思想。在促进思想解放、文化繁荣、经济发展的同时，也带来了信息疫情、信息茧房、网络沉迷等新的问题。面对信息时代的机遇与挑战，1987年，联合国教科文组织发布了《信息时代的教育》（*Education for an Information Age*），强调"我们的学生注定要继承一个与今天完全不同的工作世界。这将是一个真正的信息世界——计算机、信息系统和机器人——大多数教育家认为有必要从根本上改变我们的教育体系和方法，让年轻人做好迎接挑战的准备"[①]。

信息素养被视为普通公民应对信息时代机遇与挑战的不二之选。1974年11月，时任美国信息产业协会主席的保罗·泽考斯基（Paul Zurkowski）在向美国国家图书馆和信息科学委员会（National Commission on Libraries and Information Science，NCLIS）提交的《信息服务环境关系与优先事项》（*The Information Service Environment Relationships and Priorities*）报告中提出了"信息素养"这个术语，他指出，美国人几乎百分之百具有识字能力，但只有一小部分，即约1/6的人具有信息素养，为了在1984年前实现"普遍信息素养"，须将制定重大的国家方案列为最高优先事项，培养所有公民使用现有的及尚处于开发和测试状态的信息工具的能力。2015年，美国大学与研究图书馆协会通过了《高等教育信息素养框架》（*Framework for Information Literacy for Higher Education*），提出"信息素养是包含反映和发现信息、理解信息生产和价值、使用信息创造新知识和参与社群学习的综合能力的集合"。这一定义受到业界的广泛认可。

---

① United Nations Educational，Scientific and Cultural Organization． Education for an information age［R］．Paris：UNESCO，1987．

信息素养及其教育受到了全球瞩目，一批有影响力的研究成果与实践探索相继涌现。例如，研制了Big6模型、信息素养七柱模型、高等教育信息素养框架等知名的信息素养框架；联合国教科文组织牵头，统一了信息素养的名称与标识，如图2-1所示；开展了"全国信息素养意识月"（美国）、"欧洲信息素养会议"等各类教学、研究活动；发布了《布拉格宣言：迈向信息素养社会》《信息社会灯塔：关于信息素养和终身学习的亚历山大宣言》等系列宣言。

图2-1　全球统一的"信息素养"名称与标识

2.1.7　大数据时代的数据素养

2011年，全球领先的管理咨询公司麦肯锡咨询公司（McKinsey & Company）发布了一份特别报告《大数据：创新、竞争和生产力的下一个前沿》（*Big Data:The Next Frontier for Innovation,Competition,and Productivity*），首次提出了"大数据时代"的到来，强调"数据可以为世界经济创造巨大的价值，提高企业和公共部门的生产力和竞争力，并为消费者创造大量的经济剩余"[1]。2012年，《纽约时报》（*The New York Times*）紧接着刊登了文章《欢迎来到大数据时代》，文章列举了数据在科学、体育、广告、公共卫生、金融等领域具有的丰富影响，并提出"由大量新数据来源实现的量化进程将席卷学术界、企业界和政府。没有一个地区是不受影响的"。为了充分利用大数据，需要更多具有数据素养的新型人才。例如，麦肯锡咨询公司认为应增加"14万至19万深度分析人才职位""150万精通数据的管理人员"。

其实，早在2005年，米洛·希尔兹（Milo Shields）就在一篇名为《信息素养、统计素养、数据素养》（*Information Literacy,Statistical Literacy and Data Literacy*）的论文中提出了"数据素养"的概念，认为数据素养"是一种获取和操作数据的能力。与计算机科学或管理信息系统相比，数据素养可能显得技术性不强。然而，学生需要了解各种各样的工具来获取、转换和处理数据"[2]。2020年，经济合作与发展组织在《课程超载：前进之路》（*Curriculum Overload:A Way Forward*）中指出，"数据素养是指从数据中获得有意义信息的能力，能够阅读、处理、分析和争论数据，并理解'数据意味着什么，包括如何恰当地阅读图表，从数据中得出正确的结论，并识别数据何时被以误导或不恰当的方式使用'"，并强调了学习者掌握数据素养的迫切性与重要性："数据正以前所未有的速度产

---

①　MANYIKA J，CHUI M，BROWN B，et al．Big data：the next frontier for innovation，competition and productivity［R］．New York：McKinsey Global Institute，2011．

②　SHIELDS M．Information literacy，statistical literacy and data literacy［J］．IASSIST quarterly，2005，28（2-3）：6．

生，学习者需要处理、解释和生成数据的能力，以便学习和创造。"[1]

2.1.8　数字时代的数字素养

数字素养是由"数字"和"素养"组合而来的合成词，要了解数字素养是什么，可以先来看看"数字"和"素养"分别是什么。

提到"数字"，人们首先想到的是目前世界上最通用的阿拉伯数字0、1、2、3、4、5、6、7、8、9；或者是中国常用的汉数字一、二、三、四、五、六、七、八、九、十；除此之外，历史上还曾有过巴比伦楔形数字、埃及象形数字、希腊数字、玛雅数字、罗马数字等——如此种种，都是用来表示数的符号。"数字"一词的英文是"digital"，来自拉丁语digitus、finger，指的是一种最古老的计数工具。随着第三次工业革命的兴起，人们开始借助各种各样的设备将文字、图像、声音、视频等转化为电子计算机能够识别的二进制数字"0"和"1"，并进行运算、加工、存储、传送、传播和还原。《剑桥词典》（*Cambridge Dictionary*）对"数字"（digital）的释义如下："计数的，使用数字1和0的序列记录或存储信息，以表明信号存在或不存在；使用或关于数字信号和计算机技术的；以电子图像的形式显示信息的"。

数字素养（Digital Literacy）是近期才提出的新概念，它回应了人们在数字时代生存与发展的需求。1997年，职业作家保罗·吉尔斯特（Paul Gilster）[2]首次提出"数字素养"这一术语，将其定义为"当信息通过计算机（尤其是互联网媒介）呈现时，能够理解和使用各种来源和多种格式的信息"，这种能力不仅仅是操作能力或技术能力，还包括思维能力。以色列学者约拉姆·埃谢特（Yoram Eshet）在此基础上将数字素养进一步细分为"图片–视觉素养""再生产素养""分类思考素养""信息素养""社会–情感素养"等5个维度。2013年，美国图书馆协会（American Library Association，ALA）在报告《数字素养、图书馆与公共政策》（*Digital Literacy,Libraries,and Public Policy*）中提出数字素养是"利用信息和通信技术发现、理解、评估、创造和传播数字信息的能力。基本的阅读和写作技能是基础；真正的数字素养需要认知技能和技术技能"，21世纪的数字素养是课堂表现、劳动力准备，以及充分参与公民生活的基础[3]。2018年，联合国教科文组织发布影响广泛的《指标4.4.2的数字素养技能全球参考框架》（*A Global Framework of Reference on Digital Literacy Skills for Indicator 4.4.2*），指出数字素养是通过数字技术安全地、适当地获取、管理、理解、整合、沟通、评估和创造信息，促进就业、体面工作和创业的能力。它包括各种各样被称为计算机素养、信息通信技术素养、信息素养和媒介素养的能力[4]。

[1]　Organization for Economic Co-operation and Development. Curriculum overload：a way forward［R］. Paris：OECD, 2020.

[2]　GILSTER P. Digital literacy［M］. New York：Wiley Computer Pub., 1997.

[3]　American Library Association. Digital literacy, libraries, and public policy［R］. Washington, D. C.：ALA, 2013.

[4]　LAW N, WOO D, WONG G. A global framework of reference on digital literacy skills for indicator 4.4.2［S］. Paris：UNESCO, 2018.

2.1.9   算法时代的算法素养

2013年，英国政府敏锐地察觉到算法时代的发展契机悄然来临，在其国家技术委员会提交的《算法时代：算法、分析、建模和数据促进增长和公共部门效率》（*The Age of Algorithms:Algorithms,Analytics,Modelling and Data for Growth and Public Sector Efficiencies*）政策建议中，呼吁"我们用算法作为钥匙从数据中解锁意义，算法支撑着为我们的日常生活和经济提供动力的技术。英国应该立志走在这场由算法驱动的经济革命的前沿"，并将"技能发展"作为政策建议之首，而"教育和技能培训是这个快速发展的技术领域的首要需求"[①]。2017年，皮尤研究中心（Pew Research Center）面向1300余名技术专家、学者、企业从业者和政府领导人进行采访，汇总了关于算法时代的七大关键主题：①算法将继续遍及各地；②美好的事物就在前方；③当数据和预测建模变得至关重要时，人性和人类判断力就会丧失；④算法组织的系统中存在偏见；⑤算法分类加深了鸿沟；⑥失业率将上升；⑦对算法素养、透明度和监督的需求不断增长。这些主题揭示了算法时代风险与契机并存的现实情况，指明了在人类驾驭算法这匹"野马"的过程中，"算法素养"的至关重要性。

算法素养还是一个新兴概念，国际社会尚未就其定义达成一致见解。2023年，联合国教科文组织面向相关领域专家公开征集算法素养的定义。2020年，联合国教科文组织等联合发起的"算法和数据素养项目"（Algorithm & Data Literacy Project）发布了《加拿大计算思维和代码入门》（*The Canadian Primer to Computational Thinking and Code*）指南，对算法素养做出了如下定义："对算法有足够的了解，可以解码简单的序列，并理解所有计算机算法共同的基本概念，而不管用什么语言来创建序列。"普渡大学则提出："算法素养可以看作信息素养和学习方法的一个进化步骤。它将注意力转移到理解和评估算法系统本身上，这些算法系统现在决定了我们看到哪些信息，以及这些系统如何影响人类行为。"我国的利益相关者也正在积极探索算法素养相关领域，例如，2021年，中国青年报联合上海交通大学面向高校大学生发起了《提高"算法素养"倡议》，呼吁青年朋友们"掌握算法相关知识""凝聚算法价值共识""形成算法辩证思维"。

2.1.10   智能时代的AI素养

从1972年的《大都会》到2017年的《银翼杀手2049》，人工智能题材的影视作品凭借其"凝视深渊"的迷人气质，热度不减、经久不衰，展现出人类对"机器与人"关系的高度兴趣与深远思考——一方面，人类希望能够增强AI功能，满足自己更多的需求；另一方面，人类又惧怕人工智能脱缰失控，威胁人类社会。2023年，随着聊天机器人ChatGPT在全球掀起人工智能技术热潮，人类如何与人工智能相处这一问题引发了公众与科学家的深思，"人工智能素养"（AI素养）成为热点话题。

如果说，"数字素养"是每个公民在数字时代融入数字环境、利用数字技术的必备技能，那么AI素养就是数字素养在智能时代的延展与升级，更加重视"数据沟通虚实""人

---

① Council for Science and Technology．The age of algorithms［EB/OL］．（2013-08-06）［2024-07-25］．

机共享智慧"。在人工智能技术兴起并逐步应用于各行各业的当代社会，为了在学习、工作、生活中获得"准入资格"和竞争优势，每个人都应该掌握负责任、有道德地使用AI技术的方法。

那么，究竟什么是AI素养呢？不同的专家学者、组织机构的定义不同。2021年，有学者梳理了全球现有AI素养的相关研究，其中共有17篇文章就其定义提出了不同观点，经梳理整合发现，"大多数研究人员主张，学习者不应该仅仅知道如何使用人工智能应用程序，而应该了解未来职业的基本人工智能概念，并了解道德问题，以便负责任地使用人工智能"[①]。2020年，联合国教科文组织在《人工智能与教育未来国际论坛：综合报告》（*International Forum on Artificial Intelligence and the Futures of Education:Synthesis Report*）[②]中给出了"AI胜任力"（AI Competency）的定义，其中包括以下4个维度的能力。

（1）以人为本的能力，如人类智能的独特性、人工智能的社会和伦理影响、数据正义和监管；

（2）计算思维AI能力，包括表示与推理、算法与编码、工程与设计思维；

（3）技术导向能力，包括人工智能技术和人工智能应用；

（4）以制造商为导向的能力，设计人工智能应用程序和提供基于上下文数据和算法的问题解决方案。

或者从以下3个层面来划分AI胜任力。

（1）一套全面的AI知识，包括AI能做什么和不能做什么，以及人类在所有AI成就中的关键作用；

（2）人工智能技能，包括创造和使用人工智能；

（3）人工智能什么时候有用，什么时候应该受到质疑。

2.1.11 与时俱进的媒介与信息素养

新兴媒介、数字、信息通信技术涌现的同时，错误和虚假信息及仇恨言论的扩散、媒体信任度下降等新的挑战涌现，为应对日益变化的信息环境和亟待解决的数字挑战，与素养相关的概念及其措施也不断增多，如媒介素养、数字素养、信息通信技术素养等。联合国教科文组织认为需要使用一个综合概念涵盖上述多种素养，帮助人们进行批判性思考、安全且负责地上网，促进全球形成发展的合力。2008年6月，联合国教科文组织在法国巴黎会议上正式提出"媒介与信息素养"（Media and Information Literacy，MIL）一词，将MIL定义为一组能力，公民运用这组能力来使用一系列工具，以批判性的、合乎道德的、有效的方式获取、检索、理解、评估、使用、创造和分享所有格式的信息与媒介内容，从而参与和开展个性化、专业化和社会化的活动。2017年2月，联合国教科文组织发布《媒介与信息素养五大法则》，进一步充实了MIL的内涵。

---

① NG D T K，LEUNG J K L，CHU S K W，et al. Conceptualizing AI literacy：an exploratory review［J］．Computers and education：artificial intelligence，2021，2：100041.

② United Nations Educational，Scientific and Cultural Organization. International forum on AI and the futures of education，developing competencies for the AI era，7-8 December 2020：synthesis report［R］．Paris：UNESCO，2021.

法则一：通信、图书馆、媒体、技术、互联网及其他形式的信息提供者应用于关键的公民参与事件和可持续发展。它们在地位上是平等的，没有一个比另一个更重要，也不应该被区别对待。

法则二：每个公民都是信息或知识的创造者，都有自己的信息。必须赋予他们获取新信息、知识和表达自己的权利。

法则三：信息、知识和消息并不总是价值中立的，有时也受偏见的影响。MIL 的任何概念化、使用和应用都应该使这一真理对所有公民透明和易懂。

法则四：每个公民都想知道和理解新的信息、知识和消息并进行交流，即使他/她并未意识到、承认或表示这一点，他/她的权利也绝不能受到损害。

法则五：媒介和信息素养不是一蹴而就的。这是一个逐步的、动态的经历和过程。当它包括知识、技能和态度，以及涵盖信息、媒体和技术内容的获取、评价、评估、使用、生产和传播时，它才是完整的。

在联合国教科文组织的引领下，全球相关力量被有效整合，建立了"国际媒介与信息素养和文化间对话国际大学网络""全球媒介与信息素养伙伴关系联盟"，将全球利益相关方整合起来，促进合作与交流；每年举办"全球媒介和信息素养周"活动，以当年热点话题为活动主题，呼吁利益相关者在世界各地开展本土化活动；开展"全球媒介和信息素养奖"评选、"媒介与信息素养城市"倡议、"全球媒介与信息素养青年黑客马拉松"竞赛、"MIL CLICKS"社交媒体倡议等活动，表彰、宣传、推广在 MIL 方面的良好做法；研制英语、法语、阿拉伯语、葡萄牙语、西班牙语等多语言的，面向教育工作者、学习者、政策制定者、监管机构、媒体专业人士的系列 MIL 慕课与教程，在联合国教科文组织官网上免费提供。

2.2 数字素养的"兄弟姐妹"

数字能力（digital capability）、数字胜任力（digital competence）、数字技能（digital skill）、数字智商（digital intelligence）、数字素养与技能……仔细观察不难发现，这些术语与"数字素养"是多么相似！现在我们来认识和区分数字素养的"兄弟姐妹"，了解不同地区、不同场合、不同组织机构是如何选用这些术语的。

2.2.1 数字能力

数字能力的英文名称是"digital capability"。《剑桥词典》对 capability 的释义是"能力；才干；水平"或"军事力量"，在实际应用时，这个单词表示的意思更接近于汉语中的"实力"。

英国非营利性组织——联合信息系统委员会（Joint Information Systems Committee，JISC）发布的"数字能力的六要素"（six elements of digital capability）在相关领域颇具影响力，从个人和组织两个层面解释了"数字能力"："数字能力是我们用来描述个人和组织在当今世界茁壮成长所需的技能和态度的术语。在个人层面上，我们将数字能力定义为那些使某人能够在数字社会中生活、学习和工作的能力。在组织层面上，我们需要超越个人的能力，并考虑机构的文化和基础设施在多大程度上促进和激励了数字实践。"2020年，世界银行发布了《数字能力框架的全球研究》（*A Global Study on Digital Capabilities Framework*），在梳理全球重要的数字能力框架之后，同样强调组织整体与个体数字能力之间的有机联系，将数字能力定义为"一个多学科、多面性的概念。它涵盖了战略能力、领导力、劳动力、交付和组织效率"[①]。

2.2.2 数字胜任力

数字胜任力的英文名称是"digital competence"，其含义与上文提到的"digital capability"十分相近，《剑桥词典》对competence的释义是"能力；才能；水平"。实际上，二者有时均被译作"数字能力"，但在实际应用时，"digital competence"更强调"胜任"某份工作的能力，而非"有没有能力"本身。

欧盟（European Union, EU）的《公民数字胜任力框架》的研制与应用工作始于2006年，在全球范围内具有深远影响，甚至被联合国教科文组织作为研制《数字素养全球框架》的首要参考来源。2006年，欧盟提出了终身学习的8项关键能力，其中之一就是数字胜任力，被定义为"包括在工作、休闲和交流中对信息社会技术的自信和批判性使用。它以信息通信技术的基本技能为基础：使用计算机检索、评估、存储、产生、呈现和交换信息，并通过互联网进行通信和参与协作网络"。后来，这项工作历经多轮迭代、优化，2022年，DigComp 2.2发布，其对数字胜任力的定义为"自信、批判和负责任地使用和参与数字技术，将其用于学习、工作和参与社会，是知识、技能和态度的结合"[②]。

2.2.3 数字技能

数字技能的英文名称是"digital skill"，《剑桥词典》对skill的释义是"技能，技巧"。大多数聚焦数字技能的研究和实践将其视为一种与计算机和通信技术密切相关的、支持劳动力发展的操作性技能。例如，2020年，国际电信联盟将数字技能定义为"在进入劳动力市场之前可以全部或部分获得的一套技术能力"[③]。2018年，联合国教科文组织提出的定义则是"使用数字设备、通信应用程序和网络来访问和管理信息的一系列能力"。但也有部分成果没有明确划分数字技能和数字素养的边界，认为数字技能不仅与操作技术相关，还与数字素养类似——同样涉及知识和认知等多维能力。例如，2019年英国教育部更新的"基本数字技能框架"（Essential Digital Skills Framework）将数字技能分为沟通、处理信息和内容、处理问题、解决问题、安全合法地在线5个子维度。

① World Bank. A global study on digital capabilities framework［R］. Washington，D.C.：World Bank，2020.

② VUORIKARI R，KLUZER S，PUNIE Y. DigComp 2.2：the digital competence framework for citizens - with new examples of knowledge，skills and attitudes［M］. Luxembourg：Publications Office of the European Union，2022.

③ International Telecommunication Union. Digital skills insights 2020［R］. Geneva：ITU，2020.

2.2.4　数字智商

数字智商（简称"数商"）的英文名称是"digital intelligence"，或者"digital intelligence quotient"（DQ）。与我们熟知的智商（IQ）和情商（EQ）相比，数商还是较为"小众"的、新兴的术语。2018年，世界经济论坛（World Economic Forum）发表文章《忘掉智商吧，数商将是未来的重要因素》（*Forget IQ. Digital Intelligence will be what Matters in the Future*），彰显了数商在未来社会中的重要性。国际智库数字智商研究所（DQ Institute）将数商定义为"一套全面的技术、认知、元认知和社会情感能力，这些能力以普遍的道德价值观为基础，使个人能够面对数字生活的挑战并利用机会"，包括32项数字能力和以下8个关键领域：数字身份、数字权利、数字素养、数字使用、数字通信、数字安全、数字情商和数字保障。这一定义受到国际社会认可，并在2020年上升为全球标准"关于数字素养、数字技能和数字准备的全球标准（IEEE 3527.1™标准）"［*Global Standard on Digital Literacy, Digital Skills and Digital Readiness(IEEE 3527.1™Standard)*］。

2.2.5　数字素养与技能

我国将数字素养与数字技能两个术语合称为"数字素养与技能"。2021年11月5日，中央网信办高规格发布《行动纲要》，认为"数字素养与技能是数字社会公民学习工作生活应具备的数字获取、制作、使用、评价、交互、分享、创新、安全保障、伦理道德等一系列素质与能力的集合"。相较于其他国家、国际组织或学者提出的定义，《行动纲要》中对"数字素养与技能"的定义更多地考量与展现了我国社会发展的实际情况，在我国开展数字素养相关活动时，采用该定义是最为贴切与合适的。

本章练习

一、名词解释

信息素养

数字素养

AI素养

数字素养与技能

二、思考题

1. 为什么不同时代需要不同的素养？
2. 在各种各样的素养中，你最需要哪一个？
3. 你有没有在生活中利用数字素养解决过实际问题？
4. 数字素养是现代社会的必需品吗？
5. 你知道在哪里可以学习数字素养相关知识吗？

阅读书目推荐

1．於兴中．数字素养：从算法社会到网络3.0［M］．上海：上海人民出版社，2022．

2．W.詹姆斯·波特．媒介素养导论［M］．叶明睿，译．北京：中国传媒大学出版社，2023．

3．戴维·赫佐格．数据素养：数据使用者指南［M］．沈浩，李运，译．北京：中国人民大学出版社，2017．

第 3 章 数字素养对公民的要求

本章学习目标

● 明确我国对全民数字素养与技能提升的要求。

● 了解全球重要的数字素养框架。

● 知道从何处获取与追踪数字素养的能力要求。

● 能够对自己的数字素养水平进行评估。

导读

通过第 2 章的学习，我们知道了数字素养是一个由系列知识、态度与技能组成的能力集合，它对人们提出的能力要求如同一颗颗大小不一、形状不一的珍珠，只有按一定的顺序串联在一起、成为一个整体，才能展现它最独特的美丽。

为了串好这串"珍珠项链"，国内外研制能力框架、设立能力标准、推出评价体系……做出了丰富的尝试。不同国家、地区和组织机构对数字素养能力构成的理解与阐释有所不同。例如，欧盟将数字素养拆解为 5 个关键领域，特别关注欧盟各国居民的发展需求；而联合国教科文组织则将数字素养分解为七大能力领域，并着重突出了发展中国家的需求。

本章从我国、其他国家/地区、全球 3 个层面，描述数字素养对普通公民提出了怎样的要求。通过了解我国的要求，我们在提升数字素养的时候，得以立足国情民情，能更好地为数字中国的建设贡献自己的力量。与此同时，我们也需要了解其他国家、地区，以及全球的最新发展态势，只有具备全球视野，才能通过汲取他人的长处，弥补自身的不足，更全面地提升自己的数字素养能力和水平。

3.1　立足中国，争做数字公民

以 2021 年中央网信办发布《行动纲要》为分界点，我国翻开了全民参与数字素养与技能提升的新篇章。无论是政策要求、科研成果，还是评估实践，都为公民数字素养应有的水平绘制了美好蓝图。

3.1.1　中央网信办的纲领性要求

2021 年，中央网信办发布《行动纲要》，将提升全民数字素养与技能上升为国家战略，将其作为"建设网络强国、数字中国的一项基础性、战略性、先导性工作"，提出"到 2035 年，基本建成数字人才强国，全民数字素养与技能等能力达到更高水平，高端数字人才引领作用凸显，数字创新创业繁荣活跃"的发展目标，并围绕总体目标规划了全民数字素养与技能提升中的四大数字场景、3 个能力层次和 13 类重点群体。

四大数字场景包括数字生活、数字学习、数字工作、数字创新。

3 个能力层次包括全民数字化适应力、胜任力、创造力。

13 类重点群体及其能力要求包括：①老年人和②残疾人"融入数字生活"，③企业员工提升"职业胜任力"，④产业工人具备"面向生产全环节的数字技能""数字化生产能力"，进而成为"数字领域高水平大国工匠"，⑤企业管理人员掌握"数字化思维"与"数字化经营管理能力"，⑥农民提升"数字化'新农具'的使用能力"和"手机应用技能"，⑦新兴职业群体能够"利用5G、人工智能、虚拟现实、大数据、区块链等数字技术创新创业"，⑧妇女提升"安全上网、科学用网、网上创业等的数字意识和能力"，能够"通过网络参与经济生活"，⑨领导干部和公务员"运用网络了解民意、开展工作，提升学网、懂网、用网的能力"，⑩学生"运用数字技术创新创业"，⑪教师具有"数字技术应用能力""运用数字技术改进教育教学的意识和能力"，⑫退役军人能够"共享互联网发展成果"，⑬培养高端数字人才，包括创新型数字人才、复合型数字人才、数字技术工程师3类。

3.1.2　科普研究的最新成果

中国科普研究所是经国务院批准于1980年成立的、我国唯一从事科技传播和科普理论研究的中央级公益性科研院所，长期致力于对科学大众化的理论探索与实践研究。2022年，中国科普研究所发表论文《全民数字素养与技能评价指标体系构建研究》，围绕中央网信办《行动纲要》的战略要求，基于促进中国巨大人口规模的数字素养与技能提升的评价目标，梳理全球公认度高的能力框架，构建了"全民数字素养与技能评价模型"。该模型为数字认知（Digital Awareness）、数字技能（Digital Skill）和数字思维（Digital Mindset）三位一体的环绕结构（见图3-1），所以其被简称为"A.S.M."[①]。

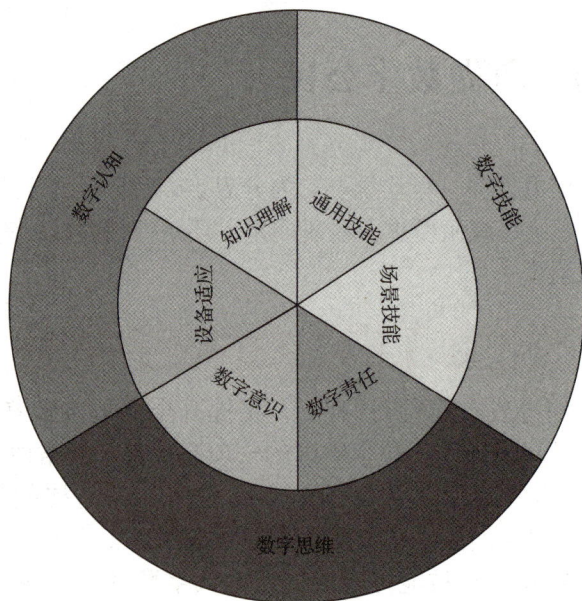

图3-1　中国科普研究所"全民数字素养与技能评价模型"

全民数字素养与技能评价模型包括数字认知、数字技能、数字思维3个一级指标、6个二级指标、15个三级指标。其中，数字认知被视为公民数字素养与技能的能力基础，

---

① 胡俊平，曹金，李红林，王京春，王挺. 全民数字素养与技能评价指标体系构建研究［J］. 科普研究，2022，17（6）：25-31+41+109.

意指公民对数字技术基础概念和事实的认识和理解，以及对数字设备终端及网络使用的认识和适应；数字技能是公民数字素养与技能的应用表现，意指公民掌握数字化信息处理和媒体交互等技术，并应用于解决日常实际问题的能力；数字思维是公民数字素养与技能的行动指引，意指公民在数字社会中具备的创新、安全、鉴别等意识，以及负责任的态度和遵守文明规范。

3.1.3　评估实践的量化标准

全国高等学校计算机教育研究会成立于1989年，主管机关是中华人民共和国教育部。2021年开始，该研究会响应中央网信办《行动纲要》的号召，着力构建全国性的认证体系"数字化能力水平认证"（Digitalization Capability Level Certification，DCLC，简称"数字力认证"），旨在考查个人的数字素养与技能、数据科学知识，以及组织的数字化转型能力。DCLC体系由人才数字力认证（Digitalization Capability of Individual，DCI）和组织数字力认证（Digitalization Capability of Organization，DCO）两部分组成，前者旨在提升个人的数字力，后者旨在促进组织数字化转型。目前，DCLC计划正在福建、湖北、山西、天津、新疆等地首批试点推广。

"人才数字力认证"是面向全社会公民开展的对数字公民应具备的数字素养与技能、提升高效数字工作能力的方式等内容的评估。评估包括数据科学理论知识、数据处理与操作、问题解决能力、数据安全、相关法律法规5个维度。人才数字力证书分为三级，如图3-2所示：一级证书持有人具有数据科学的基础知识与技能，了解与数字素养相关的基本概念，了解并掌握大数据、云计算、概率论与统计、人工智能、区块链、数据库等相关的基础知识，是具有数字伦理、数据安全、相关法律法规等基本数字素养的数字公民；二级证书持有人具有数据科学的进阶知识与技能，主要包括数字素养进阶认证、数字素养行业认证及数据建模能力，较熟练地运用数据处理工具的能力，等等；三级证书持有人具有数据科学的融合应用知识与技能，掌握数据科学各类技术与算法，能够灵活运用数据建模技术，精通数据处理工具，能够对复杂的数据集进行处理、挖掘、预测与洞察，等等。

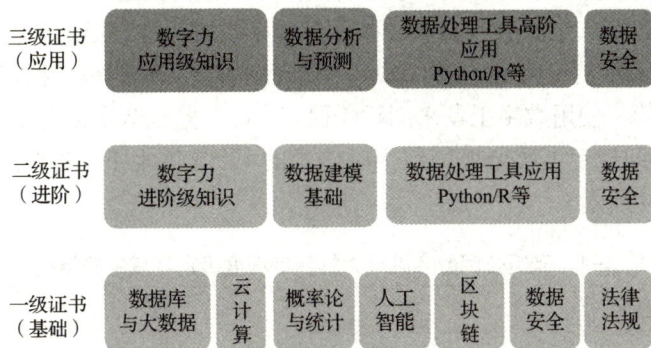

三级证书（应用）	数字力应用级知识	数据分析与预测	数据处理工具高阶应用Python/R等	数据安全

二级证书（进阶）	数字力进阶级知识	数据建模基础	数据处理工具应用Python/R等	数据安全

一级证书（基础）	数据库与大数据	云计算	概率论与统计	人工智能	区块链	数据安全	法律法规

图3-2　全国高等学校计算机教育研究会"人才数字力认证"的等级划分

"组织数字力认证"则以组织数字化转型生命周期模型为基础，对组织螺旋上升的数字化转型生命周期进行分阶段评估，包括数字化转型新需求、数字化转型战略、数字化转型实施、数字化转型评估和数字化创新。

3.2　关注国际，谋求竞争优势

国际社会的公民数字素养提升事业如火如荼。欧盟的《公民数字胜任力框架》引领了全球数字素养框架研制的风潮，美英等国已从理论构建走向实际应用。在关注自身数字发展之余，我们不妨将目光移至国际社会，取彼之长、补己之短，方能持续进步。

3.2.1　欧盟《公民数字胜任力框架》

欧盟的数字胜任力框架构建工作起步早，可以追溯到2006年提出的8个终身学习关键能力，其中之一就是"数字胜任力"。2013年，最初版本的DigComp发布，作为支持欧洲个人数字胜任力发展的参考框架。此后，DigComp经历多次版本更新，反映了数字胜任力不断发展的性质。2022年3月，第四次迭代的《数字胜任力2.2：公民数字胜任力框架》（*DigComp 2.2:The Digital Competence Framework for Citizens*）发布，考虑到了人工智能、物联网和数字化等新兴技术或新现象，这些条件导致对公民数字胜任力的要求越来越高。DigComp被全球多个国家或重要的组织机构参考、借鉴与采纳，值得一提的是，它是前面叙述的联合国教科文组织《数字素养全球框架》研制的重要参考来源。

DigComp确定了5个关键能力领域，其下还设有21项子能力。5个关键能力领域如下。①信息和数据素养。阐明信息需求，查找和检索数字数据、信息和内容，并判断来源与其内容的相关性。存储、管理和组织数字数据、信息和内容。②沟通与协作。通过数字技术进行互动、交流和协作，同时意识到文化和代际多样性。通过公共和私人数字服务以及参与式公民身份来参与社会。管理个人的数字形象、身份和声誉。③数字内容创作。创建和编辑数字内容，改进信息和内容并将其整合到现有的知识体系中，同时了解如何应用版权和许可。知道如何为计算机系统提供易于理解的指令。④安全性。在数字环境中保护设备、内容、个人数据和隐私，维护身心健康，并了解数字技术对社会福祉和社会包容的促进作用。意识到数字技术及其使用对环境的影响。⑤问题解决。识别需求和问题，并解决数字环境中的概念问题等。使用数字工具来创新流程和产品。紧跟数字化发展的步伐。

DigComp还详细规定了欧盟公民数字胜任力的4阶整体水平、8个熟练程度级别及其主要特征，如表3-1所示。

表3-1　欧盟公民数字胜任力的熟练程度级别及其主要特征

整体水平	基础		中阶		进阶		高度专业化	
熟练程度级别	1	2	3	4	5	6	7	8

（续表）

整体水平	基础		中阶		进阶		高度专业化	
任务复杂性	简单任务	简单任务	定义明确的常规任务，以及简单的问题	任务，以及定义明确的非例行问题	不同的任务和问题	最合适的任务	用有限的解决方案解决复杂问题	解决多因素相互作用的复杂问题
自主性	在指导下	自主，必要时可以加以指导	独立	独立并按需	引导他人	能够在复杂的环境中适应他人	整合，为专业实践做出贡献，并指导他人	提出新的思路和流程
认知领域	记忆	记忆	理解	理解	应用	评估	创造	创造

3.2.2 美国"北极星数字素养评估"

"北极星（Northstar）数字素养评估"是美国"明尼苏达州素养计划"（Literacy Minnesota）的一部分，供成人基础教育计划中心、学院、非营利组织、劳动力中心、图书馆、政府机构和企业等广泛的利益相关者使用，在3000余个地点进行了超过877万次评估。面向的对象是任何需要评估和提高其基本数字素养与技能的人。"北极星数字素养评估"提出了3个领域的能力要求：第一，基本计算机技能，包括互联网基础、电子邮件、Windows 10、Windows 11、macOS；第二，基本软件技能，包括Microsoft Word、Microsoft Excel、Microsoft PowerPoint、谷歌文档；第三，在日常生活中使用的技能，包括社交媒体使用、信息素养、职业搜索技巧、远程医疗预约、数字足迹、K-12远程学习。

3.2.3 英国《基本数字技能国家标准》

2018年，英国教育部发布《基本数字技能框架》（*Essential Digital Skills Framework*），旨在支持英国各地的组织和雇主等为成年人提供培训，以确保他们的基本数字技能，列出了沟通、处理信息和内容、交易、问题解决、安全合法地上网5类用于生活和工作的基本数字技能。2019年，该框架上升为《基本数字技能国家标准》（*National Standards for Essential Digital Skills*），由使用设备和处理信息、创建和编辑、沟通、交易、在线安全与责任5个技能领域构成，规定了入门级与一级生活和工作所需的数字技能，旨在为英国数字功能性技能资格证书及新学科内容的开发提供信息。其中，使用设备和处理信息包括使用设备、查找和评估信息、管理和存储信息、识别和解决技术问题、发展数字技能；创建和编辑包括创建和编辑文档、创建和编辑数字媒体、数值数据处理；沟通包括交流与分享、管理可追踪的在线活动；交易包括使用网上服务、网上安全购物；在线安全与责任包括保护隐私、保护数据、负责任地上网、数字福祉。[①]

3.3　放眼全球，对齐世界标准

不同国家和地区对公民数字素养的能力要求可谓"百家争鸣"，那么，有没有"标准答案"，抑或是"最佳标杆"呢？数字素养领域的重要国际组织或许能够给你答案。

3.3.1　集大成的联合国教科文组织框架

2018年3月，联合国教科文组织发布《指标4.4.2的数字素养技能全球参考框架》，目标是助力实现联合国2030年可持续发展目标之4.4.2"至少达到数字素养技能最低熟练程度的青年/成人百分比"。为实现这一目标，联合国教科文组织以欧盟《公民数字胜任力框架》（DigComp 2.0）为初始框架，进行框架映射、应用映射、深度咨询和在线咨询4项实证研究，制定《数字素养全球框架》（Digital Literacy Global Framework，DLGF）。该框架包括七大能力领域，分别是设备与软件操作、信息与数据素养、沟通与协作、数字内容创建、数字安全、问题解决，以及职业相关能力，如表3-2所示。其在DigComp 2.0基础上增加了设备与软件操作、职业相关能力两项额外的能力领域，以适应国民收入水平不同的国家和地区。

《数字素养全球框架》在全球范围内具有广泛的影响力，在我国公民数字素养提升实践中极具借鉴价值。第一，DLGF规定的是"数字素养技能的最低熟练程度"，特别关注欠发达地区居民的数字素养水平评估，这与我国《行动纲要》提出的"弥合数字鸿沟、促进共同富裕"目标相契合；第二，DLGF的提出机构是关注信息通信问题的联合国教科文组织，权威性强；第三，DLGF以全球优秀评估指标体系为基础，又经过多轮全球咨询和论证，质量高。

表3-2　联合国教科文组织《数字素养全球框架》[②]

能力领域	能力的具体内容
0. 设备与软件操作	**0.1 操作数字设备实物** 确认和使用硬件工具与技术的功能与特性。 **0.2 操作数字设备软件** 了解和理解操作软件工具与技术所需的数据、信息与数字内容

① Department for Education. National standards for essential digital skills［S］. London：Department for Education，2019：1-5.

② LAW N，WOO D，WONG G，et al. A global framework of reference on digital literacy skills for indicator 4.4.2［S］. Paris：UNESCO，2018.

（续表）

能力领域	能力的具体内容
1. 信息与数据素养	**1.1 浏览、搜索和过滤数据、信息与数字内容** 阐明信息需求，在数字环境中搜索和评估数据、信息与数字内容，访问它们并在它们之间导航。创建和更新个人搜索策略。 **1.2 评价数据、信息与数字内容** 分析、比较和严格评价数据、信息与数字内容来源的可信度和可靠性。对数据、信息与数字内容进行分析、解释和批判性评价。 **1.3 管理数据、信息与数字内容** 在数字环境中组织、储存和检索数据、信息与数字内容，在结构化的环境中组织和处理它们
2. 沟通与协作	**2.1 通过数字技术进行交互** 通过各种数字技术进行交互，并了解针对特定环境的适当数字沟通手段。 **2.2 通过数字技术共享** 通过适当的数字技术与他人共享数据、信息与数字内容。扮演中介角色，了解引用和归因实践。 **2.3 通过数字技术参与公民事务** 通过使用公共和私人数字服务参与社会事务，通过适当的数字技术寻求自我赋权和参与公民事务的机会。 **2.4 通过数字技术进行合作** 利用数字工具和技术进行协作过程、资源和知识的共同建设和共同创造。 **2.5 网络礼仪** 在使用数字技术和在数字环境中互动时，了解行为规范和诀窍。根据特定的受众，调整传播策略，并意识到数字环境中的文化和代际多样性。 **2.6 管理数字身份** 创建和管理一个或多个数字身份，能够保护自己的声誉，处理通过多种数字工具、环境和服务产生的数据
3. 数字内容创建	**3.1 开发数字内容** 创作和编辑不同格式的数字内容，通过数字手段来表达自己。 **3.2 整合并重新阐释数字内容** 修改、优化、改进和整合信息与数字内容至现有的知识体系中，以创造新的、原创的和相关的数字内容与知识。 **3.3 版权和许可** 了解版权和许可证如何应用于数据、信息与数字内容。 **3.4 编程** 为计算系统计划和开发一系列可理解的指令，以解决给定的问题或执行特定的任务

（续表）

能力领域	能力的具体内容
4. 数字安全	**4.1 保护设备** 保护设备和数字内容，了解数字环境中的风险与威胁。了解安全及安保措施，并充分考虑可靠性和隐私。 **4.2 保护个人数据和隐私** 在数字环境中保护个人数据及隐私。了解如何使用和共享个人身份信息，同时能够保护自己和他人免受损害。了解数字服务使用"隐私政策"来告知如何使用个人数据。 **4.3 保护健康和福祉** 能够在使用数字技术时避免健康风险和对身心健康的威胁，能够保护自己和他人在数字环境中免受可能的危害（如网络欺凌）。了解促进社会福祉和社会包容的数字技术。 **4.4 保护环境** 了解数字技术及其使用对环境的影响
5. 问题解决	**5.1 解决技术问题** 在操作设备和使用数字环境时识别技术问题，并解决它们（从排除故障到解决更复杂的问题）。 **5.2 确定需要和技术响应** 评估需求，并识别、评估、选择和使用数字工具与可能的技术应对措施来解决问题。调整和定制数字环境以满足个人需求（如无障碍）。 **5.3 创造性地使用数字技术** 利用数字工具和技术创造知识、创新流程和产品。个人或集体参与认知处理，以理解和解决数字环境中的概念和问题。 **5.4 识别数字能力差距** 了解自己数字能力方面需要改进或更新的地方。能够支持他人的数字能力发展，并寻求自我发展的机会，紧跟数字时代的发展。 **5.5 计算思维** 将可计算问题转化为一系列有逻辑顺序的步骤，为人机系统提供解决方案
6. 职业相关能力	**6.1 使用特定专业领域的数字工具与技术** 确认和使用特定专业领域的数字工具与技术。 **6.2 解释和运用特定领域的数据、信息与数字内容** 在数字环境中理解、分析和评价特定专业领域的数据、信息与数字内容

3.3.2　首个数字素养全球标准

数字智商研究所是一个国际智库、非营利性慈善组织，致力于通过跨部门合作、全球对话和大数据研究改善数字教育、文化和创新。该机构长期开展数字素养相关研究实践，面向两个重大问题（如何应对网络欺凌、技术成瘾、网络骚扰、数字错误信息传播、隐私侵犯、安全威胁等网络风险；如何从技术进步带来的新就业机会中获益），推出并持续迭代优化了首个数字素养的全球标准。2017年，提出首批8项数字公民能力、3个能力层级；2019年，进行内容优化与交叉分析，形成8×3的24个能力要素矩阵；2020年，该成果被世界领先的标准制定机构"IEEE标准协会"正式批准为世界上第一个与数字素养、数字技能和数字准备相关的全球标准，即"IEEE 3527.1™标准"；2023年，又引入了一个新的成熟度级别，增加了8项新的能力要素。

最新的能力要素矩阵（扫描下方二维码看图）包括以下8个能力维度：数字身份，建立一个健康的线上和线下身份的能力；数字使用，公民以平衡、健康的方式使用技术的能力；数字安全，通过安全、负责任和道德地使用技术来理解、减轻和管理各种网络风险的能力；数字保障，检测、避免和管理不同级别网络威胁的能力，以保护数据、设备、网络和系统；数字情商，在数字人际互动中识别、导航和表达情感的能力；数字交流，使用技术与他人沟通和协作的能力；数字素养，发现、阅读、评估、综合、创造、适应和分享信息、媒体和技术的能力；数字权利，在使用技术时理解和维护人权和合法权利的能力。

该能力要素矩阵还包含以下4个成熟度级别：数字连接，与数字技术连接的能力；数字公民，能够以安全、负责和合乎道德的方式使用数字技术和媒体的能力；数字创造力，有能力成为数字生态系统的一部分，并创造新的知识、技术和内容，将想法变成现实；数字竞争力，通过推动创业、就业、经济增长和提升影响力，应对全球挑战与在数字经济中创造新机会的能力。

8个能力维度与4个成熟度级别相互交织，形成了32项数字智商能力要素矩阵（扫描下方二维码看图）。

IEEE 3527.1™标准与全球重要组织机构的重大发展战略相匹配。值得一提的是，该标准与联合国"可持续发展目标"（Sustainable Development Goals）、经济合作与发展组织"福祉指标"（Well-being Indicators）两大重要的国际倡议紧密对接，有助于指导数字实践，在生活的各个方面实现个人和社会福祉，如表3-3所示。

表3-3 "可持续发展目标""福祉指标"与IEEE 3527.1™标准的对应关系

经济合作与发展组织"福祉指标"	数字智商能力	联合国"可持续发展目标"
收入	通过使用和应用具有数字智能的技术，在世界范围内消除贫困	目标1：消除贫困
	通过使用具有数字智能的技术，消除饥饿，实现粮食安全和改善营养，并促进农业的可持续发展	目标2：零饥饿

（续表）

经济合作与发展组织"福祉指标"	数字智商能力	联合国"可持续发展目标"
健康	确保健康的生活方式，并在使用数字智能技术时促进福祉	目标3：健康和福祉
	通过赋予所有妇女和女童权利，使其能够自信和熟练地使用数字智能技术，从而实现性别平等	目标5：性别平等
教育	确保包容和公平的优质数字智能教育并促进终身学习，适应不断发展的数字环境	目标4：优质教育
住房	通过数字化推动技术创新，用于确保可用性的情报为所有人提供可持续的水和卫生管理	目标6：清洁饮水和卫生设施
工作	数字智能为可持续、包容的经济增长，充分的生产性就业，以及通过提高所有人的技能来获得体面的工作做出贡献	目标8：体面工作和经济增长
	建设有韧性的数字基础设施，促进包容和可持续的工业化和创新，通过数字智能为公民培养合乎道德的网络安全技能	目标9：产业、创新和基础设施
生活满意度	通过以下方式减少国家内部和国家之间的不平等：支持逾越接入方面的数字鸿沟的举措，改善技能和基础设施，并对弱势群体提供平权服务	目标10：减少不平等
公民参与	确保可持续的消费和生产，通过使用具有数字智能的技术来实现公平、公正和可持续的全球供应链	目标12：负责任的消费和生产
环境	使用具有数字智能的技术来确保为所有人提供负担得起的、可靠的和可持续的能源	目标7：负担得起的清洁能源
	应用数字智能，通过使用清洁和可持续的技术，使城市和人类社区更安全、更具包容性、更具韧性和可持续性	目标11：可持续城市和社区
	以数字智能指导他人使用技术采取紧急行动应对气候变化及其影响	目标13：气候行动
	利用数字智能技术来保护和可持续地利用海洋和海洋资源，以推动可持续发展	目标14：水下生物
	使用具有数字智能的技术来保护、恢复和促进陆地生态系统的可持续发展，包括可持续管理森林、防治荒漠化、制止和扭转土地退化和生物多样性损失	目标15：陆地生物

（续表）

经济合作与发展组织"福祉指标"	数字智商能力	联合国"可持续发展目标"
安全	促进和平与包容的社会，促进可持续发展，为所有人提供诉诸司法的机会，以及建设有效、负责和包容的机构。通过为社区提供数字智能来提升水平、减少和缓解不断变化的网络风险和威胁	目标16：和平、正义和强有力的机构
社区	通过数字化来加强技术情报和振兴全球伙伴关系可持续发展	目标17：为实现目标而建立伙伴关系

3.3.3 应用广泛的国际水平认证

国际计算机使用执照（International Computer Driving Licence，ICDL）基金会是致力于在全球范围内推广普及数字教育，通过开发、宣传、推行一系列国际标准的计算机技能认证项目，提高个人、企业及全社会的数字素养水平的国际组织。ICDL基金会通过与当地政府、区域内的各级官方机构、社区及非政府组织机构的合作，在全球推广国际标准的计算机技能认证项目，其认证与合作项目遍布全球100多个国家和地区。"国际数字素养认证"是由ICDL基金会建立和维护的一项全球公认的，用于验证个人基本计算机技能熟练程度的认证计划[①]。

ICDL基金会对公民数字素的要求分为多个主题模块：劳动力模块，涵盖了一系列对工作世界至关重要的生产力技能；专业模块，旨在满足现代专业人士在一系列领域的需求，并为具有技术依赖角色的人开发先进水平的技能，包括从使用业务应用程序到应用先进技术的基础知识；洞察模块，专为非IT（Information Technology，信息技术）专业人员设计的简短介绍性模块，以激发其对趋势和新兴技术的概念理解；数字公民模块，是专门为没有任何计算机和互联网经验的人开发的，培养他们的基本技能，帮助他们消除对使用计算机的恐惧；数字学生和智能数字模块，旨在满足学校学生的需求，发展适当的技能和创造性地使用技术，以及学习基本技能和更专注的技能。

每个主题模块又对公民提出了不同的数字素养能力要求：从基本的计算机使用、文字处理、电子表格、数据库和在线协作，到关注职业效率的高级数字技能以及新兴技术。表3-4所示为"国际数字素养认证"对公民数字素养的要求。

表3-4 "国际数字素养认证"对公民数字素养的要求

主题模块	能力要求	能力描述
劳动力模块	办公室应用	文件、电子表格、演示、联合作业
	良好做法	网络安全、远程工作、数据保护、信息素养、在线协作
	基本技能	计算机和在线基础知识、应用程序要点、平板电脑要点、平板电脑必备功能

① International Computer Driving Licence Foundation. The Digital Skills Standard［S］. Dublin：ICDL Foundation，2022.

（续表）

主题模块	能力要求	能力描述
专业模块	创造性	文件（高级）、演示（高级）、网络编辑、二维设计、三维设计
	企业家技能	数字营销、项目策划、电子商务
	计算	财务电子表格、管理电子表格、数据分析、编码原理、数据库（高级）
洞察模块	—	云计算、物联网、人工智能、大数据
数字公民模块	—	数字公民、平板电脑基础知识、平板电脑基本原理
数字学生和智能数字模块	创建和协作	文书处理、演示文稿、在线协作
	计算和编程	试算表、数据库、计算机思维和编程基础、机器人
	基本技能	计算机与互联网基础、应用软件基础、网络信息管理、智能数码

ICDL基金会通过实践检验，与全球教育和培训合作伙伴、地方政府、国家政府、国际发展组织，以及各行各业的公共和私营部门雇主合作，共同实施课程与评估工作，评估内容与多项联合国可持续发展目标保持一致。ICDL全面覆盖了欧盟DigComp等全球知名的数字素养框架或计划，现已在100多个国家和地区以40多种语言提供，超过1700多万人获得了ICDL考核认证。2021年起，我国的教育部教育技术与资源发展中心采用ICDL计划，构建了包括300多所职业学院和国际学校的教学评估网络，旨在提高职业学校学生和现有劳动力的数字技能。

本章练习

一、名词解释

数字生活

数字公民

数字人才

数字胜任力

二、思考题

1. 数字素养包含如此丰富的知识、技能与态度，你认为哪一项是"重中之重"呢？
2. 纵览全球，我国对公民数字素养的要求有何独特之处？
3. 如何测量自己的数字素养水平呢？
4. 怎样才能使公民的数字素养水平满足我国的要求呢？

阅读书目推荐

1．LAW N, WOO D, WONG G, et al．A global framework of reference on digital literacy skills for indicator 4.4.2 [S]．Paris：UNESCO, 2018．

2．VUORIKARI R, KLUZER S, PUNIE Y．DigComp 2.2：The digital competence framework for citizens - with new examples of knowledge, skills and attitudes [M]．Luxembourg：Publications Office of the European Union, 2022．

3．查尔斯·菲利普斯. 如何培养数字脑：聪明人都在玩的数字游戏 [M]. 李俊, 译. 北京：九州出版社, 2015．

第二篇 方法篇

第 4 章 信息检索的基本方法

本章学习目标

- 意识到主动和被动获取信息资源的区别。
- 了解如何缩小与扩大检索范围。
- 能够进行字段限制的检索。
- 能够剖析自己的信息需求。
- 能够综合使用多种信息检索技术获取所需信息。

> **导读**
>
> 　　上一篇"概念篇"帮助我们从外扫视了数字环境、从内了解了数字素养。只有锻炼和提升内在的数字素养能力，我们才能融入和改变数字环境。
>
> 　　相信你也曾有过这种时刻：完成一天的工作后躺在床上刷短视频，一不留神两个小时悄悄溜走，阅尽热点消息的你却顿感空虚、一无所获；或者，对某个话题感兴趣，在网上这里搜搜、那里看看，却总找不到自己想要的那一个；又或者，已经找到了相关主题的资源，但有的太过时、有的"无厘头"。这就是"信息爆炸"带来的后遗症，信息数量急速增加，但有用的、无用的、正确的、错误的信息相互交错、盘根错节。互联网中有价值的数字资源，如同广袤沙漠中的一粒黄金、深邃海洋里的一颗宝石——如此珍贵，又如此难得。若没有掌握一定的方法与技巧，信息获取就如同沙里淘金、大海捞针。
>
> 　　通过本章的学习，你将知道如何限定检索范围、杜绝"漏网之鱼"、锁定一类信息，掌握高效的信息获取方法，你再也不会在令人眩晕的"数字信息爆炸"中迷失。

4.1　灵活圈定检索范围

　　在网上查找资料的时候，往往会遇到以下问题：有时检索结果很少且符合需求的不多，这时人们希望能够在更广泛的范围里继续查找；有时检索结果太多，甚至相关性不强的内容也囊括其中，这时人们希望能够缩小检索范围。要解决这一系列问题，根据自身需求灵活地扩大或缩小检索范围，就要掌握"逻辑检索"的知识。逻辑检索是一种比较成熟、较为流行的检索技术，它的基础是逻辑运算，绝大部分计算机信息检索系统都支持布尔逻辑检索。常用的布尔逻辑运算符有3种，分别是逻辑"与"（AND）、逻辑"或"（OR）、逻辑"非"（NOT）。

　　（1）逻辑"与"

　　逻辑"与"用AND（或*）表示。检索词A、B若用逻辑"与"相连，即A AND B（A*B），则表示只有同时含有这两个检索词的文献才能被命中。文氏图（Venn Diagram）：逻辑"与"如图4-1所示。

　　（2）逻辑"或"

　　逻辑"或"用OR（或+，或 | ）表示。检索词A、B若用逻辑"或"相连，即A OR B（A+B），则表示含有其中一个检索词或同时含有这两个检索词的文献都将被命中。文氏图：逻辑"或"如图4-2所示。

　　（3）逻辑"非"

　　逻辑"非"用NOT（AND NOT，BUT NOT，或 - ）表示。检索词A、B若用逻辑"非"

相连，即A NOT B（A–B），则表示被检索文献在含有检索词A而不含有检索词B时才能被命中。文氏图：逻辑"非"如图4-3所示。

NOT可以缩小检索范围，但必须慎用，只有当确信要从检索结果中排除一个术语或短语时才用它，否则会将有用的资料排除在外。

布尔逻辑运算符的运算次序为：逻辑"非"→逻辑"与"→逻辑"或"；若有括号，则括号优先。这同算术运算中的四则运算相似。

大多数网络信息检索工具都支持布尔逻辑运算，但各自采用的表现形式不尽相同：有的检索工具用AND、OR、NOT（有的检索工具要求用大写，有的检索工具要求用小写，有的检索工具则大、小写均可），有的检索工具以符号（+、–、*）代替，有的检索工具可支持"&""|""！"符号操作，有的检索工具直接把布尔逻辑运算符隐含在菜单中。一般而言，检索系统的"帮助"文件中都会有相关说明，只要注意查看即可。

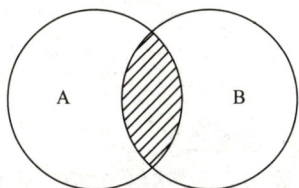

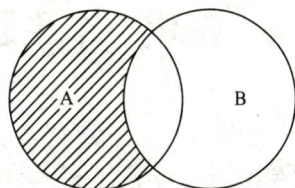

| 图4-1 文氏图：逻辑"与" | 图4-2 文氏图：逻辑"或" | 图4-3 文氏图：逻辑"非" |

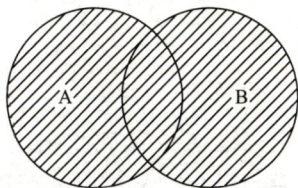

4.2 精准直击理想结果

在网上查找资料的时候，结果有时是"发散"的。例如，在搜索引擎中输入关键词"数智时代"，得到的结果可能是包含"数智时代""数智化""数智化时代""数字""数智技术"等词语的网页。如果你对检索准确性有极高的要求，那么这个检索结果显然是不令人满意的。这时，"短语检索"就派上了用场。

短语检索（phrase search），亦称"词组检索"或"精确检索"，一般用双引号" "表示，要求检索出与双引号内形式完全匹配的短语，以提高检索的准确度。绝大多数情况下，短语检索匹配与双引号内输入的形式完全相同的内容，但也有一些检索工具在利用双引号进行短语检索时，会默认检索出输入单词的单数与复数形式、不同拼写方式，或者该词的变体、多个同根词。例如，输入"email"会检索出"email"和"e-mail"，输入"heart attack"会检索出"heart attack"和"heart attacks"，输入"color code"会检索出"color code"和"colour code"。有的检索工具使用"{ }"等其他符号表示短语检索；还有的检索工具将由连字符连接的几个单词视为等同于双引号中的短语，如To-be-or-not-to-be与"To be or not to be"的检索结果是一样的。

4.3   一网打尽相关内容

与力图检索准确的"短语检索"不同，如果自己的搜索目的并不明确，或是想获取更多的查询结果，那么可以使用"模糊检索"（fuzzy search）来查找含义与检索词贴近而非完全匹配的文本。"模糊检索"又称概念检索，是指使用某一检索词进行检索时，能同时对该词的同义词、近义词、上位词、下位词进行检索，以达到扩大检索范围、避免漏检的目的。例如，输入"计算机"一词进行检索时，检索结果不仅包括"计算机"的记录，还包含"手提""笔记本""台式机"等与"计算机"含义相近或相关的记录。

4.4   聚焦一个主题

想象一下，如果你要通过一个关键词在浩如烟海的数据库中查找某条记录，既可以逐字逐句地对全部的记录进行扫描与排查，又可以将扫描排查的范围限定在能够集中体现资料大致含义的某些内容之中。显然，前者将耗费过多的时间与精力，而后者的检索过程会容易很多，且查准率也更有保障。用专业术语来表示，这就叫限定主题字段的检索，其中的"主题"一般涵盖了文献资料的标题、摘要、作者关键词，以及系统通过算法自动标注的关键词等范围。现在，大多数搜索引擎和数据库默认的检索方式都是限定主题字段的检索。图4-4所示为中国知网［China National Knowledge Infrastructure，CNKI］的首页（局部），白色搜索框的左侧默认显示"主题"字样，提示用户此时为限定主题字段的检索。

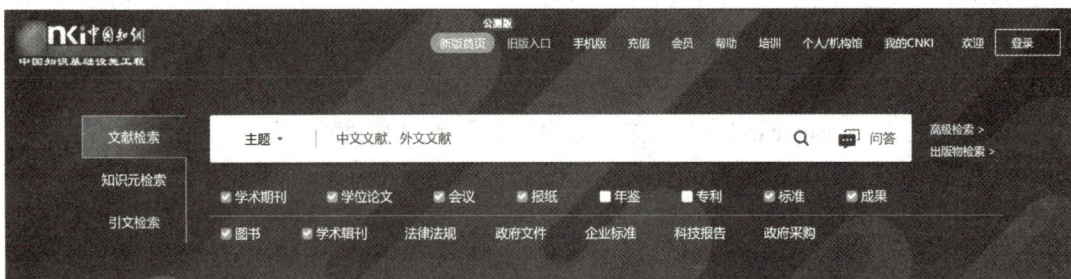

图4-4　中国知网的首页（局部）

4.5   锁定一个题名

在已经明确知道文献标题的情况下，或是限定主题字段的检索还不能满足你对检索精确程度的要求时，你可以将检索范围进一步缩小到"题名"，如图书名称、网页标题、论文题目。这是因为，题名是最为浓缩、最能够概括图书大意、反映网页内容或凝练论文主旨的。例如，在常用的搜索引擎"百度搜索"中，单击"设置-高级搜索"（百度搜索的高级搜索页面见图4-5），将关键词位置限定于"仅网页标题中"；或者直接在搜索框输入"title：（　）"命令，并在括号内输入检索关键词，单击"高级搜索"按钮，即可获得限定题名的检索结果。

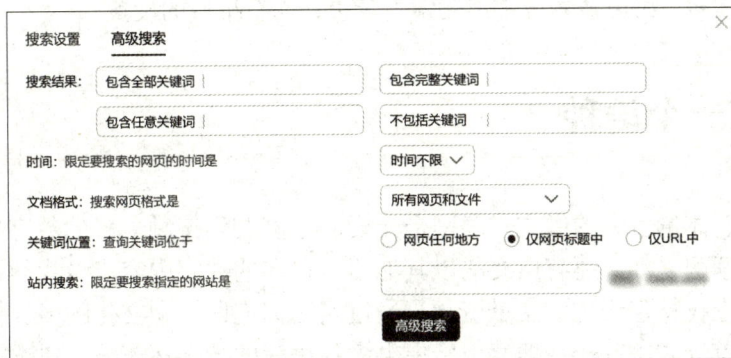

图4-5　百度搜索的高级搜索页面

4.6　限定一种格式

现在的信息总量越来越庞大，仅仅凭借一个检索词进行检索，难免会出现搜索结果太多、有用的内容却很少的情况。特别是很多有价值的资料并不以HTML（Hypertext Markup Language，超文本标记语言）网页的形式显示，而是以.doc、.ppt、.pdf等文档格式存在。用户可以在搜索信息时使用"filetype"口令限定文档格式，从而达到更精准地找到搜索目标、让搜索效率翻倍的目的。

谷歌搜索引擎支持用户设置.pdf、.ps、.dwf、.kml、.kmz、.xls、.ppt、.doc、.rtf、.swf等格式来搜索文件；百度搜索引擎支持用户设置.pdf、.doc、.xls、.ppt、.rtf等格式来搜索文件。

以谷歌搜索为例，假设你需要以"人工智能"为主题制作一份英文演示文稿。你在利用谷歌搜索查找参考资料时，如果直接输入"artificial intelligence"，网页展示出的是与该主题相关的各种类型、以亿为计量单位的资料。然而，如果你在输入"artificial intelligence"关键词之后，再加上"filetype: ppt"字样，则可获得精准的、.ppt格式的资料。可见，限定文档格式将极大地提升你的学习、工作效率。

4.7　框定一段时间

当人们查找实时新闻时，"新鲜出炉"是最基本的要求；当人们深挖历史资料时，越

"老"的消息则越有利于追根溯源。不难发现"时间"是在搜索信息过程中需要重点考虑的要素。要开展限制时间的检索，用户可以利用"过滤条件"功能，在已有检索结果中添加或移除时间段的限制，以便准确找到所需内容。进入谷歌搜索首页，在"设置-高级搜索-最后更新时间"中，用户可以通过选择"任何时间""一天内""一周内""一个月内""一年内"等选项来限制检索结果的时间段。在搜索引擎返回搜索结果之后，用户还可以在检索结果页面单击"工具-时间不限-自定日期范围"，设置精确到年、月、日的检索。在百度搜索、必应搜索等常用搜索引擎中，均有相似的设置。

4.8 锚定一个语种

内容丰富、体量巨大的中文互联网毫无疑问是网友们接触最多的数字环境。但实际上，在中文互联网之外，还有广袤的以其他语言存在的数字内容。当我们希望了解国外的风土人情、查找特定语种的文献资源、通过网络拥抱语言和文化的多样性时，限定语种的检索将是首选方法。一些搜索引擎提供多种语言的检索环境给用户选择，系统按用户选定的语种进行检索并反馈结果。例如，百度搜索支持"全部语言""仅简体中文""仅繁体中文"的搜索语言范围。再以谷歌搜索为例，如果用户需要限制只搜索某种语言的网页，可以使用"lr参数"（语言限制，language restrict）。例如，如果用户输入"lr=lang_zh-Hans|lang_zh-Hant"，则搜索中文网页；如果用户输入"lr=lang_en"，则搜索英文网页；如果lr参数为空，则搜索所有语种的网页。谷歌搜索引擎的语言代码对照表如表4-1所示。

表4-1 谷歌搜索引擎的语言代码对照表

语言	语言代码	语言	语言代码
阿拉伯语	ar	意大利语	it
保加利亚语	bg	日语	ja
加泰罗尼亚语	ca	韩语	ko
克罗地亚语	hr	拉脱维亚语	lv
中文（简体）	zh-Hans	立陶宛语	lt
中文（繁体）	zh-Hant	挪威语	no
捷克语	cs	波兰语	pl
丹麦语	da	葡萄牙语	pt
荷兰语	nl	罗马尼亚语	ro
英语（默认）	en	俄语	ru
菲律宾语	fil	塞尔维亚语	sr
芬兰语	fi	斯洛伐克语	sk
法语	fr	斯洛文尼亚语	sl

（续表）

语言	语言代码	语言	语言代码
德语	de	西班牙语	es
希腊语	el	瑞典语	sv
希伯来语	he	泰语	th
印地语	hi	土耳其语	tr
匈牙利语	hu	乌克兰语	uk
印度尼西亚语	id	越南语	vi

本章练习

一、名词解释

信息检索
检索词
精确检索
逻辑检索

二、思考题

1. 你看过以信息检索为主题的电影吗？
2. 你还知道哪些信息检索小技巧？
3. 检索范围过大会造成怎样的影响呢？
4. 检索范围过小会造成怎样的影响呢？
5. 人工智能聊天机器人ChatGPT也具备信息检索的功能，聊聊你的使用心得。

阅读书目推荐

1. 彼得·莫维尔. 随意搜寻［M］. 沈浩翔，译. 武汉：华中科技大学出版社，2013.
2. 马特·厄普森，C. 迈克尔·豪尔，凯文·坎农. 怎样玩转信息：研究方法指南［M］. 孙宝库，译. 成都：四川文艺出版社，2019.
3. 黄如花. 信息检索［M］. 3版. 武汉：武汉大学出版社，2019.

第 5 章

跨媒介信息检索

本章学习目标

- 了解信息资源的不同表现形式。
- 知晓图像、音频、视频等类型信息资源的检索方法。
- 了解常见的跨媒体信息检索平台。
- 能够开展基于内容的检索，如以图搜图、以曲搜曲。

导读

在上一章中，我们了解了如何检索文字信息，但是，信息资源的表现形式不只文字，图像（包括表情包）、音频、视频都可以作为传播媒介传递丰富的信息。我们要如何对它们进行检索呢？

多媒体信息资源易读易懂，生动幽默的表情包在聊天软件中风靡，节奏紧凑的短视频席卷全球，说明多媒体信息深受当代网友们的喜爱。然而，俗话说"一图胜千言""歌里千重意"，图片里、歌曲里的信息量远大于文字。我们想要在进行信息检索时完整、准确地对图像的颜色、形状、布局、风格，或是歌曲的音调、节奏、旋律、歌词等进行描述，快速地进行索引，获取正合人意的检索结果，并不是一件容易的事。

怎样才能轻松找图？何处可得优质音乐？珍贵影像可否免费观看？本章收集并整理了各种类型、各种功能的跨媒介信息检索工具，相信能够解答你的疑惑。

5.1　寻图

互联网上的图像资源每天都在以惊人的速度增长。例如，早在 2018 年，在社交媒体平台微博上，用户日均上传的照片就超过 1 亿张。数字世界的图像资源如此丰富，人们是如何在这浩瀚的图像库中快速、准确地检索到所需图像的呢？

5.1.1　巧搜相似图

当前的图像检索技术主要基于两种方法：一种是基于文本的图像检索（Text-based Image Retrieval，TBIR）；另一种是基于内容的图像检索（Content-based Image Retrieval，CBIR）。

TBIR 始于 20 世纪 70 年代，它的核心思路是，使用手动或自动标注的方式添加主题、内容、来源、作者等描述字段，用户根据自身需求输入关键词查询，系统进行关键词匹配并将标注有关键词的图像返回给用户。然而，TBIR 存在的缺陷十分显著。例如，文字和图像包含的信息量差距极大，不同人对同一图像的理解存在差异，字段标注所需的人力、时间、经济成本极高等。

得益于信息技术的飞速发展，CBIR 方法逐渐受到关注。1992 年，加藤俊和提出了"基于内容的图像检索"的概念，它使用图像的颜色、形状等信息作为特征构建索引以实现图像检索，即我们通常所说的"以图搜图"。区别于 TBIR 对图像进行字段标注的做法，CBIR 自动提取每幅图像的视觉内容特征作为其索引。第一，分析图像内容，提取其中的颜色、形状、纹理，以及对象空间关系等信息，建立图像的特征索引库；第二，开展特征匹配，将用户的检索提问与特征索引库中的索引进行匹配计算，返回检索结果。

（1）首个基于内容的商业化图像检索系统：QBIC

按图像内容查询（Query By Image Content, QBIC）[1]是IBM阿尔马登研究中心（Almaden Research Center）20世纪90年代开发的第一个基于内容的商业化图像检索系统，主要为IBM的DB2大型数据库提供图像检索功能，并支持基于Web的图像检索服务。它提供了对静止图像及视频信息基于内容的检索手段，是标准的基于内容特征检索图像的工具。

在使用QBIC时，用户无须提供文字检索词，只要输入以图像形式表达的检索要求即可检索出一系列相似的图像。该系统提供多种检索方式，包括利用标准范围（系统自身提供）检索、用户绘制简略图像或扫描输入图像进行检索、选择色彩或结构查询方式进行检索、用户输入动态影像片段和前进中运动的对象进行检索。

用户输入图像、简略图像或影像片段时，QBIC对输入图像的色彩、纹理、运动变化特征进行分析和抽取，然后根据用户选择的检索方式分别进行不同的处理。同一图像采用不同的检索方式得到的结果有很大不同，这种差异源于对不同检索方式所采取的不同的特征分析和抽取。系统还提供各种标准范围，代表不同的色彩、纹理和轮廓结构，用户可选择与要检索对象最接近的范图，以它作为"检索式"去检索相似的图像。实际上，这些标准范围的特征信息已事先抽取并存储在了特征索引库中。

（2）使用广泛的反向图像搜索引擎：TinEye

TinEye是加拿大Idée公司于2008年开发的一款反向图像搜索引擎，已被数百万用户使用，提供了数亿次图像搜索服务。TinEye较早在网络上采用图像识别技术，通过提取图像的特征进行检索，而非基于图像的关键词、元数据或水印特征。系统不断抓取网络图像并添加至索引中，索引中的图像已超过672亿张。TinEye具备图像内容识别、欺诈检测、标签匹配、图像跟踪、颜色搜索等一系列功能，用户只需提交一张图像，就可以了解图像的来源、在哪些地方被使用、有没有更改过的或清晰度更高的版本。

（3）局部图像搜索：Pinterest Lens

Pinterest是以DIY（Do It Yourself，自己动手做）、工艺、美容和食谱创意等为核心的图片社交平台。2017年，Pinterest开创性地推出了局部图像搜索功能Lens。传统的图像搜索系统将整张图像视为一个单元，这些系统索引的是全局图像，并以整体方式返回与输入图像类似的图像。Lens则利用数十亿个物体的语料库，结合实时物体检测器，得以在更细粒度的层面理解图像，允许用户精确定位和单独检索图像中的某些部分，如餐桌上的某样食物、模特身上的某件衣服或配饰等，并提供相应商品的购买链接。图5-1所示为Pinterest的相似物品搜索功能。

①　FLICKNER M, SAWHNEY H, NIBLACK W, et al. Query by image and video content: the QBIC system [J]. Computer, 1995, 28（9）: 23-32.

图5-1　Pinterest的相似物品搜索功能

（4）人脸识别搜索引擎：FaceCheck.ID

FaceCheck.ID是利用人脸识别AI技术的反向图像搜索引擎，可以在不同的照明条件下从不同角度识别和匹配具有各种表情，甚至是被胡须、太阳镜、帽子等遮挡的面孔。2024年，FaceCheck.ID付费专家在内部竞争分析测试中评估了检索有效性，发现系统在低分辨率与低质量照片寻人、戴面具寻人、使用年轻照片寻找老人等方面表现优异。具体而言，用户上传某人的照片，系统在社交媒体、新闻、博客、视频及警方的通缉照片等公开资料中进行搜索比对。该工具可以帮助用户验证网友身份、查找失散亲友或辅助案件调查。系统中的所有图像都来自公开网页，并承诺不储存敏感数据或可识别的个人数据，以及不索引儿童面孔。此外，系统还支持用户批量删除自己的照片并取消索引。需要注意的是，用户在使用此类工具时，必须遵守隐私法规和道德标准，确保不侵犯他人的隐私权利。

5.1.2　遍寻高质图

要评价一张图像的质量是好是坏，有很多种标准，以至于在国际标准化领域十分重要的国际标准化组织（International Organization for Standardization，ISO）专门设立了ISO TC 42 WG 18工作小组，负责制定、发布与数字静态摄影相关的标准，包括ISO 12233、ISO 12232、ISO 15739、ISO 17850、ISO 17957、ISO 18844、ISO 19084、ISO 19567等，就分辨率、空间频率、ISO感光度、曝光指数、噪声、色调曲线、几何变形、均匀性、杂散光、色移、纹理再现等诸多图像质量评价维度设置了全面、客观的标准。在我国，2018年发布、2019年实施的北京地方标准《图像信息管理系统技术规范 第5部分：图像质量要求与评价方法》提出的数字图像质量主观评价指标包括马赛克效应、边缘处理、颜色平滑度、画面还原清晰度、快速运动图像处理、复杂运动图像处理、低照度环境图像处理、画面连续性等。然而，缺乏专业知识的普通民众难以综合使用复杂的评价标准查找和筛选图像。为了获取清晰、美观、版权清晰的高品质图像资源，我们必须掌握相应的检索工具与技巧。

（1）高清图像库：Unsplash

图像是由一个个"像素"（pixel）组成的，把图像放大到一定的程度，此时看到的一个个小方块就是像素。像素越多，图像就越清晰；像素越少，显示的图像就越模糊。我们常说的2000万像素手机、百万像素镜头，其实就是用像素总数来描述图像清晰度。很多人在看视频、找手机壁纸时关注的"分辨率"（resolution），指的是在图像长和宽两个方向上拥有的像素个数，单位通常是像素/英寸，分辨率越高，图像包含的像素越多。比如，分辨率为1200像素×500像素的图像在长度方向上有1200个像素，在宽度方向上有500个像素，总数就是1200×500=600000（像素）。分辨率决定了位图图像细节的精细程度。人们常说的"高清"（High Definition，HD）一般指的是图像分辨率为1280像素×720像素，再往上，还有1080P（1920像素×1080像素）、2K（2048像素×1080像素）、4K（3840像素×2160像素）、8K（7680像素×4320像素）等常见的清晰度。高清图像的特点是细节丰富、清晰度高，适合大屏幕显示和高质量打印。

Unsplash是成立于2013年的免费图像共享网站，现已发展为行业领先的视觉社区，拥有37.5万名图像贡献者，包括业余爱好者、专业人士、新兴品牌等，特别是，纽约公共图书馆、美国国会图书馆、大英图书馆、波士顿公共图书馆等组织机构也在网站上开通了官方账号，持续上传高质量图像资源。目前，Unsplash共拥有超过600万张免费的高分辨率照片和插图。Unsplash对上传至网站的图像有严格的清晰度要求，必须满足500万像素的最小尺寸要求，对于标准的横向照片，大小至少为2500像素×2000像素。除此之外，网站只接受原始照片和3D渲染，不接受AI生成、过度编辑、不清晰、有污渍的图像。

（2）集成大师名作：Gallerix绘画艺术图库

如果说清晰度为用户衡量图像品质提供了客观的数据依据，那么聚焦大师名作则能帮助用户从主观的审美角度出发，轻松获取高艺术价值的好作品。许多著名博物馆、图书馆、艺术馆或画廊等的数字馆藏，以及有影响力的画家与设计师的个人数字平台，都会上传与共享高品质的绘画、摄影等图像类作品。

Gallerix绘画艺术图库从2009年开始运营，是全球最大的虚拟绘画博物馆之一，包含经典绘画和当代艺术家作品，多以西方油画为主。网站提供免费高清图像下载，且无须注册登录。平台汇聚了来自卢浮宫、普拉多博物馆、冬宫博物馆和梵蒂冈博物馆等全球820个艺术博物馆的绘画馆藏，收录了1万多名世界著名画家的17万多幅高清作品，包括来自达·芬奇、梵高、莫奈、拉斐尔等全球著名艺术家的作品，涵盖了画报艺术、图纸、数字艺术、手工制造、当代艺术、图标、照片、雕塑、儿童图画、服饰设计、街头艺术、人体艺术、室内设计、刺绣等丰富图像类型。

（3）开放许可图像专门搜索引擎：Openverse

"开放许可"（open license）中的"许可"（license）意味着对作品使用授予的权限与

声明的限制，规定了该作品可以用于做什么和不能用于做什么。开放许可是一种授予访问、重复使用和重新分发作品的许可，几乎没有使用限制。对作者来说，这有助于作品的传播、改进、衍生与价值增长，对使用者而言，使用开放许可的作品也在一定程度上避免了版权纠纷。

Openverse是一个允许用户发现和使用开放许可与公共领域图像作品的搜索工具。它将跨多个公共存储库的结果聚合到一个目录中，并通过机器生成标记和一键归因等功能促进重用，数据来源包括图片分享网站Flickr、美国的研究与教育机构史密森尼学会、图像及媒体文件储存库"维基共享资源"（Wikimedia Commons）、欧洲数字图书馆（Europeana）等。用户能够搜索来自开放API（Application Programming Interface，应用程序编程接口）和"Common Crawl数据集"的7亿多张图像。

Openverse的特色在于极为重视图像许可，允许根据多种知识共享许可证类型筛选检索结果，帮助用户避免版权问题，如图5-2所示。这些许可证有7类。①CC0：重用者能够无条件地以任何媒介或格式分发、混合、改编和构建材料。②CC BY：重用者在注明创作者的情况下，能够以任何媒介或格式分发、混合、改编和构建材料，且允许商业用途。③CC BY-SA：重用者在注明创作者的情况下，能够以任何媒介或格式分发、混合、改编和构建材料，且允许商业用途；重用后必须以相同条件共享。④ CC BY-NC：重用者在注明创作者的情况下，能够以任何媒介或格式分发、混合、改编和构建材料，但仅限于非商业目的。⑤CC BY-NC-SA：重用者在注明创作者的情况下，能够以任何媒介或格式分发、混合、改编和构建材料，但仅限于非商业目的；重用后必须以相同条件共享。⑥CC BY-ND：重用者在注明创作者的情况下，能够以任何媒介或格式复制和分发未经改编的材料，且允许商业用途。⑦CC BY-NC-ND：重用者在注明创作者的情况下，能够以任何媒介或格式复制和分发未经改编的材料，但仅限于非商业目的。

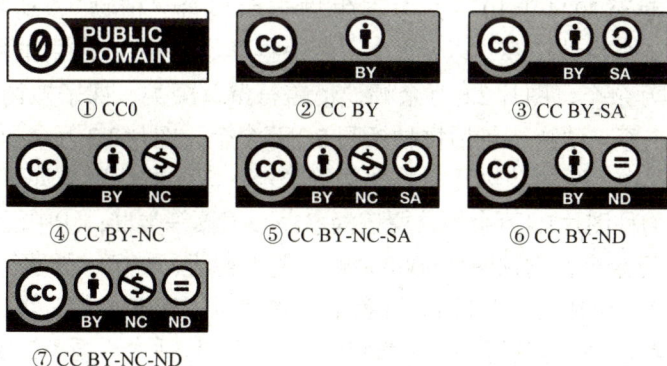

图5-2　知识共享许可证的图标

5.1.3　深挖特色图

在日常生活中，常见的风景、人物、建筑图像多以展示作者创意或记录美好生活为主旨。其实，世界上还有许多独具特色的图像类型。例如，用于记录社会历史文化的历史影像资料、用于医学研究与教育的生物医疗影像、展现物种多样性的动植物照片、彰显个性的"二次元"动漫图像……这些特色图像看似小众、难以寻找，实际上，许多图像资源库专门搜集整理了海量特色资源，只要做到有的放矢，特色图像其实并不难寻。

（1）高质量历史图像：纽约公共图书馆数字馆藏

图书馆、博物馆、文化馆等公共文化机构在历史文化资源的长期保存方面做出了巨大的努力。我国故宫博物院"数字文物库"、欧盟主持的数字文化遗产平台"欧洲数字图书馆"等都保存了海量的历史影像资料。以纽约公有图书馆为例，该图书馆建立于1895年，馆藏大量古老的文献。随着数字技术的进步，该图书馆将海量馆藏数字化，目前开放了近90万份公有领域的数字内容，包括历史书籍、地图、论文、速写本、账本、照片等扫描件，可供高分辨率下载，并且其中的许多图像，特别是历史资料，难以在其他数据库集中获取。用户可输入关键词进行检索，或是按项目、收藏或部门浏览相关内容，还可根据主题、姓名、收藏集、地方、类型、发行人、时间等进一步缩小检索范围，按相关性、题名、发行日期、数字化日期、序列等排序。用户可以免费下载不同大小的图像资源，包括格式为 TIF 的原始扫描件。该图书馆还提供不同格式规范的引文供用户选用。

（2）神奇生物在哪里：中国生物志库

中国生物志库是我国首个权威发布且具有完整知识产权的中国生物物种全信息数据库，由科学出版社搭建。该数据库现已收录我国近10万种现生生物物种信息。数据库提供了生物物种的权威名称、分类地位、形态特征、分布、功用、理论知识等生物学信息，大部分物种配有彩色照片或者手绘线描图。数据库中每一条物种信息、每一张图片、每一个理论知识均经过学术专家的科研论证与权威鉴定，并已在正式出版物中发布。目前，物种条目已超39万、图片数量已超21万。

具体而言，截至2024年10月，中国生物志库包含"植物""动物""藻类""菌物""海洋生物"5个物种子库，以及1个"生命科学术语库"。①中国生物志库·植物，包括物种条目19万余个，图片2.6万余幅，覆盖苔藓、蕨类、裸子植物和被子植物等类群；②中国生物志库·动物，包括物种条目5.3万余个，图片3.3万余幅，覆盖昆虫、鸟类、鱼类、爬行动物、两栖动物及哺乳动物等类群；③中国生物志库·藻类，包括物种条目1.3万余个，物种图片1.4万余幅，覆盖淡水藻、海藻等类群；④中国生物志库·菌物，包括物种条目1.3万余个，物种图片9000余幅，覆盖真菌、黏菌、卵菌等类群；⑤中国生物志库·海洋生物，包括物种条目1.3万余个，物种图片2000余幅，覆盖低等海洋生物、浮游动植物、高等动植物等类群；⑥生命科学术语库，包括术语词条3万余个，覆盖分子生物学、细胞生物学、生物物理学、生物化学、动物学、植物学、生态学、微生物学等生命科学类相关学科。

（3）"二次元"图像专门搜索引擎：SauceNAO

SauceNAO 是知名的图片逆向搜索引擎，网站名称源于俚语"现在就需要知道这个的来源！"（Need to know the source of this Now!），其主要搜索功能于2008年10月首次公开，目前能够提供超过10亿张来自网络服务、动漫、电影、电视节目和各种其他来源的图片。

SauceNAO的特色在于动画、漫画、插画作品、二次元图片等资源的识图效果十分突出，拥有pixiv、Yande.re、Anime、MangaDex、Twitter等38个数据源。用户上传图片即可获得图片来源和作者主页的链接。

5.1.4 巧解图中意

人工智能识图是一种基于深度学习、计算机视觉和自然语言处理等技术的高效图像识别和分析方法。人工智能识图能够实现对图像的自动分类、识别、分割和信息提取，将图像转化为文本——这无疑大大降低了普通人获取、分析、评价、鉴赏图像的专业门槛。

目前，以识图为特色功能的AI工具蓬勃发展，多以API的形式推出，而且更多地面向付费的企业用户。例如，百度AI开放平台的"图像识别"服务能够精准识别超过十万种物体和场景，包含10余项高精度的识图能力，推荐的应用场景包括内容及广告推荐、图片内容检索、拍照识图、相册分类、手机游戏等。面向普通公众的AI识图工具虽涌现，但市场远未成熟，极具代表性的工具不多。例如，"图像描述者"（Image Describer）、计算机视觉AI（Computer Vision AI）等工具均提供图像内容识别及文本描述功能。

5.2 识曲

听到一段优美的旋律，却不知曲名，只好任由它从耳畔溜走？听腻了热门单曲，只想成为小众歌曲鉴赏人？除了流行乐，还有什么音乐风格？知晓音乐检索平台、了解音乐检索技巧，你也能成为音乐达人。

5.2.1 听音秒识曲

音频信息的检索可通过同音比较、听觉或知觉特征的提取、个人语言的主观特征描述和拟声法这4种方式来实现。基于内容的音频检索主要选取音频的响度、音调、音强、带宽、音长和音色等特征予以量化，利用分析技术将大量的声音数据减少为一小组变量，将音频信息的N个特征表示为N维向量，并将听觉属性对应到不同的向量空间，而后计算并存储每个属性在不同向量空间中的均值、方差、自相关度和音长，完成对音频信息的识别、分类和检索。

（1）以古典乐识别为特色的音乐识别软件：SoundHound

音乐识别移动应用程序SoundHound（前身为Midomi）是语音AI和语音识别公司SoundHound AI旗下的产品之一，其识别率高、识别速度很快，特别是在古典乐识别方面的效果十分突出。值得一提的是，SoundHound AI的语音识别和解析人工智能技术均为自主研发——除了苹果公司、百度在线网络技术（北京）有限公司（以下简称"百度公司"）、微软公司等大型科技公司外，SoundHound是为数不多拥有这类技术的公司。

（2）适用范围极广的音乐识别软件：Shazam

Shazam是全球备受赞誉和推崇的音乐识别软件，在全世界拥有数亿用户。Shazam公司成立于1999年，并于2002年推出了第一个音乐识别服务，用户拨打服务热线，并将手机放在扬声器上30秒，就能很快收到一条带有歌曲名称和艺术家信息的短信。2017年，Shazam被苹果公司收购。Shazam能够根据取样片段识别出对应的歌曲，并给用户反馈歌曲的名称和歌词、视频、艺术家传记、音乐会门票和推荐歌曲等信息。Shazam的显著特点是适用范围广：从识别内容上看，Shazam不仅能够识别音乐，还能识别电影、广告和电视节目；从服务渠道上看，用户能够通过智能手机应用、智能手表应用，以及浏览器扩展程序等渠道获取服务。

（3）覆盖流行歌曲：AHA Music

AHA Music是一款可以识别当前浏览器正在播放的歌曲的插件，适用于Chrome、Edge等浏览器。AHA Music采用了世界领先的内容自动识别技术云服务平台ACRCloud作为曲库提供方，能够为用户提供歌曲标题、艺术家、专辑等信息，以及相应的Spotify、YouTube等流媒体服务链接。值得一提的是，曲库提供方ACRCloud维护并更新包含全球超过1亿首音乐的音频"指纹"库，这使AHA Music能够识别的曲目基本覆盖了所有时下流行歌曲。

5.2.2　畅享好音乐

你常使用哪个音乐播放器？QQ音乐、网易云音乐，还是酷狗音乐？这些无疑都是极佳的音乐信息来源。除此之外，还有其他曲库完整、颇具特色、版权开放、元数据丰富的音乐检索平台吗？

（1）翔实、专业的音乐数据库：AllMusic

AllMusic是目前仍活跃着的、十分古老的音乐元数据数据库，项目于1991年启动，甚至早于1994年我国全功能接入国际互联网的时间，现已编目超过300万张专辑和3000万首曲目，以及包含音乐家和乐队的信息。AllMusic的一大特色在于专业团队和高质量内容。AllMusic雇佣大量专业作者、乐评人鉴赏音乐作品，并撰写介绍与评论文案，普通用户无法直接添加条目。AllMusic通过建立专业编辑团队，设立严谨的数据治理流程，有效降低了内容错漏的概率、保障了内容质量与平台专业性。但与此同时，受限于如此复杂、专业的运作流程，平台上的小语种、独立发行、稀有音乐等内容不多。

在歌手界面，除了展示歌手活跃年代、出生与死亡日期、音乐类型、音乐风格、昵称/绰号、所属团队、唱片、歌曲与获奖信息等基本信息外，还提供独有的翔实的"人物传记"（Biography）和"人物关系"（Related）板块，有助于用户发掘新的音乐、了解新的知识。其中，"人物传记"由专业编辑撰写，遍览歌手的职业生涯与成就，并为传记中涉及的音乐作品、奖项、人物等附加大量超链接，便于用户衍生阅读。"人物关系"经专业编辑整理，为每一个音乐人或乐队列出相关的其他音乐人，而且精确划分为"相似的人""受影响的前人""被影响的后人""有直接联系的人""与之合作的人"5类关系人物，用户若是从中按图索骥，可以挖掘到十分完整的音乐谱系，了解音乐源流。

在唱片界面，提供唱片的名称、作者、发行日期、时长、音乐风格、录制时间、录制地点、获奖、相似唱片、唱片版本等基本信息。在此基础上，专业编辑还为每张唱片撰写专业乐评并进行评分，为普通用户提供评论平台并实时展示，为用户了解唱片知识、评估唱片质量、做出购买决定提供了数据支持。

在歌曲界面，介绍歌手、作曲人、发行年份、风格类型等基本信息。歌曲界面还能呈现收录同一首歌曲的不同专辑、由同一歌手演唱的歌曲的不同版本，以及由不同歌手演唱的歌曲的不同版本，内容十分全面，非一般音乐播放器能及。

（2）音乐信息开源百科全书：MusicBrainz

我们熟知的"百度百科""维基百科"都属于人人可以编辑的自由百科全书，主题上至天文、下至地理，极为实用。那么，对音乐"发烧友"来说，有没有类似的开源百科全书，使全球音乐信息都能在统一平台开放共享呢？ MusicBrainz可能就是问题的答案。

MusicBrainz是一个由社区维护的音乐信息开源百科全书，受到全球音乐爱好者的关注。这意味着任何人都可以为平台添加艺术家及其作品信息，为该项目做出贡献。作为"百科全书式"的数据库，MusicBrainz海纳百川，不歧视或偏爱任何一种类型的音乐，平台收集的音乐品类极为丰富。数据库建立在PostgreSQL关系数据库引擎之上，包含艺术家、作曲家、发行作品等完善的音乐元数据，其中，核心元数据有地区、艺术家、事件、流派、乐器、标签、介质、地点、录音、发布、系列、作品、关系和网址、CD存根。大部分数据都获得了CC0许可，也就是属于公共领域数据，任何人都可以下载并以任何方式使用这些数据。值得注意的是，MusicBrainz仅存储音乐信息，而并不存储或支持访问音乐记录，对用户而言更多地起到导览和科普作用。

（3）以社群交流为亮点的音乐数据库：Rate Your Music

在看书和看电影的过程中，很多人都习惯使用"豆瓣""烂番茄"等工具了解他人的阅读和观影体验，同时可以为看过的图书或电影评分，甚至发文分享自己的看法和感受。但是，音乐听众似乎缺乏这类音乐社区资源，难以找到志同道合的"同好"，进而共享更多他们真正喜欢的新音乐。

实际上，早在2000年，以社群交流为亮点的音乐数据库"为你的音乐评分"（Rate Your Music，RYM）就已经建立。RYM允许用户将专辑、EP（Extended Play，迷你专辑）、单曲、混音带、DJ（Disc Jockey）混音等多种类型的音乐版本添加到数据库，进行从半星到五星的等级评分，发表文字评论，创建主题歌单。截至2024年，RYM已有上亿次用户打分、300余万用户评价、76万份用户推荐清单，在帮助音乐爱好者寻找"同好"、发现音乐、分享心得方面极具价值，特别是在挖掘冷门或新人艺术家与专辑方面效果显著。有乐队曾坦言"我们在RYM上的受欢迎程度100%有助于职业发展"。

5.2.3 "小众"音频全网罗

除了大众金曲，音乐世界里还有许多使用不同乐器、不同流派、不同类型的"小众"

音频。如果你也是独树一帜的"小众"爱好者，那么你可以利用数字素养，网罗全网特色音频。

（1）国内首家聚焦非流行音乐的"库客数字音乐图书馆"

"库客数字音乐图书馆"是国内首家专注于非流行音乐发展的数字音乐图书馆，收录唱片、视频、剧院有声读物、乐谱等合集。该音乐图书馆于2006年11月正式上线发布，面向国内800余家院校、公共图书馆等机构用户。其特色在于包含了众多全球古典音乐，以及独具特色的民族风情音乐。唱片合集汇聚了从中世纪到现代的几万位艺术家、涵盖2000多种乐器的音乐作品，总计超过280万首曲目。

（2）专注黑胶唱片的数据库：Discogs

Discogs是一个专门收集黑胶唱片，并在数据库基础上发展黑胶唱片新品与藏品售卖活动的资源众包数据库。该数据库最初只收录电子音乐，但是由于用户需求的多样化，目前嘻哈、摇滚、爵士等流派的音乐也被录入数据库。该数据库鼓励用户上传不同格式与版本的唱片信息，除了正规商业发售、促销发售的唱片外，也可录入此前未正式发布的唱片信息。基于海量数据的支持，Discogs发展"市场"（Marketplace）业务，在唱片详情页面的右侧提供相应的买卖信息，包括拥有唱片与有意向购买唱片的人数、唱片评分、上次出售日期与价格等。

（3）国际乐谱：IMSLP

"国际乐谱典藏计划"（International Music Score Library Project/Petrucci Music Library）多被简称为IMSLP，或被称为"彼得鲁奇音乐图书馆"，于2006年启动，旨在保存公有领域旧的音乐版本扫描件，同时兼顾保存当代作曲成果。每个音乐作品都可以对应多个历史版本，并附有音调、创作年份、首次演出年份、乐曲组成部分及乐器等基本信息。用户不仅可以按作曲家姓名、流派、国家、时间、旋律搜索乐谱，还能够获取与乐谱相对应的曲目录音，甚至上传自己的曲目演奏版本。

5.2.4 特殊音效轻松寻

（1）特殊音效检索：FindSounds

FindSounds是专门搜索声音文件的免费搜索引擎，可以按照关键词搜索波形音效文件，而且可以指定搜索的文件类型、通道数、采样率、量化精度、文件容量。平台提供多种音效和场合的声音，包罗万象、应有尽有。例如，动物的叫声，大自然的声音，节日、办公室、运动会、集市等场景中的声音。用户可以在搜索结果界面直接看到波形、文件名、采样率、量化精度、长度、文件容量等信息并预听声音文件。这个系统里基本没有以中文名存在的声音文件，必须使用英文关键词检索；若需使用中文查找音频资源，可以选择"中文"语言，并浏览分类目录。

（2）开放获取的制作音乐库：iBeat

iBeat是一个免费音效素材数据库，数据内容包括音乐片段、节拍、间奏、循环和片段等，用户可以免注册、免费获取素材。需要注意的是，不同音效素材的知识共享许可限制不同，在重复使用时需采取注明来源、仅在非商业用途使用等不同的措施。

5.3　找视频

5.3.1　不知片名也可搜

基于内容的视频信息检索通过对非结构化的视频数据进行结构化分析和处理，采用视频分割技术，将连续的视频流划分为具有特定语义的视频片段作为检索的基本单元。在此基础上进行代表帧和动态特征的提取，形成描述片段的特征索引，而后依据片段组织和特征索引，采用视频聚类等方法研究镜头之间的关系，把内容相近的镜头组合起来，逐步缩小检索范围，直至查询到所需的视频数据。

基于内容的视频信息检索通常有基于属性和基于对象两种方法，可以通过颜色、纹理、形状、空间联系、原始语义、显示、客观属性、主观属性、动作、文本和领域等概念来表示视频信息。检索过程分为数据库建立和视频检索两个阶段，前一阶段的任务主要是侦测视频片段边界、选择关键属性和提取诸如颜色、纹理、形状等低级别的空间特征，后一阶段则致力于通过颜色、形状或颜色与其他类目的组合来进行用户需求向量与已有资源向量的相似度匹配。

（1）追求"视觉一致性"的反向视频搜索引擎：Shutterstock

Shutterstock 是全球领先的创意平台，为客户提供高质量的授权照片、矢量图、插图、视频、3D 模型和音乐。2016 年，平台推出反向图像搜索功能，基于 2.8 亿张图像和 1500 万份视频剪辑开展机器学习，在像素级别分解图像与视频的主要特征，达到识别每张图像中的形状、颜色和最小细节的目的；2019 年，平台在此技术的基础上分析视频片段，又推出反向视频搜索功能。用户可以通过 Shutterstock 检索高达 4500 多万部免版税视频，清晰度可达 4K、HD 和 SD（Standard Definition，标清）。除了传统的按关键词检索外，平台还允许用户按图像搜索。其视频检索的特色功能在于强调"视觉一致性"，而非完全一致的视频内容，即提供与上传图像构图、光线、色温、景深、对象、形状和配色相似的视频素材，适用于希望创造风格稳定的、能体现品牌特色的数字内容的品牌经理、设计师、数字营销商和社交媒体营销商等用户群体。

（2）动漫截图专门搜索引擎：WAIT（What Anime Is This?）

很多动漫截图或动图在互联网上传播，但其中一些没有引用来源，在遇到感兴趣的动漫截图时，难以顺藤摸瓜寻找原视频。WAIT 正是为了解决这个问题而构建的。具体而言，WAIT 是一个免费的动漫场景搜索引擎，通过比较图像的颜色和图案，在约 30000 小时的动漫视频中搜索并找到最佳匹配场景，帮助用户通过屏幕截图索引以 TV/Web/DVD/Bluray 等形式正式发布的动漫，并提供动漫名称及其简介、场景出现的剧集和确切时间、几秒的原始剧情预览等信息。

5.3.2 电影大片一站搜

（1）以独特用户评分系统著称的世界级影视评论网站IMDb

"互联网电影数据库"（Internet Movie Database）是于1990年推出的电影评论网站，它还有一个更被人熟知的名字——IMDb。IMDb十分庞大、全面，涵盖了各个时期的海量影视作品信息。其中的核心内容是电影作品信息，提供影片演员、导演、剧情、影评等基本信息，以及海报、幕后花絮、漏洞、版本、语言、制片公司、上映日期、时长等更丰富的信息；除此之外，也提供MV、播客、电视剧、电子游戏等数字内容详情及其用户评价。截至2024年，IMDb共积累了近6亿数据项。

IMDb以其优秀、独特的观众评分机制著称。任何用户都可以根据自己的喜好从1到10给影视作品评分、评论，系统为影片计算加权平均分，而非原始分数的平均值，并向用户展示"IMDb评分"（IMDb Rating）。系统检测到异常投票活动时，则使用替代权重计算加权平均分，以保障评分系统的可靠性。系统每日基于新的评分数据进行若干次分数更新，以保障评分结果的时效性。除了向用户展示加权平均分外，还向用户展示选票分布细节，包括各分数段的投票人数、不同国家的评分结果，以便用户了解影评的一致性程度。评分旨在代表普通用户的观点，不受专业评论家等其他外部因素干扰。

以观众评分为基础，IMDb又制作了"IMDb前500电影""IMDb前400电视节目"等列表。筛选已获得至少25000名用户评分的电影，选用经常在系统中投票的用户的数据进行排名，排名算法结合了贝叶斯分类算法和加权平均的思想。这些措施很好地避免了恶意打分、受众面小等问题。具体的评分公式为：

Weighted Rank（WR）$=[v \div (v+m)] \times R + [m \div (v+m)] \times C$

其中各项含义如下：

- R——电影平均分；
- v——电影票数；
- m——进入IMDb前250电影榜单所需要的最低票数；
- C——整个排名的平均票数。

除了评分数据，系统还提供多源评价信息，辅助用户参考不同观点做出观影决策，包括影片获奖、IMDb用户的评论、外部网站中的评论信息、影评专家的观点等。

（2）聚合全网专家评价的影视评价网站"烂番茄"

"烂番茄"（Rotten Tomatoes）是加州大学伯克利分校的3名亚裔美国学生于1998年建立的网站，初衷是收集成龙电影的旧评论，现在已成为全球知名的电影与电视节目评论网站。

网站汇聚不同平台的专业评论家的意见，进行综合评估后得到"Tomatometer分数"，即对给定电影或电视节目持积极态度的评论家百分比。

- 当影视作品至少有60%的评论是正面的，则显示"新鲜"红色番茄。
- 当影视作品少于60%的评论是正面的，则显示"腐烂"的绿色飞溅图标。
- 当没有可用的Tomatometer分数时，则显示灰色番茄。

当影视作品的评价极佳时，则授予"新鲜认证"（Certified Fresh），为了获得这一认证，影视作品必须获得极高的专业评论家评价。

扫描下方二维码查看以上4个图标的彩图。

只有影视作品评价质量高、经验丰富、拥有广泛受众和认可度的"Tomatometer认可的评论家"的意见才能用于计算Tomatometer分数，这些意见的来源既可以是获得Tomatometer批准的个人专业电影和电视节目评论家，无论其评论在哪里发布，都将包含在网站上；也可以是Tomatometer批准的出版物，如网站、在线视频渠道、报纸、消费者和贸易杂志、另类周刊、播客、广播节目和电视节目。如果出版物获得批准，则无论是哪个评论家刊登的意见都将包含在Tomatometer上。

"烂番茄"也提供"受众群体得分"来进行辅助参考，使用爆米花桶图标表示。

当至少60%的用户给电影或电视节目的星级为3.5或更高时，显示完整的红色爆米花桶。

当少于60%的用户给电影或电视节目的星级为3.5或更高时，显示翻倒的绿色爆米花桶。

当没有可用的观众评分时，则显示灰色爆米花桶。

扫描右侧二维码查看以上3个图标的彩图。

用户除了通过关键词搜索影视作品得分外，还可以访问由网站整理、Tomatometer认可的评论家和"烂番茄"用户评论和选择的"有史以来最好的300部电影"（300 Best Movies of All Time），或在"最佳&最受欢迎"（Best & Popular）栏目，查看特定时期、特定风格的优质影片。

5.3.3 珍贵影像尽在手

（1）联合国教科文组织档案馆的视频与声音收藏

联合国教科文组织档案馆成立于1947年，旨在为子孙后代保护遗产。2017年至2019年，该档案馆启动馆藏数字化项目，借助数字技术向公众开放共享由联合国教科文组织制作或赞助的视频和声音材料，包括纪录片、访谈、广播节目、视频报道或教学材料等。影片包括学习、科学与环境、和平与对话、历史名胜、获取知识五大主题，其下又分若干子主题。馆藏影片涉及全球不同城市、国家或地区的风土人情或发展情况。例如，2023年，该档案馆上传的"世界遗产名录"影片专辑涵盖了为柬埔寨、加拿大、丹麦等国家和地区的42处世界遗产制作的宣传短视频。对于自己感兴趣但网站尚未公开的影视材料，用户可以通过"可用性请求"请求网站发布。

（2）央视网纪实频道

央视网是中央广播电视总台主办的中央重点新闻网站，其中的"视频"版块里的"纪实"频道提供海量以优秀国产纪录片为主体的纪录片资源，主题类型包括人文历史、军事、探索、社会、自然等，使用镜头全面、深刻地记录了我国历史、地理、人文、社会、科技等各层面的发展历程与现状。用户可在官网免费观看纪录片，并获取视频简介、节目名称等信息。

（3）互联网档案馆的"移动影像档案"

互联网档案馆（Internet Archive）是美国非营利性数字图书馆网站，于1996年创立，与美国图书馆协会、录音收藏协会、数字保存联盟等众多重要组织建立了合作关系。该网站致力于提供"普遍获取所有知识的机会"，提供对包括影像资料在内的数字化资料集的免费访问接口。其中的"移动影像档案"（Moving Image Archive）专门收藏免费电影和视频，目前共有约1500万条录音、1060万个视频，包括动画和卡通、艺术与音乐、计算机与技术、电影、新闻与公共事务、灵性与宗教、体育视频、电视节目、电子游戏视频、视频博客、青年传媒等主题。对于每条记录，进行主题、文件大小、简介、导演、制片人、剧本、主演、摄影、发行、上映日期、片长、语言等方面的详细描述，并为用户提供不同格式的影片文件的观看与下载链接。

本章练习

一、名词解释

跨媒介
基于内容的检索
数据库
开放获取

二、思考题

1. 你还知道哪些图像检索工具？
2. 你常用的音乐检索工具是什么？请你评价它的检索功能。
3. 在检索和观看影视资源时，你是否遇到过版权不明的情况？你如何看待这个问题？
4. 如何查找其他类型的媒介信息资源（如表情包、动图）？

阅读书目推荐

1. 马歇尔·麦克卢汉. 理解媒介：论人的延伸［M］. 何道宽，译. 南京：译林出版社，2011.

2. 列夫·马诺维奇. 新媒体的语言［M］. 车琳，译. 贵阳：贵州人民出版社，2020.

第 6 章 信息的选择与评价

本章学习目标

- 了解权威信息的主要来源。
- 能够区分真相与谣言。
- 能够获取最新的信息资源。
- 具备信息组织的意识和基本能力。
- 能够从多元视角评价信息资源的质量。

导读

通过第5章的学习，我们已经成为"信息获取能手"。不过，在"信息爆炸"的时代，找到信息并不难，能够找到权威、可靠、有个性的信息才能算是真正的"牛人"！

信息技术的发展打破了信息传播的时空限制，以极强的互动性和开放性大大提高了信息传播效率，拓宽了数字化生存空间。然而，信息技术的高速发展在为人们的生活带来进步与方便的同时，也带来了诸多问题。例如，信息资源来源广泛，既有政府机构、高等学校、科研院所、出版社等机构提供的信息，又有社交媒体等平台上网络用户生产的质量参差不齐的大量信息；有的网站或信息平台没有内容质量控制措施，虚假信息泛滥；深度造假技术迅猛发展，部分搜索引擎的"竞价排名"标准容易误导用户；数字资源本身不稳定、易受网络攻击、动态性强等。

通过本章的学习，在面对大量混杂的信息资源时，我们应学会取其精华、去其糟粕，剔除低质、虚假，甚至有害的信息，保障信息资源的真实性、安全性和可用性。

6.1 权威认证更可靠

6.1.1 信赖官方来源

通常情况下，权威机构或知名机构（人士）发布的信息资源质量较有保障。从网站类型看，来自政府机构、高等院校、非营利性机构的网站信息一般在发布前已进行筛选，以保证信息的权威性，这种信息比较可靠。建议优先选择网址后缀为 .gov、.edu 与 .org 的网页，带有自媒体平台认证标志的政府机构、高等院校、非营利性机构官方账号，以及人民网、新华网等权威新闻媒体网站发布的报道作为信息来源，从而保证信息的权威性；通过验证信息生产者在该领域的声望、知名度或影响力等背景信息，可以进一步判断信息的可靠性和权威性。

如果在浏览网页的过程中，遇到不能确定真伪的信息，又未能在官方平台查验与核实，还可以选择求助权威辟谣平台。例如，中国互联网联合辟谣平台由中央网信办违法和不良信息举报中心主办、新华网承办、104家单位参与，该平台是广大群众识谣辨谣、举报谣言的权威平台。该平台设有"辟谣信息查证"板块，可通过关键词检索，或按范围、时间、主题等筛选方式查找感兴趣的辟谣信息；设有"谣言线索提交"板块，可在线提交谣言线索，求助相关部门和领域专家。

拓展阅读 **"维基古俄罗斯史"造假事件**

"维基古俄罗斯史"造假事件揭示了确保信息资源权威性的重要性。"维基百科"

（Wikipedia）是全球最大、广受欢迎的网络百科全书，不同于传统的由领域专家撰写、由专业的编辑人员处理、由有资质的出版社出版发行的百科全书，它是开放的，任何人都可以参与条目创建、文章编写。然而，2022年，中文维基百科一个大造假事件爆发。一个网名为"折毛"的作者在中文维基百科上伪造了上百万字、200多篇的古俄罗斯历史相关条目，在维基百科上"创作"了浩瀚而自洽的古俄罗斯历史，被视为开源网络史上最大规模的恶作剧之一。由此可见，即使是具有巨大规模和广泛影响力的网络平台，也有生产和传递低质、虚假信息的可能性，核实来源网站与信息作者的权威性是信息评价过程中的重中之重。

6.1.2　核查作者声望

在某一领域拥有丰富知识、杰出成果，能够得到绝大多数同领域人员认可的权威人士，在网络上发布的信息相对可靠。要核查作者的权威性和业内声望，我们可以考察其所学专业、所属行业、担任职位等信息，如对于政府部门重要的公职人员、某领域的权威专家学者、三甲医院的资深医护人员等，我们一般可在相应的组织机构官网中查询到其基本信息。权威机构发布的奖项、榜单、专家库中的入选人员也具有全国甚至全球领先的专业知识储备，他们发布的消息更值得信赖。例如，为在化学、物理学、文学、和平、生理学或医学、经济学6个方面有着杰出贡献的人士或组织颁发的诺贝尔奖；人民日报健康客户端主办的"年度性医生学术活动"，推举全国医者榜样，定期发布"国之名医"系列榜单；由中国科学技术协会、国家卫生健康委员会、应急管理部和国家市场监督管理总局主办，中央网信办指导的"科学辟谣"平台，构建了专门的辟谣专家库，包括中国科学院院士、中国工程院院士在内的专家近3000人。

6.2　浩瀚网络"贝海拾珠"

相信你也有过这种时刻：想要看一部好剧，在繁杂的电视剧信息中搜罗许久，最终却陷入"选择困难症"；想去一家好的餐厅，网上的评价却褒贬不一，让你"进退两难"……面对"信息爆炸"，如何筛选优质信息变得尤为重要。其实，筛选优质信息也可以非常简单，其他用户的反馈、领域专家的推荐与第三方机构的测评，都为你的"贝海拾珠"铺平了道路。

6.2.1　兼听他人反馈

用户主要从使用感受的角度出发，从功能、设计、内容等方面对使用过的数字资源进行评价，主观性较强。根据用户评价的形式特征，可将用户评价分为评分式、评价式两类。评分式的用户评价一般都基于海量数据，一些系统还在用户评分的基础上进行加权运算，以更大限度地保证评分的公正、客观；评价式的用户评价依靠用户的文字描述，如被许多用户评价为"经典"的影视作品更可能受到潜在用户的认可，但文字评价的主观性较强，需要多方对比、分析，而后根据自身情况做出判断。在实际的应用中，许多平台整合了用户评分与用户评价数据，可使用主客观相结合的方式进行综合判断。

以美国的图书社交编目网站Goodreads为例，它是汇聚用户评价的在线读书俱乐部，通过鼓励读者采取评分、贴标签、列书单等举措，为有相同阅读兴趣的用户搭建四通八达的信息交流渠道。具体而言，系统允许用户搜索和收藏感兴趣的图书，并为其添加"已读""当前阅读""待读"等标签，或自由添加自定义标签，为其他人评估图书的主题与质量提供参考。用户点击某个感兴趣的标签，可以浏览更多贴有相同标签的新品图书、热点图书、讨论小组、推荐书单等信息资源，进而通过查看推荐书单、参与各种主题的讨论组，获取更多志同道合的网友推荐的书目。除了标签与社群小组之外，Goodreads还为用户提供其他用户对图书的评分与评论、图书所获奖项、版本、正在阅读以及想要阅读的用户数量等信息，有助于多维度判断图书的阅读价值。

6.2.2　咨询专家意见

专家对数字资源的评价是参照一定的评价标准进行的，由各行业权威机构、专家或从事信息咨询服务的图书馆员评价和推荐的信息资源，通过个人推荐名单、专门的专家评价系统、图书馆参考咨询等形式提供。

（1）整合名人荐读书单的Radical Reads

Radical Reads是一个专门收录阅读清单或推荐书目的图书博客，在各大平台检索并整合名人在不同场合推荐的图书名称及其评价。用户可通过关键词检索或按名人所在专业领域分类浏览。这些图书清单来源于各领域的名人，包括运动员、艺术家、音乐家、科学家、记者、企业家、作家等，图书主题也十分丰富。进入荐读页面后，用户不仅能够浏览图书清单、每本书的推荐理由、推荐过该书的其他名人等信息，还能了解该名人的阅读经历与感受。与专业组织或学者推荐相比，该平台为读者提供了一个更独特的视角，使读者得以一窥广泛领域知名人士的文学偏好，"与偶像共读一本书"的有趣形式也更能激发读者的阅读兴趣。

（2）具备专家评分系统的游戏评价网站IGN

"想象游戏网"（Imagine Games Network，IGN）是美国一家视频游戏和娱乐媒体网站，更被人熟知的名称为IGN。其游戏评分来源于专业测试人员自身的游戏体验，不涉及公式化计算，主观性较强。十余年来，IGN一直使用总分10分、最小单位0.1分的评分标准，虽然这一评分标准十分精细、便于游戏排名，但也造成了游戏玩家对游戏质量与评分公正性的大量争执。2020年开始，IGN将评分标准改为总分10分、最小单位1分，希望消除游戏玩家对游戏与游戏之间细微分差的争执，专注于测试人员的总体意见与观点。具体的评分量表及其含义如下：1-完全不能忍受；2-痛苦；3-一塌糊涂；4-糟糕；5-平庸；6-还行；7-不错；8-好；9-惊人；10-杰作。在分数评价的基础上，系统还会展示测试人员对该款游戏的视频评价、文字评价、测试人员的基本情况与测评经历，以及普通用户对该款游戏的质量讨论。

IGN采取了系列措施保障评分的专业性和中立性。测试人员的选择基于多方因素，如个人兴趣、对相似游戏的了解程度、与该款游戏的利害关系等。编辑部门和广告销售部门严格分离，避免游戏评分受游戏厂商操控。当游戏和技术发生巨大变化时，系统会启动重新评分，以确保时效性。任何已发表测评信息的更正与更新均以编辑注释的方式进行，网站承诺不删除或取消发布测评信息。IGN在世界各地设立彼此独立的分部，由此体现不同国家或地区对不同类型游戏的倾向性。

（3）美国图书馆协会评选的系列参考来源

美国图书馆协会是在信息资源评价方面极具影响力的机构，下设"参考与用户服务分会"（Reference and User Services Association，RUSA）专门负责参考服务相关事宜。RUSA由6个专业部门组成，包括业务参考和服务部门、馆藏开发和评估部门、历史部门、新兴技术部门、参考服务部门，以及共享和转换对资源的访问部门。这些分部的委员会成员根据自身专长，每年评估、遴选优质资源，发布综合、商业、历史等诸多主题的参考来源清单，供不同领域、不同学科从业者和图书馆员参考。包括：①安德鲁·卡内基小说和非小说类卓越奖章；②著名图书清单；③阅读清单；④收听列表；⑤基本食谱和代码列表；⑥索菲·布罗迪奖章；⑦达特茅斯奖章；⑧杰出参考来源；⑨杰出商业参考来源；⑩最佳史料；等等。

6.2.3 参考客观数据

许多网络管理与维护组织、学术机构、商业性网络信息资源评测机构或咨询机构等第三方通过特定工具测量访问量、点击率、浏览量等客观数据供用户参考。

以SimilarWeb为例，它是应用大数据分析技术，面向公司和商业个人，提供免费网络流量和性能分析服务的全球知名公司。其监测范围覆盖上亿网站、470万个应用程序、190个国家和地区。数据来源多元，可分为4类：①直接测量；②贡献网络（Contributory Network）；③伙伴关系；④公共数据提取。SimilarWeb能根据网站表现制作全球排名及可视化图像，用户可以自定义行业类别、时间段、地理位置、数据来源（计算机/移动端）等数据，SimilarWeb将根据流量份额、流量变化、每月访问量、独立访客、计算机与移动端占比、访问持续时间、页面数、跳出率等对用户指定范围的网站进行排名，并提供"市场象限分析"的可视化服务，允许用户交叉分析检索结果。

6.3 不要被偏见"带歪"

有时，人们在网络上的发言受情绪、观念、立场等影响，有意识或无意识地带有"偏见"。公益公司Ad Fontes Media致力于对新闻的来源可靠性和偏见程度评级，识别具有误导性的、不准确和高度两极分化的媒体，绘制的媒体偏差图（The Media Bias Chart）直观地揭示出人们通过不同媒体、不同节目获取的信息资源偏见程度差异极大，过于激进或者过于保守的媒体都有可能受限于自身立场，为观众带来误导性强的新闻报道。例如，根据该公司在2024年发布的第12版偏差图，处于"中立""真实"位置的皮尤研究中心的客观公正性最好。因此，在信息评价时应将客观性纳入考虑范围。值得一提的是，该公司网站上的评价结果是动态更新的。

尤其需要注意的是，在人工智能生成内容的影响下，这种偏见可能被无限放大。2024年，联合国教科文组织发布《挑战系统性偏见》（*Challenging Systematic Prejudices*），强调"最先进的语言模型中也持续存在社会偏见"，甚至会"延续结构性和社会偏见"[①]。2023年，非营利组织"反数字仇恨中心"（Center for Countering Digital Hate，CCDH）发布调查报告《关于谷歌新人工智能聊天工具Bard的错误信息》（*Misinformation on Bard, Google's New AI Chat*），指出人工智能聊天机器人"Bard"在测试的100项案例中，在没有任何免责声明的情况下，生成了78项虚假和有害的叙述，涉及气候、阴谋论、性别歧视等9个主题。

我们要获取客观公正的信息资源，可以进行如下观察：引用其他信息来源时注明了出处；信息资源内容更多地反映客观事实，而不仅是介绍作者的观点；介绍作者观点的信息资源中，内容不存在偏见、作者的观点有事实支撑等。

6.4 川流信息化为"知识宫殿"

网络平台开放共享的特征使人人都可以成为信息生产者和消费者，然而，缺乏质量控制和秩序监管的信息生产消费活动也造成了无用、虚假、不良信息与有用信息混杂的现象。在数字时代，处于混沌无序状态下的大量信息资源往往是无用的，有时甚至是十分有害的。2020年，世界卫生组织（World Health Organization，WHO）在一份报告（*Situation Report - 13*）中使用"信息疫情"（Infodemic）一词来描述"过多的信息（有些准确，有些不准确）使人们在需要的时候很难找到值得信赖的来源和可靠的指导"。人们无法直接从大量无序信息中汲取价值，必须将信息按照一定顺序组织起来，使其具备有序性。信息资源的有序性体现在信息资源被合理地组织和分类，提供了导航、浏览与检索功能，以便访问者快速找到所需的信息资源。

互联网上川流不息的信息往往是碎片化、不成体系的，要想快速构建某个领域的知识体系，最好的办法是学会利用公共图书馆，收集相关书籍、进行主题阅读，重塑自己的"知识宫殿"。在图书馆馆藏目录中查找图书，一般可以按"书名""作者""出版社""ISBN""索书号"等途径进行查找。书名、作者和出版社3个查找途径容易理解，这里不详述。"ISBN"是国际标准书号，相当于图书的身份证，与图书是一一对应的关系，每一种图书都有唯一的ISBN。当读者有了明确的需求，想知道图书馆是否有某一本书时，最快的方法是通过ISBN来查找，而不是通过书名和作者来查找。因为书名和作者

---

① United Nations Educational, Scientific and Cultural Organization. Challenging systematic prejudices：an investigation into bias against women and girls in large language models ［R］. Paris：UNESCO，2024.

往往会重复，特别是名著往往有很多个版本，逐一筛选比较费时。"索书号"是图书的定位符，包含了图书在书架上的具体位置信息。索书号一般由分类号和书次号或者分类号和著者号组成，分类号反映了图书所属的知识类别。我国图书馆通常采用《中国图书馆分类法》对图书进行分类，如表6-1所示，属于同一知识类别的图书往往都在同一书架或者附近几个书架中，这类图书往往数量也很庞大，需要根据书次号或者著者号进一步细分，给每一本书分配书架内的一个确定位置。因此，读者在图书馆找书的正确做法是，先根据分类号找到对应的书架，再根据书次号或者著者号在书架中找到想要的图书。

表6-1 《中国图书馆分类法》的部类和基本大类

五大部类	22个基本大类
马列主义、毛泽东思想、邓小平理论	A 马克思主义、列宁主义、毛泽东思想、邓小平理论
哲学	B 哲学、宗教
社会科学	C 社会科学总论
	D 政治、法律
	E 军事
	F 经济
	G 文化、科学、教育、体育
	H 语言、文字
	I 文学
	J 艺术
	K 历史、地理
自然科学	N 自然科学总论
	U 数理科学和化学
	P 天文学、地球科学
	Q 生物科学
	R 医药、卫生
	S 农业科学
	T 工业技术
	U 交通运输
自然科学	V 航空、航天
	X 环境科学、劳动保护科学（安全科学）
综合性图书	Z 综合性图书

6.5 信息也有"最佳赏味期"

新闻资讯、天气预报、交通路况……这类信息资源都只在一定的时间范围内有效，具有很强的时效性。即使一条信息是准确无误的，如果传播速度过慢，它在解决实际问题时的作用也将大打折扣。以我国首条建成并通车的准全天候运行的智慧高速——杭绍台高速为例，它面向山区公路长里程和大雾、冰冻等异常天气挑战搭建的"智慧高速云控平台"，支持实时厘米级、静态毫米级的位置服务，实现车辆准全天候通行，为城市交通管理、驾驶员安全行驶提供了坚实的基础——这就是信息资源的时效性带来的好处。具体而言，信息资源的时效性判断的依据有：信息内容的创建时间和更新时间较新，网站引用的资源、数据注明了明确的日期，及时删除了过时的信息和死链接。

6.6　用特色信息彰显你的个性

2023年，人民论坛网刊文指出智媒时代的"信息茧房"问题，指出"我们长时间被大量同质化内容包围，探索未知领域内容的动力和能力渐渐弱化"。2024年，短视频平台"抖音"针对"同质化网络水军"类违规行为开展专项治理行动，指出各类账户大批量生产"低质""同质""蹭热"等类型的视频，具备网络水军的特征。实际上，网络环境就像一座"冰山"，通过常用的搜索引擎或数据库进行检索，信息虽多，却总是相似的，这是"海面以上"的部分；还有海量独特的信息资源，可能属于某个数据库独有的数据、某个图书馆的特色馆藏、某个机构的专题报告，需要用户"潜入海底"才能"一窥真容"。

网络信息的独特性主要表现为：网站提供的信息内容是否具有自己的特色。例如，国家科技图书文献中心是经国务院领导批准、科技部联合财政部等六部门成立的科技文献信息资源服务体系，它提供的文献资源特色在于外文资源丰富，尤其是外文期刊品种数占国内引进相应文献类型品种总数的60%以上；而且它还提供很多免费的全文资源。该网站不仅能够提供简单、高级的信息检索，还能够结合人员技术优势开展翻译服务、各学科的在线参考咨询服务，结合资源优势建立热点门户、院士馆等信息平台和数据库，以吸引读者。

大型的公共图书馆往往都是收藏和展示地方文献的重要机构。因此，当读者想要了解某个地方的文化时，可以前往当地的公共图书馆查找地方文献。例如，上海图书馆共收藏约1.7万种、11万册中国家谱，是世界上收藏中国家谱数量最多的单位。如果要了解家族历史，踏上寻根问祖的文化之旅，相较于使用谷歌搜索、百度搜索等综合性搜索引擎检索，使用上海图书馆的"中国家谱知识服务平台"更为合适。

6.7　有图未必就有真相

人们常说"眼见为实"，意思是需要亲眼看到某一件事情，才能确定这件事是真的。然而，在人工智能技术支持下的深度伪造极大地模糊了虚假信息与真相的边界，这使得眼见不一定为实，你的眼睛也可能会"看走眼"。深度伪造（Deepfake）是英文"deep learning"（深度学习）和"fake"（伪造）的合成词，是基于人工智能深度学习技术的一种信息篡改与替换手段。《韦氏词典》将其定义为"经过令人信服的更改和操纵的图像或录音，以歪曲某人正在做或说一些实际上没有做过或说过的事情"。图6-1展示了经典画作《蒙娜丽莎》中表情内敛、面带微笑的女士"动起来"的样貌，这一神奇的画面归功于先进的AI技术。①

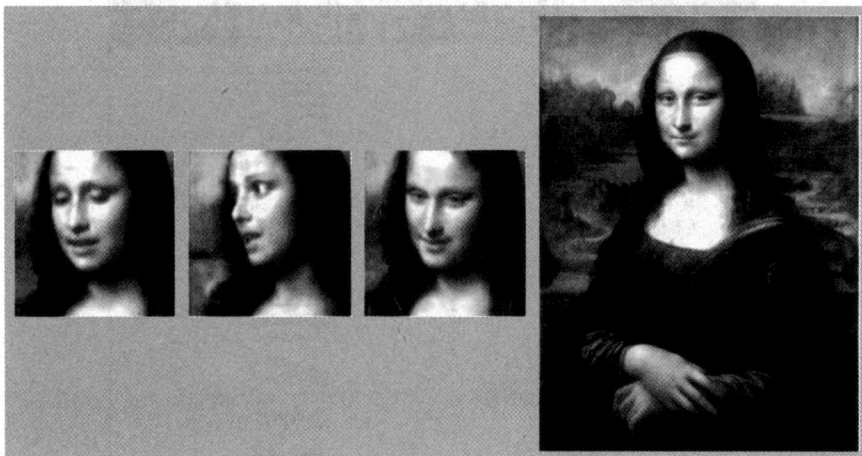

图6-1 "动起来"的蒙娜丽莎

当"深度伪造"被用来博人眼球、骚扰他人、诈骗金钱时，它的社会危害性将大大增强。2024年，非营利组织反数字仇恨中心测试主流AI图像和语音工具的深度伪造情况，连续发布第1版、第2版《假图像工厂》（*Fake Image Factories*）、《语音克隆攻击》（*Attack of the Voice Clones*），发现"在41%的情况下AI制造了选举虚假图像""在80%的测试中……轻易地以8位知名政治家的声音创建虚假音频"。同年，央视报道的香港"AI换脸换声"诈骗案件则揭示出"深度伪造"对经济活动产生的负面影响。一家跨国公司财务人员在视频会议中被"AI换脸换声"的假冒首席财务官诈骗2亿港元，在这场会议中，只有他一人为"真人"，其余参会人员均是AI换脸后的诈骗人员。

深度伪造防不胜防，那么该如何识别深度伪造呢？

在早期不成熟的深度伪造影像中，识别难度较低，往往能够通过不自然的身体动作、眼球移动、牙齿、头发等细节，以及奇怪的颜色、面部表情等细节判断真伪。例如，被众多网友"打趣"的"AI画不好手"，就是说AI绘画总是画出六七个手指、两三个手掌，人们可以通过手指或手掌的数量快速判断图像是否为AI生成。

"授人以鱼不如授人以渔"。对于有成熟技术支持的深度伪造影像，由爱尔兰教育部和欧盟委员会共同资助的"爱尔兰互联网安全意识中心"（Webwise）呼吁公民在决定在线视频或图像是否真实时，使用批判性思维思考5个关键点：①谁分享的这个视频，以及

---

① ZAKHAROV E，SHYSHEYA A，BURKOV E，et al．Few-Shot Adversarial Learning of Realistic Neural Talking Head Models ［C］//Proceedings of the IEEE/CVF International Conference on Computer Vision．2019：9459-9468．

为什么有人分享这个视频？②谁或什么是原始来源？③视频是在何时何地拍摄的？④视频中的人是否在说一些你从未想过他们会说的话？⑤视频是否推进了其他人的议程？谁从这个视频中受益？ 2017年，国际图书馆协会联合会（International Federation of Library Associations and Institutions，IFLA）制作了"如何分辨假新闻"的8个步骤的图片，旨在提升读者的批判性思维，使人人都成为事实核查员，如图6-2所示。

图6-2   国际图书馆协会联合会"如何分辨假新闻"信息图

"以子之矛，攻子之盾"。越来越多的组织机构或个人研制基于AI技术的深度伪造检测工具，可供公众用于识别深度伪造的内容，如人工智能检测平台Sentinel、英特尔公司的FakeCatcher、智能人机交互内容验证和虚假信息分析工具WeVerify、微软公司的视频认证工具等。加拿大西蒙菲莎大学话语处理实验室（Discourse Processing Lab）从事实核查网站收集带有真实性标签的新闻文章，并使用它们训练文本分类系统，以从真实新闻中识别虚假新闻。用户可以在其推出的"假新闻检测"平台搜索框内粘贴一段文本，并分别检查该文本与研究团队收集的真实与虚假新闻文章的相似性。该项目的目的是帮助新闻读者以快速、可靠的方式识别新闻文章中的偏见与错误信息。

本章练习

一、名词解释

时效性
虚假信息
深度伪造

二、思考题

1. 你在获取信息时使用过哪些技巧?
2. 信息选择与评价的维度丰富,哪一个是最重要的?
3. 为什么虚假信息的传播会对人们造成重大影响?
4. 在现实生活中,我们会遇到真假掺杂的信息、"恶作剧"性质的玩笑、不适用于当前情况的陈旧新闻……这类信息属不属于虚假信息呢?
5. 你常用的优质信息获取平台有哪些? 它们有哪些优点与不足?
6. 你是否使用过公共图书馆的信息服务呢? 请谈谈你的经历与感想。

阅读书目推荐

1. 让-诺埃尔·卡普费雷. 谣言:世界最古老的传媒[M]. 郑若麟,译. 上海:上海人民出版社,2008.

2. 戴维·申克. 信息烟尘:在信息爆炸中求生存[M]. 黄锫坚,朱付元,何芷江,译. 南昌:江西教育出版社,2000.

3. 安迪·图赫尔. 谎言与真相:美国历史上的假新闻与假新闻业[M]. 孙成昊,刘婷,译. 北京:中译出版社,2024.

第三篇　工具篇

第 7 章　信息获取的通用工具

本章学习目标

- 了解不同类型的搜索引擎。
- 掌握用搜索引擎搜索信息的技巧。
- 熟识各种社交媒体。
- 了解生成式人工智能和大语言模型。
- 具备使用生成式人工智能工具的意识和能力。

> **导读**
>
> 　　信息技术的飞速发展使我们能够迅速访问和利用大量的信息和数据，这对个人的学习、职业发展和决策至关重要。信息不仅帮助我们了解世界、保持与时俱进，还在科学研究、商业分析和日常生活中发挥着关键作用。无论是追踪最新的科技进展、了解市场动态，还是获取健康建议、参与社交互动，信息获取能力都是我们成功应对各种挑战和抓住机遇的基础。因此，有效的信息获取能力不仅是现代社会中的一项基本技能，更是实现个人和组织目标的关键要素。
>
> 　　搜索引擎是我们日常获取信息的重要工具，它们能够迅速从海量数据中筛选出相关信息。然而，搜索引擎不仅仅是简单的查询工具，它们的算法和排名机制影响着信息的呈现。本章将介绍几类主要的搜索引擎，分析它们的特点和检索信息的方法，帮助读者在各种需求下选择最合适的工具。
>
> 　　社交媒体平台则是信息的另一大重要来源。这些平台不仅提供了实时的新闻和动态，还允许用户生成和分享内容。通过对不同社交媒体平台的功能和特点进行分析，我们可以了解如何有效利用这些工具获取信息。
>
> 　　生成式人工智能（Artificial Intelligence Generated Content，AIGC）时代来临，生成式人工智能工具广泛涵盖了音频处理、图像处理、翻译和编程等应用场景，正在快速改变我们获取和处理信息的方式。例如，音频处理工具可以将语音转换为文本，图像处理工具可以分析和编辑图像内容，而翻译工具则帮助突破语言障碍。本章将详细介绍这些工具的核心功能和实际应用场景，帮助读者掌握利用它们提高信息处理效率的方法。

7.1　搜索引擎

　　搜索引擎是PC（Personal Computer，个人计算机）互联网时代应用最广泛的一种应用程序。它的工作原理可以简单总结为3步：利用爬虫程序去网络上抓取网页数据；对抓取到的网页数据建立索引；根据一定的算法对网页进行搜索排序。尽管它的工作原理看似非常简单，但是搜索引擎涉及的技术却是非常复杂的，包括爬虫、缓存、云存储、索引、索引压缩、排序、链接分析、反作弊、用户研究等。正因为如此，以搜索引擎闻名的公司往往是互联网巨头，如谷歌公司、Yandex公司、百度公司等。

　　根据不同的分类标准，搜索引擎可以分为很多类型。例如，按照信息内容的组织方式划分，可以分为目录式搜索引擎与机器人搜索引擎；按照检索功能划分，可以分为独立搜索引擎和元搜索引擎；按照专业范畴划分，可以分为综合性搜索引擎与专业性搜索引擎。

　　综合性搜索引擎收集的内容涵盖社会生活的方方面面，可检索资源类型包括网页、音频、图片、视频、地图、学术信息等。正因为其包罗万象，综合性搜索引擎一直是最受大众欢迎、应用最为广泛的一类搜索引擎。

值得一提的是，综合性搜索引擎也不是万能的，其能搜索到的资源甚至不到整个互联网资源总量的5%。如果把整个互联网的信息资源形象地比喻成一座冰山，搜索引擎所能搜索到的资源也就是冰山露出水面的部分，我们称之为表层网，而互联网中95%以上的资源都集中在深网（也就是冰山在水面之下的部分）中。

与此同时，随着移动互联网的快速发展，一大批互联网公司如字节跳动有限公司（以下简称"字节跳动公司"）等崭露头角，风头甚至盖过了传统互联网巨头。信息生产的主力军从PC互联网转移到了移动互联网，移动互联网中的内容在进行井喷式增长，而这些内容通常无法通过综合性搜索引擎搜索到。由于竞争关系，各大互联网巨头都在打造自己的互联网生态，在公司内部，资源是共享互通的，但是对外是隔绝的。以字节跳动公司为例，在其旗下的抖音、西瓜视频、今日头条三大应用之间，资源是共享互通的。用户在抖音中可以搜索到西瓜视频与今日头条的内容，但是如果用百度搜索则难以搜到抖音或西瓜视频中的内容。又比如微信，其数量庞大的公众号每天可以生产海量文章，但是这些文章利用百度搜索也无法搜索到，而利用搜狗搜索就可以搜到，因为搜狗搜索被深圳市腾讯计算机系统有限公司（以下简称"腾讯公司"）收购后，腾讯公司旗下产品的互联网内容就与搜狗搜索共享互通了。移动互联网的蓬勃发展使得传统搜索引擎的用户流失严重，用户的搜索习惯正在悄然改变。当用户遇到问题时，搜索引擎不再像过去一样是第一选择或唯一选择，现在正慢慢成为用户的第二选择、第三选择，甚至是最后无奈的选择。

7.1.1 什么都能搜的"综合性搜索引擎"

（1）中国搜索

中国搜索是新华社主管主办的国家搜索平台、"国字号"搜索引擎，于2014年3月由人民日报、新华社、中央电视台、光明日报、经济日报、中国日报、中国新闻社七大主要新闻单位联合推出。

中国搜索提供的服务主要是国内新闻搜索，其拥有的资源分为以下几类：新闻、社科、图片、视频、好故事和China Story。例如，在搜索框中输入"茉莉花"一词进行检索，就可以得到与"茉莉花"有关的新闻、词条、图片、视频与好故事。实际上，中国搜索中的图片和视频资源主要来自新闻网页。社科词条的来源主要有三大类，分别为聚典数据开放平台、《中国大百科全书》，以及中国社会科学词条库。"好故事"则是将部分新闻"故事化"，从新闻中抽取故事人物、故事地点、故事年代、故事来源、发表时间五大故事元素。China Story则是英文版的中国故事。中国搜索由于主要提供的是新闻搜索服务，所以没有各类商业广告信息。因此，用户通过中国搜索获得的信息相对于其他综合性搜索引擎来说更加权威。此外，中国搜索的搜索结果呈现界面相对来说也比较简洁。

在搜索方法上，中国搜索支持简单搜索，没有高级搜索框，支持部分搜索语法，包括"site"站内搜索、"intitle"限定标题搜索、"-"布尔逻辑"非"搜索等。比如，要搜索光明网发布的有关"图书馆"的新闻，则直接在搜索框中输入"图书馆 site:www.gmw.

cn"；要搜索新闻标题中包含"图书馆"的新闻，则在搜索框中输入"intitle:图书馆"；要排除某些关键词，则直接用"-关键词"即可。

在搜索结果排序上，中国搜索支持来源筛选、时间筛选、按相关性排序、按时间排序。其中，来源筛选分为央媒、地方媒体、商业媒体、电子报。时间筛选分为一天内、一周内、一月内、一年内。用户可以根据需要进行各类筛选，进一步缩小搜索范围，快速获取想要的信息。

除了提供新闻搜索外，中国搜索还提供导航服务、报刊阅览、记者之家数据库访问。导航服务提供对主流新闻媒体的导航，包括中央新闻单位、中央政府网站、地方新闻网站、地方报刊矩阵、地方广电矩阵。另外，中国搜索专门为党员政治学习开辟了导航栏目，包括政务网站、资源导航、党员学习、理论研究、评论栏目等板块。报刊阅览则提供中央主要新闻单位报刊、省级主要报刊、地方主要报刊的数字阅览服务。记者之家数据库收录了历届中国新闻奖获奖作品、长江韬奋奖获奖人物相关资料、"好记者讲好故事"主题活动精品内容、媒体社会责任报告、中国新媒体研究报告、中国新媒体年鉴六大类数据，提供按内容、届次、等级等多维度、多层次的搜索服务。

（2）百度搜索

百度公司于2000年1月1日在北京中关村创立，创始人是李彦宏。作为国内互联网巨头之一的百度公司，其产品种类丰富多样，大致分为以下几大类别：搜索服务、导航服务、社区服务、游戏娱乐、移动服务、站长与开发者服务、软件工具、新上线。

搜索服务是百度公司的核心业务，百度公司旗下的百度搜索也是目前全球最大的中文搜索引擎。作为国内最大的综合性搜索引擎，百度搜索服务涵盖的内容有网页、视频、地图、新闻、图片、百度识图、百度学术、百度百聘、百度人工翻译、百度翻译。

对用户来说，百度搜索是最熟悉的搜索引擎，只需要在搜索框中输入搜索词即可得到大量网页，但是这种简单的搜索方式通常会给用户带来很差的搜索体验。因为得到的搜索结果太多了，以至于无法从中找出真正需要的结果。用户若想得到良好的搜索体验，必须学会利用百度搜索的高级搜索功能。

单击百度搜索页面右上角的"设置"按钮，选择"高级搜索"会弹出高级搜索框，高级搜索框由五大部分组成，包括搜索结果、时间、文档格式、关键词位置、站内搜索。

在"搜索结果"这一栏中，有4个方框供选择，分别是包含全部关键词、包含完整关键词、包含任意关键词、不包含关键词。"包含全部关键词"相当于布尔逻辑检索中的"与"，表明检索结果必须同时包含用户输入的所有关键词；"包含任意关键词"相当于布尔逻辑检索中的"或"，表明检索结果至少含有用户输入的任何一个关键词；"不包含关键词"相当于布尔逻辑检索中的"非"，表明检索结果不得含有用户输入的关键词；"包含完整关键词"相当于"精确检索"，表明检索结果必须包含完整的关键词，不允许对关键词进行拆分。

在"时间"栏，用户可以将搜索结果指定为"时间不限""一天内""一周内""一月内""一年内"5个时间维度；在"文档格式"栏，用户可以将搜索结果限定为".pdf"

".doc"".xls"".ppt"".rtf" 5种格式。

在"关键词位置"栏，用户可以将输入搜索框的关键词限定出现在网页标题、URL或者网页任何位置中；在"站内搜索"栏，用户将具体的网址输入其中，即可在指定的网站中进行搜索。

除了通过高级搜索框进行搜索外，百度搜索也支持搜索语法实现高级搜索功能。例如，通过"空格"连接关键词即为"包含全部关键词"，通过"|"连接关键词即为"包含任意关键词"，在关键词前加上"−"即为"不包含关键词"，在关键词上加上""即为"包含完整关键词"。"filetype"对应"文档格式"，"intitle"对应"网页标题"，"site"对应"站内搜索"。具体用法如下。

以"武汉大学"和"樱花"为关键词来进行检索，在搜索框中输入"武汉大学　樱花"，表示需要同时包含"武汉大学"和"樱花"两个关键词的网页；在搜索框中输入"武汉大学 | 樱花"，表示需要的网页需至少包含"武汉大学"和"樱花"其中一个关键词；在搜索框中输入"武汉大学　−樱花"，表示需要的网页必须包含"武汉大学"这个关键词但是不能包含"樱花"这个关键词。

在搜索框中输入"intitle:（武汉大学　樱花）"，表示需要网页标题中同时包含"武汉大学"和"樱花"两个关键词。在搜索框中输入"武汉大学 樱花filetype:ppt"，表示需要网页中包含"武汉大学"和"樱花"两个关键词的演示文稿。

（3）搜狗搜索

搜狗搜索是北京搜狐互联网信息服务有限公司（以下简称"搜狐公司"）在2004年8月3日推出的全球首个第三代互动式中文搜索引擎。搜狗搜索与百度搜索提供的搜索服务基本一致，可以提供对网页、新闻、视频、地图、音乐、百科等资源的搜索。也正因为定位相同，内容同质化程度较高，搜狗搜索在与百度搜索的较量中一直处于下风。

但是随着搜狗搜索在2021年10月15日被腾讯公司收购后，搜狗搜索融入了腾讯公司的互联网生态中，腾讯公司旗下产品生产的海量互联网资源搜狗搜索都可以搜索到。

打开搜狗搜索的首页，在页面左上角可以看到"微信"。也就是说，可以在搜狗搜索中搜到微信中的内容。微信公众号平台每天可以生产海量文章，而这些文章通过百度搜索、360搜索、必应搜索等搜索引擎是无法搜索到的。这就使搜狗搜索相比国内其他搜索引擎在内容上有了独有的竞争优势。

还是以"武汉大学 樱花"为例，在搜狗搜索的微信搜索框中输入"武汉大学 樱花"，单击"搜文章"按钮即可得到内容与"武汉大学　樱花"相关的微信公众号文章。

除了提供微信公众号平台的文章搜索外，搜狗搜索还提供知乎站内搜索与医疗信息搜索。

搜狗搜索的具体使用方法与百度搜索基本相同，可以使用简单搜索和高级搜索。高级搜索框在页面右上角的"设置"按钮中可以打开。需要注意的是，搜狗搜索的首页右上角没有"设置"按钮，在搜索结果呈现界面的右上角才会出现"设置"按钮。其高级搜索功能包括搜索关键词是否拆分、站内搜索、限定搜索词位置、限定搜索文件的格式等，如图7-1所示。高级搜索的具体用法与搜索语法可以参考百度搜索。

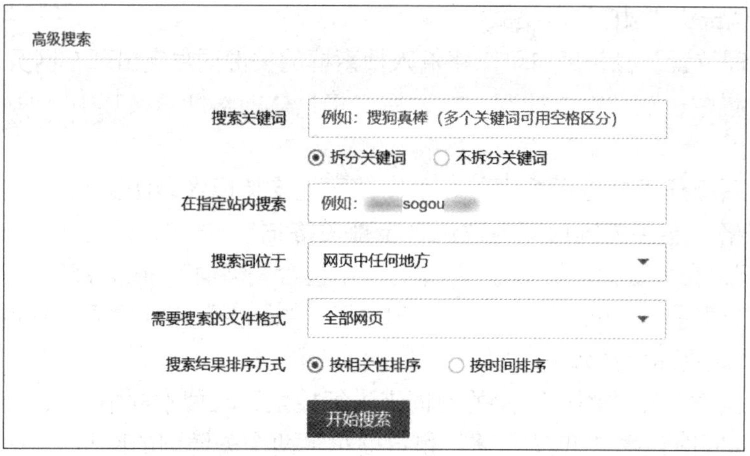

图7-1　搜狗搜索的高级搜索设置界面

（4）谷歌搜索

谷歌的英文名称是Google、词源为googol，而googol指的是10的100次幂，用googol一词来形容互联网上的海量资源再合适不过。谷歌公司旗下的谷歌搜索是目前全球最大的综合性搜索引擎，其搜索业务在全球范围内的市场份额中占据绝对统治地位。谷歌公司成立初期，创始人提出的PageRank算法极大地提高了搜索结果的相关度，使得谷歌搜索一经推出就备受市场欢迎。

PageRank算法是一种链接分析算法，这种算法给予网页间的链接很高的排序权重。网页间链接关系类似于学术论文间的引用关系，某一篇论文被引用的次数越多，则表明这篇论文越重要。同样地，某个网页被链接的次数越多，也表明这个网页越重要，该网页内容有极大概率就是用户需要的，如果将这些网页排在搜索结果的前列就更容易被用户发现和利用，用户就会拥有良好的搜索体验。

作为全球性的互联网公司，谷歌公司的业务触角遍及互联网各个角落。像其他互联网公司一样，谷歌公司也在积极构建自身的互联网生态，从浏览器到搜索引擎、移动端Android操作系统、视频网站等，谷歌公司从未停下壮大自身的步伐，但搜索引擎业务一直是其核心业务。谷歌公司的网页搜索、学术搜索、谷歌地球以及YouTube都拥有非常大的流量。

谷歌搜索的使用技巧与百度搜索、搜狗搜索、必应搜索等类似，同样支持布尔逻辑检索、精确检索、高级搜索语法等。同时，搜索结果也可以按照时间、文件类型等进行筛选过滤。

（5）必应搜索

必应搜索是微软公司在2009年5月推出的综合性搜索引擎。必应搜索分为国内版和国际版，搜索中文信息使用国内版，搜索英文信息使用国际版。必应搜索提供网页、图片、视频、学术、词典、地图搜索服务。

在搜索技巧上，必应搜索与百度搜索类似，支持布尔逻辑检索、精确检索与高级搜索语法。具体用法为：布尔逻辑"且"用"AND或&"，布尔逻辑"或"用"OR或|"，

布尔逻辑"非"用"NOT或-"，精确检索用""将搜索关键词引起来。高级搜索语法支持contains、ext、filetype、inanchor、inbody、intitle、ip、language、loc、site、feed、hasfeed、url。扫描下方二维码看必应高级搜索的语法与示例。

扫一扫

（6）Yandex

Yandex公司于1993年创建，其创始人是阿尔卡季·沃罗兹（Arkady Volozh）和伊利亚·塞加洛维奇（Ilya Segalovich）。Yandex是一个创造出来的词，它是"Yet Another Indexer"（另一个索引）的缩写。Yandex作为俄罗斯的一款综合性搜索引擎，于1997年正式上线。目前，Yandex已经成为俄罗斯的国民搜索引擎，其在俄罗斯的市场份额远超谷歌搜索，占比达到60%。登录Yandex首页可以看到，其提供的搜索服务包括网页搜索、图片搜索、视频搜索与地图搜索。另外，Yandex还提供翻译、邮件、天气、游戏等服务。在搜索结果的筛选上，Yandex提供时间筛选和语言筛选，时间筛选分为All time、Last day、Last 2 weeks和Last month，语言筛选提供包括俄语、英语、法语、德语等在内的10种语言。Yandex的首页及搜索结果展示页面十分简洁，用户的搜索体验较好。

Yandex的图片搜索功能非常强大，国内用户可以通过Yandex的反向图片搜索功能来查找图片出处。操作方法也比较简单，用户只需要单击Yandex首页的"images"图标进入图片搜索页面，在搜索框的右侧单击上传图片的按钮即可上传图片，图片上传成功后，单击搜索框右侧的"Search"按钮即可进行搜索。

在搜索技巧上，Yandex同样支持布尔逻辑检索、精确检索、高级搜索语法等。具体操作方法与百度搜索、搜狗搜索等搜索引擎类似，这里不赘述。

（7）DuckDuckGo

DuckDuckGo创立于2008年，创始人是毕业于麻省理工学院的加布里埃尔·温伯格（Gabriel Weinberg）。DuckDuckGo的特点是安全、快速、简洁，并且不追踪、不记录用户隐私信息。大部分搜索引擎为了提高查准率，给用户良好的搜索体验，往往会收集用户的隐私信息，如浏览数据、单击数据的偏好和位置信息等。通过分析这些数据，搜索引擎可以更好地理解用户的真实需求，进而提供更加精准的搜索服务，但是同时也会对用户的隐私造成侵犯。DuckDuckGo主打安全和隐私保护，赢得了部分市场。根据Statcounter的统计，目前DuckDuckGo稳居北美搜索引擎市场第四的位置。

在搜索功能上，DuckDuckGo与其他搜索引擎没有区别，同样支持布尔逻辑检索、精确检索、站内搜索、限定搜索词位置、限定文件格式等搜索语法，搜索结果也支持时间过滤和语言过滤。因此，用户使用DuckDuckGo无须额外再花时间学习其使用方法和技巧，这使得DuckDuckGo更容易被用户所接受。

如前所述，DuckDuckGo最大的优点就是隐私保护，这也是它相比其他搜索引擎所具备的独特优势。也正是凭借这一优势，DuckDuckGo能在搜索引擎市场中占据一席之地。DuckDuckGo对用户承诺既不会记录用户的User Agent（用户识别符）、IP地址、搜索关键词等信息，也不会通过Cookies机制识别用户的身份。而一般的综合性搜索引擎往往会利用以上信息和机制来理解用户，以便为用户提供精准的广告投放，提高用户的广告点击率，进而获得广告收益。除此之外，一般的综合性搜索引擎还会将用户的搜索行为披露给第三方网站。比如，用户在搜索结果页面单击了某个网站后，网站可以从HTTP表头的来源地址（referrer）字段中知道用户的具体搜索结果页面，而搜索结果页面的URL又可以暴露用户输入的搜索关键词。为了避免暴露用户的搜索行为，DuckDuckGo会对用户的请求进行处理，使网站无法知晓用户的搜索结果页面。此外，DuckDuckGo还允许用户通过POST方法而非GET方法发送搜索请求。启用POST方法发送搜索请求后，第三方将无法从浏览器地址栏的URL中识别到用户输入的搜索关键词，搜索历史也不会出现在历史记录中，进一步加强了对用户的隐私保护。

（8）WebCrawler

WebCrawler创建于1994年，其创始人是美国计算机科学家布赖恩·平克顿（Brian Pinkerton）。WebCrawler是全球第一个全文检索式搜索引擎，其数据库非常庞大，拥有海量信息资源，资源类型包括网页、新闻、图片、视频等。在搜索响应速度上，WebCrawler凭借强大的服务器集群，为用户提供快速、高效的搜索。在搜索结果的准确度上，WebCrawler的表现同样出色，通过运用自然语言处理技术与机器学习技术，WebCrawler能很好地理解用户的真实需求，进而为用户提供非常精准的搜索结果。

7.1.2　按图索骥的"目录式搜索引擎"

（1）搜狐

在20世纪90年代，互联网对大多数人而言还是新鲜事物，正是在这样的背景下，中国首个商业化运营的大型目录式搜索引擎搜狐于1998年推出，为中国网民开启了通往互联网世界的大门。2000年6月，百度公司正式推出中文搜索引擎：百度搜索；2000年9月，谷歌搜索开始提供中文版界面。在此之前，搜狐是唯一能与雅虎中国抗衡的中文目录式搜索引擎，它深刻洞察中国互联网用户的需求，类目设置更符合中国网民的搜索习惯，为后来出现的新浪、网易等分类目录网站树立了标杆。

搜狐属于目录式搜索引擎，是中国四大门户网站之一。与全文搜索引擎不同，搜狐采用手工方式收录网址，分类专家层层细分类目，组成庞大的树状目录结构，如1999年的搜狐涵盖了娱乐休闲、工商经济、计算机与互联网、新闻与媒体等类目。用户通过浏览目录，层层深入，最终找到自己所需要的信息。与雅虎相同，搜狐采用的人工采集与处理的方式使得它在信息准确性、相关性、可靠性等方面具有优势，但也要面临信息维护量较大、更新不及时等问题。随着互联网技术的飞速发展，全文搜索引擎凭借便捷、时效性强等特点逐渐取代目录式搜索引擎，成为主流。搜狐公司也顺应时代潮流，推出了搜狗搜索等产品，在全文搜索引擎领域开疆拓土。

（2）LookSmart

LookSmart成立于1995年，由埃文·索恩利（Evan Thornley）和其夫人特蕾西·埃勒里（Tracy Ellery）在澳大利亚墨尔本创立。LookSmart有两层含义，既指由编辑编写的精选目录，也指对"看起来很聪明"的用户的赞美。LookSmart曾是全球访问量第十二大的网站，曾与微软公司、国际奥林匹克委员会、Ask、AltaVista、Excite等合作，向它们提供目录搜索服务，在用户之间具有较高的知名度和广泛的影响力。搜索结果的质量取决于搜索数据库的质量，LookSmart大获成功离不开其高质量、大规模的编辑团队对内容的精心筛选和编排。

进入21世纪初，受互联网泡沫破灭和全文搜索引擎技术的冲击，微软公司于2003年宣布不再与LookSmart续约，转而发展自己的MSN搜索引擎。尽管LookSmart推出付费收录、关键词竞价排名、关键词搜索、垂直搜索等服务尝试转型，但还是不复当年的辉煌。目前，LookSmart仍提供检索服务，但其业务重心转向了搜索广告领域，它利用自身在搜索技术和广告网络方面的积累，为广告主提供精准的广告投放服务。

7.1.3　专注特定领域的"垂直搜索引擎"

（1）马蜂窝

2006年以后，垂直搜索引擎逐步兴起。不同于通用的综合性搜索引擎，垂直搜索引擎是应用于某一个具体行业和专业的搜索引擎，能够提供更加精准、深入的信息，满足用户在特定领域的独特需求。马蜂窝于2010年正式开始运营，是一个专注于旅游行业的垂直搜索引擎。早期，它以"写游记"的功能吸引了大批用户，并通过积累大量的游记、攻略等用户生成内容成为一个内容丰富的旅游信息平台。目前，其服务模式拓展至"内容+交易"，也就是说用户不仅能够在社区中查找或撰写目的地的攻略、游记、行程规划等相关信息，还可以在网站中直接预订机票、酒店、门票、租车服务等，完成从旅游信息获取到交易的完整流程。

（2）猎云网

猎云网成立于2013年，是获取科技信息的重要平台。它凭借对科技行业的深入报道和分析赢得了广泛的关注。目前，猎云网的主要服务如下。①资讯：包括早期和A轮后的科技项目信息、融资信息、招股书、创业故事、行业研究等。②快讯：每日更新科技快讯和融资消息。③企业服务：为政企合作、企业间合作、企业贷款、场地租赁、融资等"牵线搭桥"。

（3）Ask

Ask原名Ask Jeeves，是由加州大学伯克利分校的加勒特·格鲁纳（Garrett Gruener）和戴维·沃森（David Warthen）在1996年6月创办的。作为一款小众的搜索引擎，其数据库中存储着海量的问题和答案。Ask支持自然语言提问，用户直接在搜索框中输入想问的问题，搜索引擎就会将问题的答案返回给用户，如果数据库中没有存储用户提出的问题，那么它也会为用户提供一些类似问题的答案。2001年Ask Jeeves收购了全文搜索引擎Teoma，搜索性能得到进一步提升。2006年Ask Jeeves改名为Ask，目的是使网址更简洁，用户更容易记住。

由于美国的搜索引擎市场竞争激烈，有谷歌搜索、必应搜索、雅虎这些强有力的竞争对手，Ask于2010年改变了发展战略，将发展重心从综合性搜索引擎转移到垂直搜索引擎，致力于成为顶尖的问答网站。从搜索引擎市场份额的统计数据来看，直到2016年，Ask还是全球第五大搜索引擎，但是2019年至2023年的统计数据显示，Ask已经彻底掉队。

（4）Wolfram|Alpha

Wolfram|Alpha于2009年5月正式上线，创始人是斯蒂芬·沃尔弗拉姆（Stephen Wolfram）。根据创始人沃尔弗拉姆的说法，Wolfram|Alpha的定位是计算知识引擎，而不是普通的搜索引擎。"Making the world's knowledge computable"（使世界上的知识可计算）是Wolfram|Alpha的宣传标语。

从Wolfram|Alpha的官网可以看到，Wolfram|Alpha为获取知识和答案定义了一个全新的范式——不是通过搜索网络，而是通过基于大量内置数据、算法和方法的动态计算。Wolfram|Alpha的长期目标是使所有系统的知识都可以立即计算并为每个人所用。

Wolfram|Alpha的首页搜索界面不同于一般的搜索引擎，并没有为用户呈现网页、图片、视频、地图这些资源类型，取而代之的是数学、科学和技术、社会和文化、日常生活这四大类知识导航。搜索框中的提示语是"Enter what you want to calculate or know about"（输入您想计算或了解的内容），搜索按键也不是传统的"放大镜"符号，而是"等号"，表明Wolfram|Alpha提供的是计算服务而不是搜索服务。

用户可以根据自己的需要选择其中一个知识分类，以了解某一学科的知识体系。以"Chemistry"为例，进入"Chemistry"页面后，又会对"Chemistry"这个知识领域进行分类，将"Chemistry"分为"Chemical Elements""Molecules""Chemical lons""Chemical Quantities""Chemical Reactions"等12类，并且这12类还可以继续细分为更小的知识单元。在每个知识单元中，Wolfram|Alpha都提供了许多标准化的问题和答案。

在搜索结果的展示上，普通搜索引擎返回给用户的是数以万计的网页链接，用户需要从中挑选自己需要的网页，而Wolfram|Alpha返回给用户的是确定的知识和数据，用户无须再费时去筛选信息。例如，在Wolfram|Alpha的搜索框中输入"ask.com vs baidu.com"（Ask和百度搜索两种搜索引擎的比较），得到的不是许许多多关于这两种搜索引擎各方面比较的文章链接，而是两家搜索引擎公司各类数据的直观比较。

Wolfram|Alpha作为一款特色非常鲜明的计算知识引擎，目前在国内可以直接使用。

7.1.4　一键遍览各平台的"元搜索引擎"

（1）Dogpile

元搜索引擎是一种特殊的搜索引擎，它不会直接存储或生成网页内容，而是将用户的搜索请求同时发给多个其他搜索引擎，然后收集这些搜索引擎的检索结果，最后将这些结果去重、排序并呈现给用户。这就避免了用户逐个使用多个搜索引擎的麻烦。Dogpile 就是一个诞生于 1996 年的元搜索引擎。它的主要功能就是将用户的搜索请求同时提交给多个搜索引擎，如谷歌搜索、Ask 等，通过汇集多家搜索引擎的结果，提供更加全面、准确、多样的搜索体验，节省用户的搜索时间。2006 年和 2007 年，Dogpile 因其出色的服务连续两年获得了美国市场信息公司君迪（J.D. Power and Associates）授予的最佳住宅在线搜索服务奖。

Dogpile 目前提供简单检索，支持包括布尔逻辑运算符、优先运算符、短语搜索符号等在内的搜索操作，这些符号能够帮助用户更加精确地搜索。Dogpile 还支持多种内容类型的搜索，包括网页、图片、视频、新闻等，用户在检索时，可以单击搜索框上方的 "web"（网页）、"images"（图像）、"videos"（视频）、"news"（新闻）等按钮指定检索结果的类型。在检索结果页面，用户可单击右上角的 "Preferences" 按钮来进行偏好设置，比如选择是否开启搜索过滤器、跟踪并显示最近的 15 次搜索以及在新窗口中打开链接等。

遗憾的是，Dogpile 的高级搜索功能已经大幅减少，在复杂搜索查询和检索结果排序等方面的能力比较有限。其不足之处还包括广告过多，Dogpile 的检索结果中掺杂着大量的赞助商广告，会让用户的搜索体验大打折扣。其隐私保护问题也值得我们注意——在 Dogpile 上检索时，Dogpile 及其合作伙伴均会收集用户的姓名、地址、电子邮件、设备和浏览器数据等各种信息，存在侵犯用户隐私的风险。

（2）MetaCrawler

MetaCrawler 是世界上最早出现的元搜索引擎之一，由华盛顿大学研究生埃里克·塞尔伯格（Eric Selberg）和副教授奥伦·埃齐奥尼（Oren Etzioni）于 1994 年开发，旨在通过调用多个搜索引擎的结果来改善信息获取的效率。1997 年，MetaCrawler 被 Go2Net 公司收购，进一步扩展其功能与影响力。后来，MetaCrawler 被 Excite 公司收购，并于 2014 年整合到 InfoSpace 运营的另一项搜索服务 Zoo.com 中。在整合到 Zoo.com 中之后，2016 年发生了另一项重大变化，InfoSpace 被 OpenMail 收购，后者后来更名为 System1。目前，MetaCrawler 由 System1 所有，并继续承诺为其用户提供全面的搜索服务。

与同属 System1 的 Dogpile 类似，MetaCrawler 具有强大的多引擎整合能力，能同时调用、合并和去重处理多个搜索引擎的搜索结果，最终向用户呈现丰富多样的信息。其界面简单，支持的检索功能、结果筛选功能也与 Dogpile 所差无几。然而，随着谷歌搜索、必应搜索、DuckDuckGo 等独立搜索引擎的功能日益强大，高级检索功能较少、检索结果准确性较低等限制使得 MetaCrawler 和 Dogpile 的影响力逐渐减弱，逐渐失去了主流市场。

（3）Vivisimo

Vivisimo 是一款曾经非常有特色的元搜索引擎，由 3 位来自卡内基梅隆大学的计算机科学研究人员克里斯·帕尔默（Chris Palmer）、杰罗姆·佩森蒂（Jerome Pesenti）和劳尔·瓦尔德斯－佩雷斯（Raul Valdes-Perez）于 2000 年创立。它的名字源自西班牙语中的

"vivisimo"，意为"非常活跃"或"非常聪明"，这个名字反映了Vivisimo引以为傲的智能搜索功能。Vivisimo的独特之处在于它不仅能够从多个搜索引擎获取信息，还能够对搜索结果进行分类和聚类，这使得用户在浏览大量搜索结果时能够更高效地找到所需信息。2001年和2002年，Vivisimo连续两年被《搜索引擎观察》（*Search Engine Watch*）评为"最佳元搜索引擎"。

Vivisimo的核心功能是其先进的聚类和分类技术。与传统的搜索引擎不同，当用户在Vivisimo中进行搜索时，Vivisimo不仅仅是简单地呈现搜索结果列表，而是会将搜索结果自动分成不同的类别。例如，用户在Vivisimo搜索引擎中输入关键词"苹果"。在传统的搜索引擎中，用户可能会得到一长串与"苹果"相关的结果，这些结果可能包括苹果公司、苹果（水果）的营养信息、苹果（公司）产品的新闻报道等。而用户需要自行在这些结果中逐一筛选和查找所需的信息。然而，Vivisimo通过其先进的聚类和分类技术，会自动将这些搜索结果按不同主题进行分类，并以树状图的方式展现分类结果。这样一来，用户无须手动筛选不同含义的"苹果"，而是可以根据自己的需求通过单击展开或收起特定类别，选择自己感兴趣的类别来浏览更有针对性的结果。这种分类方式极大地提高了用户查找信息的效率，减少了信息过载带来的困扰。

（4）Mamma

Mamma是一个早期重要的元搜索引擎，最初于1996年推出。它通过从多个主要的搜索引擎和目录中检索结果来工作，但其性能并不如其他元搜索引擎（如Dogpile）那样出色。Mamma的特点在于它能够将用户的搜索请求发送给多个异构搜索引擎并收集答案，然后向用户呈现统一的结果，允许用户根据属性（如主机、关键词、日期和受欢迎程度）对结果进行排序。然而，Mamma的一个显著问题是其搜索结果中包含大量的"赞助"或付费列表项，这可能会干扰用户的搜索体验。

7.2   社交媒体

作为互联网中的一种重要应用，社交媒体的内涵和外延会随着互联网的发展而不断变化。2013年出版的《大辞海•文化 新闻出版卷》对社交媒体的定义是：社交媒体亦称"社会化媒体""社会性媒体"，指依靠Web2.0技术发展起来的，允许互联网用户撰写、分享、评价、讨论、相互沟通的网站、技术和平台，主要包括博客、论坛、播客、微博、社交网站等。我们现在对社交媒体的理解是，凡是通过互联网（包括移动互联网与App）并以用户生产的内容为基础实现用户之间信息交流（评论、点赞、收藏、分享等）的平台都可称为社交媒体。

社交媒体的种类繁多，包括即时通信类社交媒体、信息交流共享类社交媒体、知识问答与经验分享类社交媒体、短视频创作平台、在线视频分享平台等。这些社交媒体各具特色，共同构成了纷繁复杂的互联网世界。

用户通过即时通信类社交媒体可以向他人发送文本信息、进行语音或视频通话，微信和QQ是最具代表性的即时通信类社交媒体。机构或者个人通过信息交流共享类社交媒体可以随时发布个人动态或者机构信息，比如微博和今日头条。用户可以在知识问答与经验分享类社交媒体（如知乎）上提出问题让其他用户帮忙解决，也可以通过小红书把自己专业领域内的知识和日常生活中的经验分享给其他用户。通过抖音、快手等短视频创作平台，用户既可以用视频来记录生活、分享知识，也可以通过直播来与人交流互动。

社交媒体给人际交往和信息传播带来极大便利。人与人之间可以跨越时空进行文本、语音和视频通信；任何个人与机构发布的信息都可以在一瞬间到达世界的另一端，让全世界知晓。除此之外，社交媒体在社会动员与舆论监督中也有非常重要的作用。社会中的不公正事件、违法事件通过社交媒体的传播能产生强大的舆论压力，引起相关部门的高度重视，进而达到妥善解决问题的目的。

与此同时，社交媒体也给社会治理带来不小的挑战，包括个人隐私问题、数据安全问题、虚假信息等有害信息的传播问题等。比如很多用户出于报复心理，将他人的家庭背景、隐私照片等内容发布到网上，对他人的身心造成严重伤害；不法分子为了经济利益利用技术窃取用户的账号和密码信息；各类谣言在社交媒体上传播，对社会造成不良影响。尽管社交媒体给社会带来了上述问题，但瑕不掩瑜，毕竟技术是中性的。作为互联网世界的用户，我们需要做的是努力提升自身的数字素养与技能来适应时代的发展与变化。

7.2.1 亲朋好友联络站

（1）微信

微信是腾讯公司于2011年1月推出的一款即时通信App。微信可以为用户提供快速、免费的文本、语音与视频通信服务，并且这种通信服务是可以跨运营商、跨操作系统的。凭借着出色的语音对讲功能，微信在发展初期就成功吸引了大量用户。随着功能的不断丰富与优化，微信用户的数量激增，2013年年初，推出仅两年的微信已经拥有超过3亿的用户。2023年8月，腾讯公司公布的第二季度财报显示，截至2023年6月30日，微信及WeChat合并月活跃账户数为13.27亿，同比增长2%。微信已成为一款名副其实的国民软件，是手机中的必备App之一。

经过十多年的发展，微信已不再是一款单纯的即时通信App，它的功能从通信逐步延伸到了社会生活的诸多方面，包括社交、购物、出行、娱乐等。登录微信，点开"服务"界面，可以看到微信提供的服务包括四大类：金融理财、生活服务、交通出行、购物消费。每一大类服务下，列出了具体的服务内容。点开"公众号"可以查看用户关注的公众号发布的信息，公众号目前已成为企业、机关、事业单位及个人发布信息、分享经验的重要平台。据"新榜"统计，2023年微信公众号每天发布的文章数量超过百万篇。从这一点来说，微信公众号就可以成为广大用户获取信息的重要来源。为了与"抖音"等短视频平台竞争，微信还推出了"视频号"服务，因此，微信同时也是一个重要的短视频平台。

既然微信功能强大，资源种类多样，数据量庞大，用户应该学会如何高效利用其获取信息。通过微信等社交媒体获取信息有主动获取与被动获取两种方式：主动获取就是利用微信的搜索功能来获取信息；被动获取就是通过关注微信公众号来获取信息。这里主要介绍微信的搜索功能。

进入微信，点击屏幕上方的搜索框即可进入微信搜索界面，在搜索框中直接输入搜索词即可进行搜索。微信的搜索结果可以通过搜索框左下方的过滤器进行过滤筛选，支持排序、类型、时间、范围等筛选方式。排序包括综合排序、最新、最热；类型包括文章与视频；时间包括最近一天、最近七天、最近半年；范围包括已关注、最近看过和朋友赞过。同时，用户也可以直接点击搜索框下方的资源类型进行筛选，资源类型包括视频、文章、百科、问一问、直播、读书、听一听、表情、新闻、微信指数与朋友圈等。

比如，现在是冬季，用户想去武汉赏梅，但是不知道近期是否适合赏梅。那么用户可以将"武汉　梅花"两个搜索词输入搜索框中进行搜索，然后将搜索框左下方的过滤器中的排序设置为"最新"，用户就可以得到关于武汉梅花的最新信息，包括各类公众号发布的最新文章以及视频号发布的最新视频。通过这些最新的文章和视频，用户就能清楚地知道现在去武汉赏梅是否合适。

（2）QQ

QQ是我国最早、最成功的即时通信软件之一，由腾讯公司于1999年推出。作为一款基于互联网的即时通信工具，QQ为用户提供了丰富的社交、通信、娱乐、交易等功能。从最早的文字聊天到如今的视频/语音通话、文件传输、游戏中心、频道、短视频等功能，QQ不仅是许多人日常沟通的工具，更承载了大量用户的青春记忆和情感交流。尽管在移动互联网的迅猛发展中，微信等新兴通信工具成为许多用户的首选，但QQ凭借其深厚的用户基础和不断优化的功能，依然是我国互联网的重要社交通信平台之一。

QQ的核心功能是在线聊天。用户可以通过文字、语音、视频等多种方式与好友进行沟通。除了聊天，长期文件共享功能也是QQ的一大亮点。用户可以轻松发送和接收文档、图片、音乐、视频等文件，传输速度快，并且支持点对点断点续传，也就是说即使在传输过程中网络中断，也能确保在恢复网络后继续传输。QQ群中的文件共享功能允许用户上传文件到群文件夹，群成员可以随时访问和下载，文件在群内可以长期保存，不会像微信那样在一定时间后自动失效。此外，群应用和群机器人、QQ空间、远程控制、修改在线状态、等级系统等也是QQ区别于微信而有的特色功能。

（3）Facebook（脸书）

Facebook创立于2004年，目前是美国科技集团Meta Platforms旗下的社交媒体平台。Facebook是由马克·扎克伯格（Mark Zuckerberg）与另外4名哈佛大学学生爱德华多·萨维林（Eduardo Saverin）、安德鲁·麦科勒姆（Andrew McCollum）、达斯汀·莫斯科维茨（Dustin Moskovitz）和克里斯·休斯（Chris Hughes）共同创建的。Facebook创立之初，其会员仅限于哈佛大学的学生，后来逐渐扩展到美国的其他大学。

用户通过个人计算机、平板电脑和智能手机都可以使用Facebook。Facebook允许用户发布文本、照片和视频，并与同意成为其朋友的用户共享，或者通过不同的隐私设置公开共享。用户还可以通过Messenger直接相互交流、加入共同兴趣小组，并接收有关其Facebook好友动态及其关注的页面的通知。

　　用户注册账号后，即可搜索自己感兴趣的内容。比如，用户对美国的国会图书馆感兴趣，那么可以在页面左上角的搜索框中直接输入"The Library of Congress"，进入国会图书馆的主页后，可以查看国会图书馆发布的文本、照片和视频。点击"关注"后，Facebook会在用户的主页自动推送国会图书馆发布的动态，用户可以对动态进行点赞、评论和分享。

　　（4）WhatsApp

　　WhatsApp是WhatsApp Messenger的简称，是Meta Platforms公司旗下一款用于智能手机的跨平台加密即时通信应用程序。它由布赖恩·阿克顿（Brian Acton）和扬·库姆（Jan Koum）于2009年共同创立，初衷是解决传统短信费用高昂的问题，提供一种更加便捷且免费的通信方式。该应用程序支持通过互联网进行语音通话，视频通话，发送短信、文档文件、图片、视频、音乐、联系人信息、用户位置以及录音等。WhatsApp的用户遍布全球，尤其在南美洲和欧洲等地区有着大量的忠实用户。通过简洁易用的界面设计、强大的隐私保护功能以及稳定的通信质量，WhatsApp吸引了数以亿计的用户。2014年，Facebook以190亿美元的高价收购了WhatsApp，标志着这款应用程序进入了更加全球化的发展阶段，也进一步巩固了其在即时通信领域的领导地位。

　　WhatsApp凭借简洁直观的设计广受欢迎。它没有复杂的菜单和广告，界面清晰，核心功能（如发送文本、语音通话、视频通话）一目了然。用户可轻松看到消息是否已读、朋友的在线状态，并且只需电话号码即可开始与他人聊天，无须添加好友，操作简单方便。此外，WhatsApp的端到端加密（End-to-End Encryption，E2EE）技术是一种保护用户通信安全的重要机制。端到端加密意味着信息在发送者和接收者之间直接传递，中间不经过任何第三方，包括WhatsApp。这种加密方式确保了即使消息在传输过程中被截获，也无法被解读。

　　然而，正因为WhatsApp采用了这种高度加密的方式，一些不法分子能利用WhatsApp进行诈骗活动。例如，骗子可以在不被监控的情况下通过加密的消息伪装身份，诱导用户提供个人信息或进行财务交易。WhatsApp无法读取消息内容。因此无法及时发现和阻止这些非法行为。所以，用户在享受加密通信带来的安全保护的同时，也应保持警惕，不轻易相信陌生信息，特别是在涉及财务和敏感信息时，要格外小心，以防受骗。

7.2.2　与领域专家面对面

　　（1）微博

　　微博，原名新浪微博，是2009年8月上线的一款信息交流共享类社交媒体，个人用户和机构用户可以通过微博发布信息，实现与其他用户的信息交流共享（点赞、收藏、转发、评论）。微博支持用户以文字、图片和视频等多媒体形式实现信息的即时分享。

　　微博之所以如此受欢迎，主要原因有以下几点：一是通过微博发布信息的门槛很低，发布微博只需要短短一行字，任何注册了微博的用户都可以通过微博在网络上畅所欲言；二是通过微博发布信息十分便捷，用户可以随时将自己的想法编辑成文字通过微博进行发布，并且微博也不限制用户每日发布信息的次数；三是微博的互动性很强，任何两个彼此不认识的用户都可以进行互动，既可以进行公开互动，也可以通过私信功能进行私密互动；四是利用名人效应，邀请明星等名人注册账户，吸引其粉丝一同注册。

微博广大的用户群体和海量的信息使其成为重要的信息获取平台。与微信类似，用户既可以通过关注个人和机构的微博账号来及时获取个人和机构发布的重要信息，也可以通过微博的搜索功能来获取信息。登录微博，点击屏幕底部中间的"放大镜"即可进入微博的搜索界面。在搜索界面，用户在搜索框中输入搜索词即可完成搜索。除此之外，用户还可以通过话题标签和微博热搜两种方式主动获取信息。话题标签可以将有关某一话题或事件的所有讨论内容聚合到一起，便于用户讨论、交流。微博热搜则可以反映当下其他用户正在关注的内容，为了方便用户查找信息，微博热搜也细分了很多热搜榜，包括游戏榜、美妆榜、汽车榜、母婴榜等。

（2）知乎

知乎于2011年正式上线，创始人是周源。知乎作为中文互联网领域的一个知识问答社区，深受中国网民欢迎。2013年知乎开放注册后，不到一年时间，注册用户数量就从40万暴涨到400万。知乎的口号是"有问题　就会有答案"，用户有任何问题都可以在知乎提出，并邀请其他用户进行回答。我们日常生活中的大多数问题在知乎中都能找到类似的问题和相应的答案。

与其他信息获取工具不同的是，用户可以把自己的信息需求在知乎中提出，让其他用户来满足自己的信息需求，当然这种方式并不能让用户的信息需求立即得到满足。也就是说知乎为用户提供了信息获取的一种可能性，而其他信息获取工具则没有为用户提供这种可能性。其他信息获取工具要么能提供用户需要的信息，要么不能提供用户需要的信息，它们并不会记录并保留用户的信息需求。

为了鼓励用户创作，知乎开发了徽章体系和知识付费功能。用户在某个话题的回答数量多并且质量高就可以成为该话题的"优秀答主"，获得"优秀答主"徽章。用户达到一定的创作等级就可以开通付费咨询、赞赏、品牌特邀等知识变现功能。因此，当用户想通过知乎获取高质量的信息时，就需要关注知乎上的优秀内容创作者，必要的时候还需要支付一定费用，以获得更有价值的信息。

通过知乎获取信息的方式也比较简单，登录知乎的网页版或者手机App，在搜索框中输入想要查找的问题，就可以在搜索结果列表中寻找类似的问题和相应的答案。如果没有类似的问题则可以提问，然后邀请其他用户回答。如果想获得快速响应，用户可以查找高赞用户进行私信咨询或者付费咨询。例如，用户想知道如何正确填报高考志愿，就可以直接在搜索框中输入"如何正确填报高考志愿"，然后便会得到大量关于高考填报志愿的回答和文章。根据回答或者文章的点赞数和收藏数，以及内容创作者的基本信息（包括认证信息、创作情况、获赞数量和粉丝数量），用户可以大致判断内容的质量。用户如果想得到更加个性化的指导，则可以直接咨询优秀的内容创作者。

（3）今日头条

今日头条是字节跳动公司于2012年推出的一款通用信息平台，致力于为用户提供高质量的信息，让用户看见更大的世界。今日头条目前拥有推荐引擎、搜索引擎、关注订阅和内容运营等多种分发方式，包括图文、视频、问答、微头条、专栏、小说、直播、音频和小程序等多种内容体裁，并涵盖科技、体育、健康、美食、教育、"三农"、国风等超过100个内容领域。

截至2024年11月，我国的主流媒体（如光明日报社、人民日报社等）几乎都拥有自己的头条号；司法机构与政府部门，如最高人民检察院（以下简称"最高检"）、最高人民法院、司法部、外交部、国防部、公安部等，也都注册了头条号；清华大学、北京大学、复旦大学、上海交通大学等高校及其他事业单位也纷纷入驻今日头条。今日头条的头条号与微信公众号、微博一同成了机关、企事业单位发布信息的重要平台。正因为有如此多的权威机构和部门入驻头条号，所以今日头条也是我们应该掌握的一款信息获取工具。

如前所述，用户通过今日头条获取信息主要有推荐引擎、关注订阅和搜索引擎等方式，推荐引擎和关注订阅都是被动获取信息的方式。推荐引擎通过运用大数据技术为用户精准推送信息；关注订阅会为用户推送用户已关注的头条号所发布的信息；搜索引擎则需要用户主动输入搜索关键词来获取信息。

用户在今日头条首页上方的搜索框中直接输入想要搜索的内容即可进行搜索。比如，用户在搜索框中输入"数字素养"进行搜索，即可得到大量关于"数字素养"的内容。在搜索框的下方，用户可以根据需要对搜索到的内容进行分类筛选，包括图片、视频、音乐、回答、微头条、话题、直播、小说等类型。在搜索框下方的右侧是过滤器，可提供搜索范围和发布时间的筛选方式。搜索范围可分为全网内容和头条内容，发布时间可分为不限时间、一天内、一周内、一个月内和一年内。除此之外，今日头条还提供AI问答服务。

（4）Twitter（现称X）

Twitter是美国的一家社交媒体平台，创立于2006年，由比兹·斯通（Biz Stone）、杰克·多西（Jack Dorsey）和埃文·威廉姆斯（Evan Williams）3人联合创办。作为一个全球性的社交媒体平台，Twitter拥有庞大的用户群体。Twitter的首席执行官琳达·亚卡里诺（Linda Yaccarino）在Vox Media的Code 2023技术会议上表示，Twitter目前拥有2.25亿日活跃用户。2022年10月，埃隆·马斯克（Elon Musk）完成对Twitter的收购交易，并于2023年7月23日发布推文，宣布将Twitter的"蓝鸟"图标更换为"X"图标。

用户可以在Twitter上发布短消息，关注其他用户，通过评论、点赞和转发等方式与其他用户进行互动。如果用户想查找某个具体用户发布的信息，可以直接在Twitter上搜索该用户或者信息内容，也可以通过关注该用户让系统自动推送该用户发布的信息。

（5）Reddit

Reddit是一个基于社区的社交新闻和讨论平台，由史蒂夫·赫夫曼（Steve Huffman）和亚历克西斯·瓦尼安（Alexis Ohanian）于2005年创立，其创建目标是为用户提供一个可以分享和讨论各种主题的平台。Reddit的核心功能包括各种子板块（Subreddits），每个子板块专注于特定的主题，如科技、新闻、游戏等，用户可以根据兴趣加入讨论。Reddit定位为全球最大的社区交流平台之一，涵盖广泛的兴趣和话题，从小众爱好到全球新闻皆可讨论。Reddit在一众社交媒体中具有独特的文化氛围，其开放的讨论环境吸引了大量用户，包括公众人物、行业专家以及普通用户。

在Reddit中，可以在主页浏览热门内容，也可以直接在搜索框中输入"r/+主题名称"找到相关主题的子板块，在子板块内进一步找到感兴趣的信息。例如，在搜索框中输入"r/ChatGPT"，即可找到ChatGPT主题的子板块，这里面就含有大量用户发布的与ChatGPT相关的信息。

除此以外，也可以直接在搜索框中用关键词进行检索，如用"Generative AI"作为关键词进行检索，返回结果不仅包含子板块，还包含与生成式人工智能相关的帖子、评论、视频和用户。在检索结果页面，用户可以选择结果的类型、排序方式、时间范围等。

r/AMA是Reddit上专门用于AMA（Ask Me Anything，问我任何问题）活动的子板块，创建于2009年。AMA的概念是邀请名人、行业专家、公众人物以及普通用户分享他们的经历和专业知识，其他用户可以在帖子中向他们提问，几乎任何话题都可以讨论。这个板块以其多样化的参与者而闻名，从好莱坞明星、科学家到具有独特职业或生活经历的普通人，均会发起AMA活动，用户通过互动提问可以了解更多这些人物的背景故事、见解或生活经验。这是Reddit最具特色的内容之一。

7.2.3　以"图"会友

（1）小红书

小红书于2013年6月在上海被创立，创始人是毛文超和瞿芳。小红书的定位是用户的生活指南，为用户提供生活方式指导和消费决策，用户在小红书上可以找到很多实用的生活经验分享内容。正是基于这种定位，小红书的内容分类包括生活的方方面面，用户可以根据自身需求设制内容偏好，如宠物、时尚、教育、旅游、摄影、亲子、音乐、游戏、美食等。

小红书会根据用户设定的内容偏好为用户推送相关图文和视频内容。用户也可以通过小红书的搜索功能查询自己所需的信息，直接在搜索框中输入想要搜索的内容即可进行搜索。比如，用户想了解南京旅游攻略，直接在搜索框中输入"南京旅游攻略"即可得到大量与南京旅游攻略相关的图文和视频。除了可以根据时效性和热度对内容进行筛选外，小红书还会根据搜索内容提供精细化、个性化、动态变化的标签筛选。

（2）百家号

百家号成立于2016年，是由百度公司创始人李彦宏领导团队创立的一个内容创作平台。百家号的创建目标是为用户提供优质、多样化的图文和视频内容，同时为内容创作者提供变现机会。平台功能包括内容创作、分发、粉丝互动、数据分析和广告变现等。百家号的名字来源于中国古代"百家争鸣"的思想，寓意为鼓励多样化的观点和创作内容在平台上共存。百家号如今已成为中国主流的内容分发平台之一，覆盖新闻、娱乐、科技等多个领域，吸引了众多自媒体和企业。

百家号根据不同的主题，将内容分为休闲娱乐、生活情感、体育财经、科教文艺、时政社会等类别。在手机端的百度软件中，用户可以在首页或者视频页面浏览百家号的信息，也可以通过首页的分类浏览或搜索功能定位感兴趣的内容，还可以关注自己感兴趣的内容创作者。百家号会利用百度搜索的智能推荐技术，根据用户过去的浏览习惯和兴趣，个性化推荐用户可能感兴趣的内容。此外，百家号的内容与百度搜索引擎深度整合，当用户通过百度App或百度搜索获取信息时，信息流页面就会展示百家号的推荐内容。

（3）Instagram（照片墙，简称Ins或IG）

Instagram由凯文·斯特罗姆（Kevin Systrom）和迈克·克里格（Mike Krieger）联合创办，于2010年10月正式在App Store上线。随后Instagram用户迅速增长，上线仅一周就有10万用户注册。2012年9月，Instagram被Facebook以7.15亿美元的价格收购。目前，Instagram是Meta Platforms旗下的照片和视频共享社交平台，用户可以在Instagram上分享照片和视频。Instagram的主要特色是用户可以上传和分享图片、视频，与关注的人互动，如点赞、评论以及私信等。此外，Instagram还提供滤镜和编辑工具，让用户能够美化他们的照片和视频。具体来说，用户要想利用Instagram分享信息，可以在登录App后，点击屏幕底部中间的"+"图标，然后选择分享内容的类别，包括帖子、快拍、Reels（短视频）和直播，实际的操作方法与国内的社交媒体大同小异。

在信息获取上，Instagram与其他社交媒体平台类似。用户要想通过Instagram获取帖子、图片和视频等信息资源，可以通过系统推荐、关注自己感兴趣的用户或者在搜索框中主动搜索等方式来实现。

（4）Tumblr

Tumblr是一个轻博客和社交网络平台，由戴维·卡普（David Karp）于2007年创立。Tumblr的创建目标是为用户提供一个简单、灵活的博客发布工具，使用户能够方便地分享文字、图片、视频、链接和音乐等多媒体内容。Tumblr的定位介于传统博客和社交媒体之间，鼓励创意表达和社区互动，尤其在年轻用户中受到欢迎。Tumblr平台允许用户创建个性化的博客页面，同时能够关注其他用户，转发他们的内容，形成一个动态的内容分享社区。Tumblr的名字源自"tumblelog"，意为短小、多样化内容的博客形式，反映了其简便和碎片化内容的特征。

使用Tumblr获取信息相对简单，用户可以在主页顶部的搜索框中输入关键词，查找和关键词相关的博客。例如，在搜索框中输入"ChatGPT"，可以获取与ChatGPT有关的图文信息。用户可以将搜索结果按"最新"或"最热"排序，或者按发布时间筛选搜索结果，也可以指定搜索结果的类型，包括文字、图片、动图、引用、链接、对话等。

Tumblr允许用户为发布的内容打上标签，用户可以通过单击帖子中的标签，再单击"搜索整个Tumblr"按钮来查看更多同类标签下的内容。如单击标签"#ChatGPT"，再单击"搜索整个Tumblr"按钮，就可以查看更多与ChatGPT相关的信息。

7.2.4 （短）视频社交新潮流

（1）抖音

抖音于2016年9月上线，是字节跳动公司旗下的一个短视频社交平台。《中国短视频发展研究报告（2023）》显示，抖音作为国内头部短视频平台，日活数稳定在6亿以上。从日活数可以看出，抖音已经成为名副其实的国民级软件，是网民手机装机必备软件之一。由于用户群体庞大，并且短视频创作门槛低，大部分抖音用户都能通过抖音进行短视频创作。因此，抖音每天都能产生海量的短视频资源。

随着抖音用户的爆发式增长，抖音的商业潜能和社会效应也逐渐彰显，越来越多的政府部门、事业单位、企业和各类知识博主入驻抖音，抖音也成为权威信息的发布平台和知识分享平台。越来越多的用户开始抛弃搜索引擎，将抖音作为获取信息的首要选择。相比搜索引擎提供网页给用户选择，抖音提供给用户的则是视频，而视频相比网页更容易被用户所接受。

由于抖音、今日头条和西瓜视频都是字节跳动公司旗下的产品，用户通过抖音可以实现跨平台搜索。用户在抖音中搜索时，不但可以获取抖音内的短视频资源，还可以获取今日头条和西瓜视频中的信息资源。比如，用户在抖音的搜索框中输入"政府开放数据"，搜索结果中既有抖音的短视频，也有西瓜视频中的长视频，还有今日头条中的新闻资讯。另外，抖音与今日头条一样，也引入了"AI搜"，该功能能回答用户提出的问题。

（2）快手

快手是中国的一个短视频分享平台，于2011年创立，最初定位为一款制作和分享动图的工具。2013年，快手转型为短视频平台，致力于让用户通过简单的方式记录和分享日常生活。快手的创建目标是为普通用户提供一个展示自我的平台，让每个人都能表达自己和发现他人。平台功能包括短视频拍摄、编辑、分享，以及直播互动，用户可以轻松发布视频、与观众互动、进行电商直播等。快手的名字意在体现其操作简便、快速上手的特点，反映出其想要帮助用户轻松记录生活的初衷。如今，快手已成为中国主流的短视频和直播平台之一，拥有广泛的用户基础。在快手上获取信息的方式与抖音类似，这里不赘述。

（3）哔哩哔哩

哔哩哔哩（bilibili），简称B站，于2009年创建，是一个内容创作与分享的在线视频平台。在B站上上传视频的创作者被称为UP主。B站的弹幕功能允许用户在观看视频的同时将自己的观点或想法发送到屏幕上，与视频的其他观看者进行互动交流。尽管这种交流并非即时性的，但是能在用户之间建立情感上的连接，这也是B站如此受欢迎的原因之一。目前，主流的视频网站，如腾讯视频、爱奇艺、优酷等都拥有弹幕功能。B站作为国内最受年轻用户欢迎的视频网站，2023年第三季度财报显示，其第三季度日均活跃用户首次突破1亿，用户主要是30岁以下人群。庞大的用户群体为B站带来了旺盛的视频创作活力，2023年第三季度B站月均视频投稿量达到2100万件。

　　B站发展至今已有十多年的历程，其间UP主们在B站中上传了海量视频。对于这些宝贵的视频资源，我们应如何快速获取呢？打开B站App首页，可以直接在屏幕上方的搜索框中输入想要搜索的内容。比如，要搜索与阿凡达有关的视频资源，可以在搜索框中输入"阿凡达"进行搜索。搜索结果的排序方式有"默认排序""新发布""播放多""弹幕多"4种，还可以通过发布时间、内容时长、内容分区做进一步筛选。除了直接搜索视频资源外，用户也可以在搜索框右下方的分类中根据需要选择内容类别后，再进一步查找。

（4）YouTube（油管）

　　YouTube是一个视频分享平台，允许用户上传、分享和观看视频内容。该平台于2005年上线，最初由查德·赫尔利（Chad Hurley）、陈士骏（Steve Chen）、贾韦德·卡里姆（Jawed Karim）3名前PayPal员工创建，在2006年被谷歌公司收购。YouTube目前已经成为全球最大的视频分享平台之一，拥有庞大的用户群体和丰富的视频内容。

　　YouTube的用户可以上传各种类型的视频，包括音乐、教育、娱乐、游戏等多种主题。用户可以在YouTube上创建自己的频道或订阅其他用户的频道，也可以点赞、评论和分享视频。为了鼓励用户创作，YouTube为用户提供了一种赚取广告收益的机制，使得一些内容创作者能够通过他们的视频赚取收入。除了个人用户，很多专业制作团队、媒体公司、音乐人和各种组织为了扩大影响力、赚取更多收入，也在YouTube上分享他们的内容。

　　YouTube作为全球最大的视频分享网站之一，既有短视频资源，也有长视频资源，用户可以通过订阅服务和搜索功能来获取这些资源。用户可以在主题分类列表中查找自己感兴趣的其他用户，找到感兴趣的其他用户后，点击"订阅"按钮，YouTube会在用户的首页推送订阅的视频。点击屏幕右上方的"放大镜"即可打开YouTube的搜索框，用户在搜索框中输入想要搜索的内容即可得到大量相应的视频资源。对于搜索结果，YouTube允许用户通过过滤器来进行筛选，筛选条件包括排序依据、类型、上传日期、时长等，如图7-2所示。

图7-2　YouTube的搜索过滤条件界面

7.3　生成式人工智能工具

我：什么是数字素养？个人如何提高数字素养？

GPT-4o：

数字素养（Digital Literacy）是指个人在数字环境中理解、评估、使用和创建信息的能力。它不仅包括基本的计算机操作技能，还涵盖在互联网、移动设备、社交媒体等各种数字平台上进行有效信息处理、沟通和协作的能力。

提高个人的数字素养可以从以下几个方面着手。

1. 提高基本的技术操作技能

学习如何使用计算机、智能手机等设备，包括打字、使用操作系统、安装应用程序等。

了解互联网的基本操作，如如何上网浏览信息、搜索信息、管理浏览器等。

2. 信息搜索和评估能力

学习如何使用搜索引擎（如谷歌搜索、百度搜索等）高效地找到可靠的信息。

学会评估在线信息的真实性和来源的可信度，避免被虚假信息误导。

3. 数据安全和隐私保护

了解如何创建安全的密码和保护个人隐私，避免在网上泄露敏感信息。

学习识别网络诈骗、钓鱼邮件等网络威胁，并知道如何采取防护措施。

4. 数字沟通与协作能力

掌握电子邮件、即时通信工具（如微信、WhatsApp）以及社交媒体平台的使用方法。

通过数字工具进行有效的在线沟通和协作，如使用云存储、在线会议工具（如Zoom、Teams）等。

5. 数字内容创建

学习如何使用文字处理软件、图片编辑软件、视频制作工具等进行数字内容创作。

探索如何使用博客、社交媒体平台等发布和分享自己的内容。

6. 批判性思维

培养在面对各种信息时的批判性思维，能够识别偏见、虚假信息或操纵手段。

学会独立思考，理解信息的背景和潜在影响，避免盲从。

7. 持续学习

互联网和数字技术发展迅速，个人需要保持学习的态度，通过参加在线课程、阅读科技新闻等不断提升自己的技能。

这些能力能够帮助个人更好地适应日益数字化的世界，有效利用数字工具进行工作、学习和生活。

　　以上是OpenAI的大语言模型GPT-4o对"什么是数字素养？个人如何提高数字素养？"给出的回答。

　　大语言模型是指通过海量文本数据训练，拥有数百亿甚至数千亿个参数的语言模型。大语言模型通常使用深度学习技术，特别是使用深度神经网络来学习和理解自然语言的规律。

　　目前，大语言模型在处理文本生成、机器翻译、文本分类等任务上表现出色。

　　比如，OpenAI开发的著名大语言模型GPT（Generative Pre-trained Transformer）系列，其中包括GPT-3（OpenAI的第三代大语言模型）、GPT-4。GPT-3拥有大约1750亿个参数，通过在大规模文本数据上进行预训练，GPT-3有了强大的语言理解和生成能力，可以生成自然、连贯的文本，同时还能够理解和执行特定的自然语言任务，包括回答问题、写文章、作诗、写歌词、生成计算机语言代码等。

　　以下是GPT-4o以"有你在，真好"为题写的一首诗。

　　有你在，真好，
　　如晨曦照亮了清晨的微笑，
　　像一抹春风，拂去心头的烦恼，
　　你的陪伴，让孤单不再缠绕。

　　有你在，真好，
　　如夏日的绿荫，挡住了烈日的煎熬，
　　像一滴清泉，润泽了干渴的渴望，
　　你的温暖，让岁月充满美好。

　　有你在，真好，
　　如秋日的金黄，丰盈了梦想的怀抱，
　　像一缕冬阳，温热了寒冷的长路，
　　你的存在，让平凡生活闪耀光芒。

　　有你在，真好，
　　不论风雨如晦，还是星夜微凉，
　　你的笑容，是我心底永恒的依靠，
　　一同走过，便是最美的诗篇，最真的心跳。

　　以下是GPT-4o用C语言编写的猜数字小游戏的代码。

```c
#include <stdio.h>
#include <stdlib.h>
#include <time.h>

int main() {
```

```c
    int number,guess,attempts = 0;
    int lower = 1,upper = 100;

    // 初始化随机数种子
    srand(time(0));
    number = (rand() % (upper - lower + 1)) + lower; // 生成一个随机数，范围为1到100

    printf("欢迎来到猜数字游戏！\n");
    printf("我已经想好了一个1到100之间的数字，你能猜出来吗？\n");

    // 游戏循环
    do {
        printf("请输入你的猜测:");
        scanf("%d",&guess);
        attempts++; // 增加尝试次数

        if (guess > number) {
            printf("你猜的数字太大了！\n");
        } else if (guess < number) {
            printf("你猜的数字太小了！\n");
        } else {
            printf("恭喜你！你猜对了！你总共猜了 %d 次。\n",attempts);
        }
    } while (guess != number);

    return 0;
}
```

大语言模型的上述表现得益于近几年相关技术上取得的突破式进展，大语言模型的参数量在短短几年时间内呈指数增长趋势。在早期探索阶段，谷歌公司和OpenAI于2018年分别提出了BERT和GPT-1，其中GPT-1参数量仅为1.175亿。2019年，OpenAI发布的GPT-2参数量达到了15亿。到2020年，OpenAI发布了GPT-3，参数量达到了惊人的1750亿，此时大语言模型已达到能力飞跃阶段。随着大语言模型的参数量达到百亿甚至千亿级别，大语言模型也表现出了参数量小的模型中不存在的能力，称为涌现能力，包括上下文学习（in-context learning）、指令遵循（instruction following）和逐步推理（step-by-step reasoning）。图7-3所示为大语言模型时间线，它是中国人民大学赵鑫团队绘制的大语言模型发展的时间线，其中，名称字体为斜体的大语言模型已开源。

大语言模型的出现在很大程度上推动了自然语言处理领域的发展，使得计算机在理解和生成语言方面取得了显著的进步。大语言模型可以广泛用于各种应用，如智能助手、文本生成、语言翻译等，为人工智能领域带来了无限可能。目前，全球各大科技公司都在努力开发自己的大语言模型。

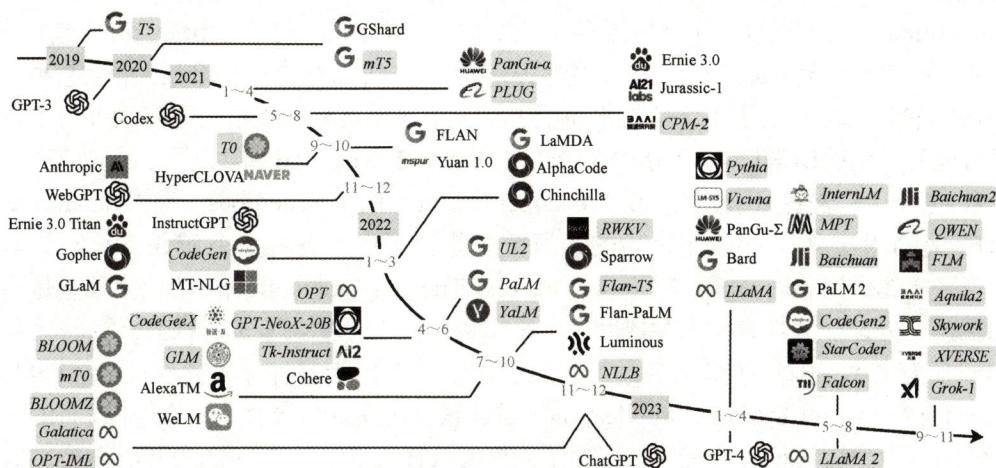

图7-3　大语言模型时间线

7.3.1　具有代表性的大语言模型

（1）GPT系列大语言模型

生成式预训练模型系列是由OpenAI推出的一个大语言模型系列，采用了Transformer架构。GPT系列主要包括以下几个模型。

GPT-1是GPT的第一个版本，于2018年发布。它拥有1.175亿个参数，通过预训练学习了大规模的语言表示。GPT-1在生成文本方面表现出色，但相对于后续版本而言，其参数规模太小。

GPT-2是GPT的第二个版本，于2019年发布。GPT-2的规模比GPT-1的规模大得多，GPT-2模型参数量达到15亿。其发布后引起了广泛关注，因为它生成文本的能力非常强大，同时也引发了一些担忧，因为其可能被滥用。

GPT-3是GPT的第三个版本，于2020年发布。GPT-3是当时规模最大的语言模型，包含了1750亿个参数。它在多个自然语言处理任务上展现了惊人的性能，包括文本生成、问答、翻译等。GPT-3的规模和性能使其成为大语言模型领域的代表之作。

2023年发布的GPT-4在GPT-3的基础上更进一步，作为一个多模态模型，用户在使用GPT-4时，除了可以输入文字外，还可以输入图片和视频，GPT-4可以识别图片与视频中的内容并进行处理。

2024年1月10日，随着GPT Store的推出，用户可以根据需要在GPT Store中选择合适的应用安装到GPT中，进一步扩展GPT的功能，定制专属的、个性化的GPT。

扫描右侧二维码可以看到GPT系列大语言模型的发展时间线。

扫一扫

（2）谷歌公司大语言模型系列

作为人工智能研究领域的先行者，早在2017年，谷歌公司的团队就发表了在人工智能发展史上具有里程碑意义的论文《注意力就是一切》（*Attention is All You Need*）。文中提出的Transformer架构彻底改变了自然语言处理技术的发展方向，此后，出现了越来越多基于Transformer架构的大语言模型，其中就包括公众熟知的OpenAI的GPT系列大语言模型。

从2018年至今，基于不同的技术路线、目标和应用场景，谷歌公司陆续推出了多款大语言模型，包括BERT、T5、LaMDA、PaLM、PaLM 2、Med-PaLM 2以及Gemini等。

双向编码器表示模型（Bidirectional Encoder Representations from Transformers，BERT）是谷歌公司于2018年推出的大语言模型，可用于各种上下游任务，如文本分类、命名实体识别、问答等。T5（Text-to-Text Transfer Transformer）的设计理念是将所有自然语言处理任务视为文本生成问题，采用通用的文本到文本的转换方式，将输入和输出都视为文本，适用于多任务学习，通过微调可以用于各种文本处理任务。LaMDA（Language Model for Dialogue Application）是谷歌公司在2021年的I/O大会上发布的一款用于对话的大语言模型，为谷歌公司的聊天机器人Bard提供支持。2022年谷歌公司探索新的技术路线，发布了仅基于Transformer解码器部分的大语言模型PaLM。随后，2023年5月，谷歌公司在I/O大会上正式发布PaLM 2，相对于PaLM，PaLM 2提高了计算效率，丰富了训练语料，完善了模型架构。同时，谷歌公司还宣布将PaLM 2接入谷歌公司旗下的其他产品中，如在健康医疗领域推出基于PaLM 2的AI模型Med-PaLM 2。2023年12月6日，谷歌公司又推出了原生多模态大语言模型Gemini，用户通过Gemini可以处理文本、语音、视频等内容。

（3）LLaMA（Large Language Model Meta AI）

LLaMA是元平台公司（Meta Platforms,Inc.）于2023年2月推出的开源大语言模型。作为一个先进的软件平台，LLaMA允许用户在大型数据集上训练和部署模型，以缩短投放市场的时间并提高预测模型的准确性。此外，LLaMA还提供许多管理和部署模型的工具，包括实时监控模型性能、针对不同用例优化模型以及轻松将模型部署到生产环境等功能。

LLaMA有多种版本，截至2023年7月，参数规模从70亿到700亿不等。这些模型在公开数据集上训练，不使用任何定制数据集，保证了其工作可与开源兼容和可复现。

2023年7月19日，元平台公司又发布了LLaMA 2，相比LLaMA，LLaMA 2的参数规模略有提升，有70亿、130亿和700亿3种参数规模。此外，LLaMA 2的训练数据比LLaMA多了40%。在性能上，LLaMA 2比LLaMA有大幅提升，但是与GPT-3.5还存在差距。

（4）文心一言

文心一言（ERNIE Bot）是百度公司研发的人工智能大语言模型。2023年8月31日，文心一言向全社会全面开放。开放首日，文心一言共计回复网友超3342万个问题。文心一言不但支持人机对话、问题回答与创作协助，还能帮助用户高效、便捷地获取信息。

文心一言具备理解、生成、逻辑和记忆四大能力，主要表现为能听懂潜台词、复杂句式、专业术语，能快速生成文本、代码、图片与视频，能完成复杂的逻辑推理和数学计算，能记住用户的指令，强大的功能使得文心一言拥有广阔的应用前景。文心一言的使用手册中总结了文心一言的五大应用场景，如图7-4所示。

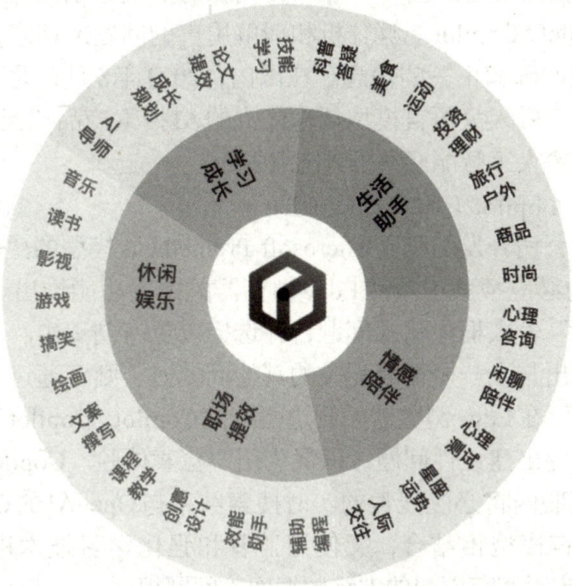

图7-4 文心一言的五大应用场景

文心一言是国产大语言模型。国内用户均可免费使用文心大模型4.5。用户的具体用法如下：打开百度搜索，登录百度账号后单击百度搜索首页左上角的"更多"，进入百度产品列表页面，在新上线类别中即可找到"文心一言"的标志。单击"文心一言"的标志后，进入文心大模型4.5的页面，即可开始免费使用文心大模型4.5。

文心一言的使用很简单，用户只需要在屏幕底部的输入框中输入问题或者指令，文心一言就能将答案返回给用户。对于前述GPT-3.5能完成的事项，包括回答问题、写诗和写代码，文心一言都可以做到。

7.3.2 人工智能搜索引擎

从传统的信息检索来看，为了使检索的过程顺利，即文献标识和信息提问者的问题对比进行得顺利，两者都需要用一定的语言（即检索语言）来表达。检索语言的主要作用就是把信息的存储与检索联系起来，把标引人员与用户联系起来，以便共同理解、实现交流。信息检索语言是人们在加工、存储和检索信息时用来描述信息内容和信息需求的词汇、符号及使用规则构成的供标引和检索的工具。

人工智能的出现开启了信息检索的新时代。与传统的依赖结构化数据库和关键词匹配的信息检索系统不同，智能检索系统能够利用机器学习、自然语言处理、数据挖掘等人工智能技术，理解用户使用自然语言提出的问题，然后搜索海量信息并进行归纳、概括和整合，迅速输出基于事实、更有条理的个性化答案。此外，人工智能驱动的信息检索系统还能够提供图像识别、语音搜索、情感分析、实体识别、总结、翻译等高级搜索功能，扩大了信息检索的范围和功能。在"信息爆炸"的现代社会，人工智能赋能的信息检索给人们提供了从信息过载中脱身的机会。现在，已有一批互联网企业将"人工智能+信息检索"工具投入使用。例如，微软公司在必应搜索引擎中嵌入基于ChatGPT-4的人工智能助手Copilot，Copilot能够分析和理解用户的问题或请求，并利用内部知识库和搜索引擎功能提供准确和相关的信息。在国内，2023年8月，北京昆仑万维科技股份有限公司发布国内首个融入大语言模型技术能力的AI搜索产品"天工AI搜索"，随后百度公司的"AI伙伴"等人工智能搜索工具陆续发布。

（1）应用广泛的Copilot（原名Bing Chat）

Copilot是由微软公司开发的基于Microsoft Prometheus模型的生成式人工智能聊天机器人，于2023年作为必应搜索引擎和Edge浏览器的内置功能推出。在Copilot主页，用户可以在"向我提问"输入框中输入问题，并选择以更有创造力、更平衡或者更精准的方式获取答案；要提出与上一个请求无关的其他问题时，则可通过"新建主题"功能开启新对话。用户还可以在Edge浏览器的侧边栏访问Copilot，Copilot以正在浏览的网页为来源生成页面摘要或提出建议性问题，以优化用户检索体验。Copilot以迭代方式生成搜索查询，通过连接互联网将必应搜索的实时搜索结果与OpenAI的GPT-4、GPT-4 Turbo和GPT-4o基础大语言模型相结合，又使用监督和强化学习技术进行了微调。与前期ChatGPT只能基于一定时间范围内的训练数据回答问题相比，Copilot能够给用户提供更精准和及时的信息。

（2）拥有独立索引的私密搜索引擎Brave Search

Brave Search是以保护隐私、索引独立、自定义功能为特色的热门AI搜索引擎，其优势有3点。其一，保护用户隐私。承诺遵守隐私至上的核心原则，决不会收集用户搜索和点击的内容。其二，构建了独立的搜索索引。不依赖谷歌公司、微软公司等大型网络公司，而是基于更多以"私密""中立"著称的搜索引擎，以此淡化数据源的偏见与受审查的风险。其三，提供了强大的个性化功能。"护目镜"（Goggles）功能允许用户选择个性化的检索规则，如用户可以根据自身需求编辑、提交新的检索规则。系统使用AI Summarizer功能基于网络搜索结果在检索结果页面的顶部生成答案，并提供以优秀文献为来源的"精选片段"（Featured Snippet）。

（3）可以指定数据源的Perplexity AI

Perplexity AI是一款新兴的人工智能搜索引擎，由OpenAI前研究科学家阿拉文德·斯里尼瓦斯（Aravind Srinivas）和几位合伙人共同创办。Perplexity AI的功能与Copilot类似，同样是问答式的AI搜索引擎，其可以从各大网络平台检索用户问题的答案。特殊之处在于，Perplexity AI提供"焦点"（Focus）功能，在整个互联网，包括学术类数据库、数学计算和统计数据库（Wolfram|Alpha）、视频（YouTube）、社群讨论（Reddit）等范围检索数据，以适应不同的使用环境与用户需求；而Copilot这类搜索引擎的泛用性更强。此外，Perplexity AI还提供了"发现"（Discover）特色功能，可以精选最热门的搜索关键字与结果。

（4）关注用户隐私的You.com

You.com是一款新兴的AI搜索引擎，其创始人理查德·索赫尔（Richard Socher）和布赖恩·麦卡恩（Bryan McCann）均是美国Salesforce公司的前首席科学家，其中，前者是自然语言处理领域的高被引学者，2023年被全球知名的《时代》（*TIME*）杂志评为"人工智能领域最具影响力的100位人物"。

除了能够实时访问互联网外，You.com的最大特色在于承诺保障个人隐私，认为"隐私是技术和人工智能未来的基础"，承诺比著名的私密搜索引擎DuckDuckGo更私密。为此，You.com实施了系列保障措施。第一，开发私人和个人两种互补的操作模式。期待个性化搜索体验的用户选择个人模式，平台则仅收集少量、必要的数据以改进产品个性化功能，并承诺不会与其他人共享数据；期待私密搜索体验的用户选择私人模式，平台则不收集和共享任何数据。第二，提供零跟踪私密模式。即不存储查询数据、不记录网站互动，用户查询均来自平台服务器的IP地址，禁用需要用户IP地址或位置的应用程序。第三，在公司运营过程中阻断合作伙伴或广告商与用户之间的数据流通。第四，与其他行业组织共同签署"宝腾隐私承诺"（Proton's Privacy Pledge），遵循系列隐私保护原则。

此外，You.com的个性化表现也较为突出。允许用户选择智能、天才、创造和研究等不同的人机交互风格，旨在满足用户快速检索信息、解决复杂问题、研究和生成创意内容等不同需求；允许用户选用OpenAI的GPT-4、Anthropic的Claude系列、谷歌公司的Gemini Pro等不同的AI模型。

（5）人工智能学术搜索引擎Consensus

Consensus是基于Semantic Scholar数据库所有研究领域的2000多万篇论文构建的人工智能驱动的学术搜索引擎，且每月更新一次数据集。它摒弃了传统学术数据库的烦琐检索步骤，允许用户使用自然语言检索问题，降低了普通用户获取学术信息资源的专业门槛。

检索结果严谨可靠是Consensus的显著特色。其一，数据来源可靠。与综合性AI搜索引擎不同，Consensus的数据来源是依据可靠、结论可信的科学文献，有效地避免了人工智能"幻觉"（Hallucination）产生的概率。其二，全面展示检索结果。用户在输入框中输入问题后，Consensus在生成总结性结论的同时，还会提供支持、中立、反对该结论的论文占比，并提供相应的文献来源及其期刊影响力、论文被引量、发表时间等系列信息，帮助用户判断检索结果的可靠性。其三，用户可以通过限制文献的出版时间、开放获取、被引量、研究方法、期刊分区、研究领域来进一步提升检索结果与问题的相关程度。

（6）思维导图式检索Globe Explorer

Globe Explorer是一款结合AI技术、具有搜索引擎功能、百科全书式展示的信息检索工具。其显著特色是使用大语言模型对用户检索需求进行广泛主题的详尽回应；以思维导图可视化形式展示检索结果，逻辑性强、便于用户浏览。在Globe Explorer中输入问题"how cats hunt?"（猫如何捕猎？），系统不仅会在网页顶部返回精简回答（Quick Answer），还会在侧边栏将猎物识别、跟踪技术、捕获方式、狩猎策略等丰富的相关知识以树状大纲形式列出，并提供相应的图像示意。若用户希望深入了解其中的某项主题，可以直接单击相应的图像，系统将根据新的主题生成新的思维导图。

（7）个人信息搜索助手Rewind AI

正如Rewind AI的名字"倒带AI"，该工具记录用户在计算机或手机上所做的一切操作，并提供参与会议、浏览网站、输入信息等所有内容的时间表。用户通过输入框提问，如"上周我做了什么？""某人与我有怎样的关系？"，Rewind AI即可帮助用户快速检索任何在计算机或手机上听到和看到过的内容，并进行跨平台的梳理与整合。该工具帮助用户应对信息过载的挑战、快速整理个人档案、利用数字技术增强记忆力；同时，它强调用户的音频信息存储在本地，用户可以控制系统权限、加密或删除信息。

7.3.3　人工智能图像工具

随着人工智能技术的发展，图像处理领域迎来了全新的变革。传统的图像处理工具依赖预设的算法和规则，往往需要专业的知识和大量的人工操作。人工智能图像工具则借助机器学习、深度学习和计算机视觉技术，使图像的生成、编辑、修复、识别和分析变得更加智能和自动化。这些工具能够理解和解析图像中的内容，进行图像识别、图像修复、风格转换、对象检测、图像增强等多种复杂任务，甚至能够自动生成逼真的图像或视频内容。例如，利用人工智能的图像生成技术，用户可以通过输入简单的描述文本得到相应的图像，极大地简化了创作流程。此外，这些工具还能实现图像搜索、语义分割、自动标注等功能，大幅提升了图像处理的效率与精度。人工智能图像工具的应用已经渗透到多个行业领域，如广告设计、医疗影像、自动驾驶、娱乐等，这些工具不仅降低了用户操作的门槛，还大幅增加了图像应用的可能性。例如，OpenAI推出的DALL·E图像生成模型可以根据文本描述生成逼真的图像，百度公司、阿里巴巴集团控股有限公司（以下简称"阿里巴巴集团"）等公司也纷纷推出自己的人工智能图像工具，推动了图像处理的智能化升级。这些技术让专业和非专业用户都能够更高效地创造和使用图像内容，开启了图像处理的新时代。

（1）简单易用的文心一格

文心一格是百度公司于2023年推出的AI图像生成工具，由李彦宏团队开发。它可以通过用户输入的文字生成高质量图像，帮助内容创作者和设计师高效完成视觉创作。文心一格名称的寓意是通过文字生成风格独特的艺术作品，定位于智能图像生成和创意设计辅助，旨在为用户提供便捷的创作解决方案。文心一格的独特之处在于它基于百度公司自研的文心大模型，能够结合中文语境，且获取和使用过程都较为简单方便，具有较强的易用性以及对中文用户的友好度高。

目前，文心一格支持AI图片创作和AI图片编辑。在"AI创作"板块，用户可选择生成商品图、艺术字、海报等图片类型，也可以自定义提示词，选择画风、图像比例、生成数量和上传参考图等。例如，要求文心一格"画一只在看书的蓝猫"，画面类型选择"中国风"，比例选择"方图"，数量选择"4"，可以看到界面右侧生成了4张不同的中国风"蓝猫看书"图。用户可以选择自己喜欢的图片作为参考图或继续进行AI编辑。在"AI编辑"板块，用户可以进行图片扩展、图片变高清、涂抹消除、智能抠图、图片叠加等操作，如图7-5所示。

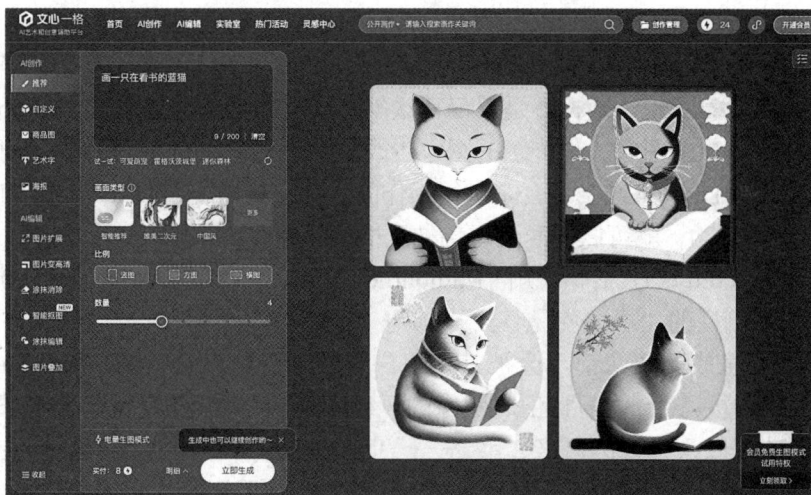

图7-5 用文心一格绘图

（2）风格多变的即梦AI

即梦AI是由字节跳动公司旗下的剪映团队推出的一款生成式人工智能图片创作和绘画工具，旨在帮助用户快速将创意和想法转化为图片。该工具特别适合抖音的图文和短视频创作者进行内容创作，并且支持多种风格的图片生成，包括动漫、写实、摄影和插画等。

即梦AI提供的丰富素材库有多种类型，这些素材库能够帮助用户提高创作效率，如图7-6所示。具体来说，即梦AI的素材库支持多种主题和风格，用户可以根据需要选择图片生成或视频生成。即梦AI还提供了文生图和图生图两种模式，用户可以利用文字描述开始创作，或者上传一张图片让AI为静态画面注入生命。此外，它还支持故事创作模式，提供一站式生成故事分镜、镜头组织管理、编辑等功能，轻松提升创作效率。除图像生成外，即梦AI还支持文本生视频和图片生视频，可以使用动效画板、运镜控制、运动速度调整、生成时长控制等功能，实现对视频的精细化生成。

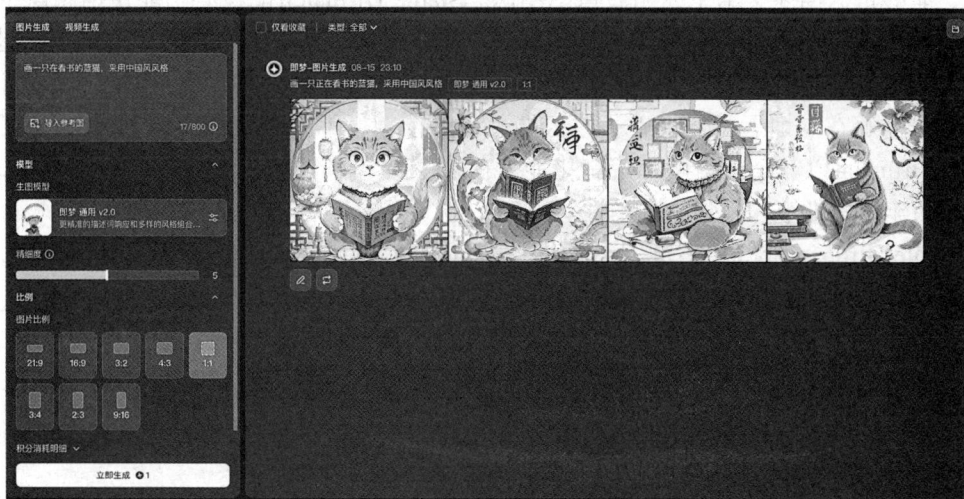

图7-6 用即梦AI绘图

（3）性能极强且无须本地部署的 Midjourney

Midjourney 是一个充满创意和可能性的 AI 绘画工具，它操作简单，却拥有强大的功能。无论你是艺术家、设计师，还是仅仅喜欢创造视觉内容的普通用户，Midjourney 都能帮助你轻松生成惊艳的图像。与传统的图像生成软件不同，Midjourney 并不需要下载安装到本地，它是通过 Discord 这个平台来进行操作的。用户只需要在 Discord 中与 Midjourney 的 AI 机器人进行互动，就可以快速生成各种风格的图像。

用户注册 Discord 账号后即可访问 Midjourney 官网，为了更方便管理和生成图像，用户可以先单击左侧栏的"+"按钮创建一个属于自己的服务器，这个服务器是用户私人使用的空间，所有生成的图像都不会被其他用户看到。用户可以使用"/imagine"指令来生成图像，并通过设置参数调整生成图像的风格和细节，如用"--ar"调整图像的宽高比、用"--style"设置图像的风格、用"--v"设置 Midjourney 的版本等。例如，输入"/imagine a sunset over a mountain --ar 16∶9"即可生成一幅宽高比为 16∶9 的日落山景图。此外，用户也可以用"/describe"指令让 Midjourney 根据用户上传的图像生成几个描述性的文本提示词，实现"图生文"。

Midjourney 不仅支持文图的互相转换，还可以通过上传图像生成新的图像。用户可以上传一张图像，让 Midjourney 根据该图像重新绘制或者添加风格。"/blend"指令可以将多幅图像混合在一起，融合不同风格的元素，创造独特的视觉效果。"/settings"指令可以查看和修改 Midjourney 的设置，包括选择生成图像的版本、风格参数等。用户可以根据不同的场景需求调整这些设置，以生成最符合要求的图像。Midjourney 能轻松生成惊艳的图像，但使用 Midjourney 的费用高昂，且 Midjourney 一般情况下不支持中文输入（专注于东方美学和二次元风格的 Niji 版本可以使用中文输入提示词），目前中国用户无法直接访问 Midjourney。

（4）免费开源的 Stable Diffusion

Stable Diffusion 是 Stability AI 开发的开源图像生成模型，它通过深度学习和扩散模型技术，能够根据描述文本生成高质量的图像。Stable Diffusion 的核心功能包括图像生成、风格转换、图像修复等，支持用户输入简单的提示文本，能快速生成逼真的图像或艺术作品。它的最大特色在于开源特性，使得开发者和用户可以自由下载、修改和部署该模型，并且能够在本地运行，打破了对云端平台的依赖。不同于其他类似的 AI 绘画工具，Stable Diffusion 以其高自由度和定制化能力在 AI 艺术创作领域广受欢迎，同时其生成的图像具有丰富的细节和较强的艺术性。

Stable Diffusion 的优点在于其开源性和高自由度，用户可以自行下载和定制模型，支持本地运行，生成图像的效果也相当精细，尤其适合对图像创作有较高要求的用户。此外，它提供了丰富的参数和选项，使得图像生成更加灵活和多样化。缺点则在于它的学习曲线较陡，对初学者来说，其界面和功能较为复杂，需要一定的时间掌握。同时，它对硬件要求较高，特别是在生成高分辨率和精细图像时，可能会消耗大量的计算资源。

（5）自然语言精准生成的 DALL·E 3

DALL·E 3 是由 OpenAI 开发的新一代文本生成图像模型，其核心功能是通过输入自然语言描述来生成图像。相比前代版本，DALL·E 3在理解提示文本方面更加精准，生成的图像在细节和美学上更加逼真、更加生动，尤其在人脸、手部等细节上表现出色。现在，DALL·E 3已集成至微软公司的Copilot和Bing Image Creator中，也就意味着用户可以通过微软公司的Copilot或Bing Image Creator集成的DALL·E 3来轻松创建图像。

Copilot和Bing Image Creator均提供了简单的用户界面，用户只需要输入提示词即可开始生成图像，不需要复杂的硬件和指令。例如，用户可以输入"宁静的蓝色海洋上方的炽热红色日落，周围有飞翔的鸟儿"，DALL·E 3就会根据这些提示词生成图像，如图7-7所示。当然，如果生成的图像不符合预期，可以在提示词当中加入更多的细节，如具体的颜色、物体的位置、图像的风格等，多次微调提示词并重新生成，直到获得满意的图像。

宁静的蓝色海洋上方的炽热红色日落，周围有飞翔的鸟儿

正在为您生成图像，其中包含宁静的蓝色海洋，天空中是炽热的红色日落，周围还有飞翔的鸟儿。请稍等。

这是一幅描绘宁静蓝色海洋上方炽热红色日落的图像，天空中还有飞翔的鸟儿。如果您有任何修改建议，请告诉我！

图7-7　用DALL·E 3绘图

扫描下方二维码查看图7-7的彩图。

扫一扫

7.3.4　人工智能语音工具

随着人工智能技术的快速发展，语音处理领域也迎来了全新变革。传统的语音处理工具依赖固定的规则和算法，往往需要专业知识和复杂的配置才能完成任务。人工智能语音工具则通过机器学习、深度学习和自然语言处理技术，使语音的识别、合成、转换、分析等任务变得更加智能化和自动化。这些工具能够理解和解析语音内容，完成语音识别、语音合成、语音翻译、情感分析等多项复杂任务，甚至可以根据文本自动生成自然流畅的语音内容。例如，利用人工智能的语音合成技术，用户可以通过输入一段文字得到逼真的语音输出，极大地简化了音频制作流程。此外，这些工具还能实现实时语音翻译、语音指令识别等功能，显著提升了语音处理的效率和准确性。人工智能语音工具的应用已经广泛渗透到多个行业领域，如智能助手、教育、医疗、娱乐等，不仅降低了操作门槛，还极大地扩展了语音技术的应用范围。例如，亚马逊公司的Alexa、苹果公司的Siri等智能语音助手都使用了先进的人工智能语音处理技术，能够精准识别用户的指令并提供相应服务。百度公司、腾讯公司等也纷纷推出自己的人工智能语音工具，加速推动语音处理的智能化升级。这些技术的进步使专业和非专业用户都能够更高效地利用语音技术，开启了语音处理的新时代。

（1）GPT音频专家AudioGPT

AudioGPT是一个突破性的多模态人工智能系统，专注于音频处理，由浙江大学、北京大学、卡内基梅隆大学和中国人民大学的研究人员共同开发。随着人工智能技术的飞速发展，虽然GPT系列等大语言模型已经在文本处理方面取得了显著成效，但在处理音频信息（如语音、音乐、声音等）方面，传统的模型显得力不从心。为填补这一技术空白，AudioGPT应运而生，旨在结合ChatGPT的强大语言处理能力与音频基础模型，提升人工智能在音频处理方面的能力，为用户带来更加智能化和自动化的音频交互体验。

AudioGPT的核心特色在于其多模态处理能力和强大的语音生成与理解功能。该系统的架构分为4个阶段：模态转换、任务分析、模型分配和响应生成。通过这一流程，AudioGPT能够高效地在文本和语音之间进行转换，理解用户意图，并根据需求生成相应的音频内容。例如，用户可以输入一段文本或几张图像，AudioGPT会将文本转换为语音或将图像转化为音频，甚至可以生成3D说话人头像，展现出极强的多模态处理能力。此外，AudioGPT还支持音频修复、语音识别、语音分离、语音增强、歌声合成、音频字幕生成等任务，使得其在语音和音频处理上表现得极为灵活。例如，用户可以让AudioGPT生成一段带有特定文本的演讲，分离语音混合物中的各个声音，或者生成音乐片段。此外，AudioGPT还可以生成音频的描述，识别音频中的事件并标注时间点。这些强大的功能使AudioGPT在音频生成与处理领域展现出极强的实用性和灵活性。

AudioGPT的一个突出优势在于其与ChatGPT的结合，依托ChatGPT强大的语言理解和生成能力，AudioGPT能够在复杂音频任务的处理过程中，保持对话的连贯性和对上下文的理解，这使得用户在进行多轮音频交互时能够得到更加一致和稳定的反馈。然而，AudioGPT也面临一些挑战。尽管它在多模态理解和生成上表现出色，但由于音频基础模型和数据的相对稀缺，AudioGPT在某些复杂或极端情况下的表现仍有待提高。

（2）自然流畅的"情感大师"ChatTTS

ChatTTS是一款由2noise团队开发的创新型文本转语音工具，专为应对对话场景中的语音合成需求而设计。它基于大规模的中文和英文语料库进行深度学习训练，结合先进的自然语言处理技术，能够生成接近人类自然语音的合成语音，具备极高的流畅度和极强的情感表现力。ChatTTS的开发目的在于解决传统语音合成系统表现出的机械化问题，尤其是在对话式应用场景中，这些问题往往导致用户体验不佳。通过使用ChatTTS，语音助手、智能客服、有声读物等领域的开发者能够生成更加自然、富有表现力的语音内容，使用户能够获得更加真实和互动性更强的体验。

ChatTTS的核心特色主要集中在3个方面。首先，它的语音自然度极高，得益于数十万小时的中英文数据训练，ChatTTS可以准确生成带有丰富情感和韵律的语音，而不像传统的TTS（Text To Speech，从文本到语音）系统那样单调和生硬。例如，用户在使用ChatTTS时可以用"［laugh］"标签在生成的语音中插入逼真的笑声。其次，它在多语言支持方面表现突出，能够在中文和英文之间无缝切换，并且在使用这两种语言时的表现都非常出色。最后，ChatTTS强大的对话能力使其特别适合与大语言模型结合，能够支持智能对话、语音导航、语音对话生成等复杂应用场景。此外，ChatTTS通过开源项目的方式为开发者提供了基础模型，使其不仅能够用于商业产品的开发，还能被研究人员用于语音合成技术的进一步探索和创新。

（3）用"文档"编辑音视频的Descript

Descript是一款基于AI技术的音视频编辑工具，它大大降低了音视频创作的复杂性，使得用户可以像编辑文本文档一样轻松地编辑音频和视频。这款工具由安德鲁·梅森（Andrew Mason）于2017年创立。梅森之前是Groupon的联合创始人和首席执行官，在离开Groupon后，梅森创立了一家语音导游应用公司Detour，Descript最初作为Detour的内部工具，用于简化音频编辑过程，后来被独立出来，成立了一家新的公司。Descript自成立以来已经经历了几轮融资，得到了OpenAI的联合创始人萨姆·奥尔特曼（Sam Altman）等投资者的支持。

Descript的官网上曾经有这行字——"If you can edit text, you can edit videos."（如果你能编辑文字，那么你就能编辑视频。）正如它所言，Descript的最大特点是它独特的音视频编辑方式。传统的音视频编辑软件需要用户通过复杂的时间线和多轨道来进行操作，而Descript则将这一过程简化为类似于文本文档的编辑方式。具体来说，Descript将音视频内容转录成文本，用户可以通过直接编辑文本的方式来编辑相应的音视频片段。这种操作方式极大地降低了音视频编辑的门槛，让没有音视频编辑经验的用户也能够快速上手。

Descript的主要功能包括转录、屏幕录制以及音视频编辑。首先，它支持将音频或视频内容自动转录成文本，目前支持22种语言。这种功能极大地简化了音视频编辑的过程，用户在转录后可以直接对文本进行修改，系统会同步编辑相应的音频或视频片段。Descript还能够自动识别和分离不同的说话人，帮助用户有效处理多方对话内容。屏幕录制功能也是Descript的一大亮点，用户可以录制屏幕和摄像头内容，并且在录制完成后，系统会自动生成转录文本，用户通过编辑文本就可以调整视频内容。这一功能特别适合用于教程制作、演示文稿制作和企业内部沟通。此外，Descript还支持自动检测并删除语气词以及一键缩短句间的停顿时间。这些功能使音视频编辑变得更加简捷流畅，极大地提高了工作效率。

7.3.5　人工智能翻译工具

人工智能的出现同样推动了翻译工具的革命性发展。与传统的依赖规则库和词典匹配的翻译系统不同，人工智能驱动的翻译工具能够利用深度学习、自然语言处理和大数据等技术，实现对上下文的理解和对语义的分析，从而提供更加准确、自然的翻译结果。人工智能翻译工具不仅可以用于简单的句子翻译，还可以处理复杂的语法结构和专业术语，甚至支持多语言的实时翻译与对话功能。更重要的是，人工智能翻译工具具备不断学习和优化的能力，它们能够根据用户的反馈逐步提升翻译质量。此外，人工智能翻译工具还提供图像识别翻译、语音翻译、实时字幕生成等高级功能，大大扩展了传统翻译工具的应用场景。在全球化加速发展的今天，人工智能翻译工具为跨语言交流问题提供了更加高效和便捷的解决方案。当前，已有多家科技企业推出了先进的人工智能翻译工具，如DeepL、腾讯TranSmart、阿里云通义听悟等，它们凭借出色的翻译质量和智能化的功能，迅速成为用户青睐的翻译助手。

（1）沉浸式翻译网页的有道灵动翻译

有道灵动翻译是一款由网易有道推出的浏览器插件，旨在为用户提供实时的、便捷的跨语言翻译体验。该插件支持使用有道翻译大模型和支持英、中等多种语言的互译，提供高效、精准的沉浸式翻译体验，其核心功能包括划词翻译、全文翻译、图片翻译、语音翻译及输入框即时翻译，用户还可以根据需求个性化设置翻译样式与语言偏好。它是一款集实用性与智能化于一体的翻译"利器"，广泛适用于学习、工作和日常生活场景中。

该插件目前支持Chrome和Edge浏览器，可以在有道灵动翻译官网中进行下载安装。安装完成后，可以在浏览器中固定插件，在浏览器右上角单击有道灵动翻译插件，即可在有道翻译和AI大模型翻译两种翻译引擎之间进行切换，也可以修改翻译样式。翻译样式目前支持"无""下划线""黄色高亮""模糊模式"4种。此外，也可以勾选"总是翻译该网站""输入框翻译""仅译文"复选框来更改翻译策略，进行适合自己的个性化设置。单击插件中的"翻译"按钮，即可进行当前页面的全文翻译。

除了单击"翻译"按钮进行全文翻译外，有道灵动翻译插件还支持音频翻译、输入框即时翻译、划词翻译、图片翻译等。在图片上右击，然后选择"翻译图片"选项，即可完成对图片的翻译。值得一提的是，在任意页面右击后选择"翻译/原文"选项即可对整个页面进行翻译，并展示中英文参照的页面，可以"沉浸式"查看外文网页。目前，有道灵动翻译免费提供翻译服务，其效果更好的AI大模型翻译也限时免费。无论是在日常浏览外文网页时，还是在学术研究、工作汇报等场景中，这款功能强大的插件都能显著提高用户工作、学习的效率。

（2）便携"口译官"通义听悟

通义听悟是阿里云基于通义千问大模型推出的音视频内容处理AI助手。它帮助用户在工作、学习、会议等场景中实时记录、同步翻译和整理分析内容，支持批量转写和翻译音视频文件、区分发言人、智能提炼发言并总结、编辑整理笔记等，同时支持多场景应用和多平台应用。其高效的语音识别和智能总结功能适合职场人士、学生和媒体从业者。

如果有翻译音频的需求，可以尝试使用通义听悟。它就像一个可以随身携带的"口译官"，可同步翻译设备输入的音频。进入通义听悟的主页后，单击"开启实时记录"，随后选择输入音源的语言和目标翻译语言，再单击"开始录音"，即可开启实时翻译。值得一提的是，通义听悟的翻译还具备"智能区分发言人"的功能，简单地说，它能够自动识别并区分不同的发言人。例如，一场会议中有多个参与者发言，通义听悟会根据每个人的声音特点自动标记出是谁在说话。这样，用户在查看翻译结果时，不仅能看到每个人说了什么，还能知道是哪个人说的，这对整理会议记录特别有帮助。

除了实时翻译外，用户还可以上传本地的音视频文件或导入阿里云盘中的文件到通义听悟中进行翻译。和实时翻译类似，在翻译本地文件时可以选择音视频的语言和目标翻译语言，并区分发言人。通义听悟也有对应的微信小程序和手机App，它们相比网页端更加便携、易用。

（3）会"记忆"的翻译小助手TranSmart

TranSmart是腾讯人工智能实验室推出的一款领先的机器翻译工具，专注于提升人工翻译的效率和准确度。作为交互式机器翻译产品，TranSmart融合了多项前沿技术，包括交互式机器翻译、神经网络机器翻译、统计机器翻译、语义理解和信息检索，其主要功能和工具包括智能推荐译文片段和整句补全、翻译记忆融合、翻译输入法及支持多种格式文档的翻译。TranSmart能通过动态结合上下文理解和用户习惯，输出更加精准、自然的译文，帮助用户在学习、工作和国际化交流中更加快捷、高效地完成各种翻译任务。

我们可以直接在网页上使用TranSmart的简单交互翻译和文档翻译功能，无须注册和登录账号。但如果想要使用保存翻译记忆、使用术语库、使用例句库等高级功能，则需要下载客户端并登录账号。TranSmart的特色功能是交互式翻译——如果对生成的某句译文不满意，可以单击这句话，在右下角的"修改译文"板块对其进行修改。通过单击"记住译文"按钮，可以把修改好的译文添加到个人例句库中，这样未来在出现相似的句子时，系统会参考已保存的例句，提供更符合我们翻译习惯的译文。

（4）阅读上下文的"高手"DeepL

DeepL是一款以人工智能驱动的翻译工具，凭借其领先的神经网络技术，为用户提供高质量的文本和文档翻译。其对用户友好的界面和出色的翻译能力，使其成为全球范围内许多个人、企业和研究机构的首选工具。它支持多种语言的即时翻译，包括文本、文档和网页等多种内容类型，用户可以轻松获取准确的翻译结果。

DeepL提供即时的文本翻译、文档翻译，以及提供多平台支持。它的强大之处在于对上下文的深度理解，能够避免传统翻译工具常见的生硬直译问题。其文本翻译的实现仅需在官网左侧输入框中输入或粘贴需要翻译的文字即可，右侧会自动显示翻译的内容和提供的其他翻译建议，用户可以对结果进行评价、复制、编辑或分享。DeepL的文档翻译功能支持多种格式的文件，包括DOCX、PPTX和PDF文件等，并能在翻译后保留文档的原始排版和格式。此外，DeepL还提供翻译定制选项，如用户可以自定义术语表，设定特定术语或短语的翻译方式。DeepL会优先使用这些预设的术语，使得翻译结果更符合用户的领域或需求。

DeepL提供免费的基本翻译功能，直接进入官网，无须登录即可输入文本进行实时翻译，每次翻译限定在1500个词内。注册账号后，每月可免费翻译3份文件。如果还想要更高的字数限制、更多的文件翻译次数、自定义更多术语表、调用API等高级功能，就需要订阅DeepL Pro。

7.3.6 人工智能编程工具

人工智能的进步也大幅度提升了编程工具的智能化水平。与传统的编程工具依赖固定的语法规则和手动编写代码不同，人工智能驱动的编程工具利用机器学习、自然语言处理和代码生成技术，能够自动生成、优化和纠正代码。这些工具不仅可以根据开发者的需求生成代码片段，还可以理解自然语言描述并将其转化为可运行的代码，大大缩短编程时间。人工智能编程工具还能够自动调试和优化代码，减少错误和漏洞的产生，提高开发效率。此外，人工智能编程工具具备学习用户编程习惯的能力，能够提供个性化的代码建议和自动补全代码功能，甚至可以为复杂的编程任务生成完整的解决方案。越来越多的科技公司将人工智能技术应用到编程工具中，如OpenAI的Codex等，这类工具在编写代码、调试代码、优化代码以及代码学习等方面为开发者提供了智能支持，加速了软件开发的流程，并帮助初学者和专家更高效地进行编程工作。

（1）"代码智匠"代码小浣熊Raccoon

代码小浣熊Raccoon（以下简称"代码小浣熊"）是北京市商汤科技开发有限公司推出的智能编程助手，基于该公司自研的大语言模型，支持30多种主流编程语言。它具备代码生成、代码补全、代码翻译、代码重构、代码纠错、代码问答等功能，能够帮助开发者快速提升编程效率，减少重复劳动，并支持Visual Studio Code、JetBrains IDEs等多种开发环境和集成开发环境（Integrated Development Environment，IDE）。通过持续学习和优化，代码小浣熊在理解开发者需求和提供智能建议方面表现出色，是开发者不可或缺的高效助手。

以网页版的代码小浣熊的"代码问答"功能为例，将代码输入或粘贴至右侧的代码区域，在左侧即可询问这段代码的相关信息，如提问代码的功能和优缺点，代码小浣熊即可帮助用户快速解读晦涩难懂的代码。

（2）稳健的本土助手通义灵码

通义灵码是阿里云与通义实验室推出的智能编程助手，它基于阿里云的通义大模型构建，利用阿里云强大的算力和技术平台进行模型训练和推理。其核心技术包括Qwen2模型，专注于代码智能生成、代码补全、单元测试生成和异常排查等功能。它通过混合专家模型，实现毫秒级的响应速度，并使用本地缓存、服务端缓存和推理缓存优化服务质量。通义灵码在中文语义理解和本地代码处理上表现优异，是一款功能强大且易用的智能编程助手，为开发者提供了贴合业务场景的代码生成能力，大幅提升了研发效率。2023年10月31日通义灵码上线，仅仅7个月插件下载量就已达350万次，每天推荐代码次数超过3000万次，生成代码的采纳率超过31%，采纳的代码超过一亿行。

通义灵码提供给用户的体验非常流畅，核心在于它作为一款插件可以无缝集成于开发者常用的IDE中，且操作体验符合开发者的日常习惯。如在编写代码过程中，通义灵码的补全建议是以浅灰色显示的，用户按"Tab"键即可补全，如果继续编写，则补全建议会自动更新，不会打断用户的编程思路。此外，通义灵码内置了智能问答系统，能够解答编程相关问题。开发者可以在代码编辑器中提出各种问题，如API调用、框架使用等，通义灵码会提供详细解答和代码示例，减少开发者查找文档的时间。

针对企业用户，通义灵码提供企业知识库增强功能。企业可以上传内部的代码规范和文档，通义灵码通过结合这些私有知识库，提供更加符合企业标准的代码补全与生成建议，帮助团队统一代码风格。综合来看，通义灵码凭借其智能化、高效性、给用户带来的流畅体验、贴合企业需求的定制化功能、相较于GitHub Copilot更易获取和更稳定的网络连接等特点，成为国内开发者与企业提升研发效率的理想工具。

（3）新锐智能码友MarsCode

MarsCode是一个AI编程助手，它通过MarsCode IDE为开发者提供智能化、便捷的开发体验。MarsCode在2023年6月正式发布，面向所有开发者免费开放使用，迅速在国内开发者中引发关注。

MarsCode的核心特色体现在两个方面。其一是AI编程助手的身份，MarsCode支持多种主流开发工具，如Visual Studio Code和JetBrains IDEs，兼容包括Python、Go、Java、JavaScript等在内的100多种编程语言。它能够智能生成代码、自动补全代码、生成单元测试以及添加注释等，从而显著加快开发者的编程速度。其二是MarsCode提供了一个基于云端的开发环境，称为MarsCode IDE，这使得开发者可以免去本地环境配置的麻烦，直接在浏览器中完成项目开发。这个云端开发环境内置了多种开发模板，并与GitHub无缝集成，支持快速创建和管理项目。

尽管MarsCode作为一款新发布的产品仍处于功能完善的阶段，但其表现已经相当亮眼。相比GitHub Copilot等国外产品，MarsCode具有更快的响应速度和本地化优势，特别是在国内用户访问时更加稳定。MarsCode是免费的，这一优势使得其成为开发者提升生产力的绝佳选择。然而，作为一款新产品，MarsCode在处理复杂逻辑和小众语言时，生成的代码仍需手动调整。这是目前其不足之处，未来随着功能的不断完善和算法的提升，MarsCode有望进一步改善代码生成的准确性和实用性。

（4）全能代码搭档GitHub Copilot

GitHub Copilot是2022年由GitHub推出的AI编程助手，旨在帮助开发者更快地编写代码。基于大量公开源代码和深度学习技术，GitHub Copilot能够理解开发者的代码上下文，自动生成代码片段，从而显著提升编程效率。GitHub Copilot是最早出现的AI编程助手，也是市场占有率和知名度最高的一个。

GitHub Copilot 的核心功能包括智能代码补全、注释生成、单元测试生成、代码优化和调试支持。它能根据当前代码文件的上下文自动生成函数、类、变量等代码内容，甚至在开发者只提供简单描述或注释时，也能通过推理生成完整的代码段。此外，它还能为现有代码生成详细注释，帮助开发者更好地理解和维护代码。GitHub Copilot 还支持通过问答的形式回答开发者在编程过程中遇到的问题，并提供优化建议和调试指导。

GitHub Copilot 的主要优势在于功能较多，而且它的训练材料比较多，在一些小语种上的表现更加优异。然而，GitHub Copilot 需要付费订阅。

本章练习

一、名词解释

综合性搜索引擎

目录式搜索引擎

元搜索引擎

生成式人工智能

二、思考题

1. 你最喜欢使用的搜索引擎是哪个？为什么？

2. 你认为搜索引擎是否应该过滤过时信息、不健康信息、虚假信息、广告信息？

3. 社交媒体为用户提供的在线交流同人与人之间的面对面交流相比，你更喜欢哪种？为什么？

4. 你认为长时间刷短视频会不会带来负面影响？你认为这些负面影响会如何改变人们的生活、学习和工作方式？请举例说明。

5. 你喜欢用哪些生成式人工智能工具？这些工具分别有什么优势和劣势？

6. 随着大语言模型的功能越来越强大，它不但可以写诗、写作文、写程序代码，还可以画画、创作视频，你认为它是否具备创造性？

阅读书目推荐

1. 斯蒂芬·沃尔弗拉姆. 这就是 ChatGPT [M]. WOLFRAM 传媒汉化小组，译. 北京：人民邮电出版社，2023.

2. 王树义. 智慧共生：ChatGPT 与 AIGC 生产力工具实践 [M]. 北京：人民邮电出版社，2023.

第 8 章 数字加工和处理工具

本章学习目标

- 了解有哪些常用的办公软件。
- 能够在工作和学习中选择合适的办公软件。
- 熟悉多媒体编辑工具及其功能。
- 了解数据分析工具。

> **导读**
>
> 　　在如今的数字化生活中，信息的加工和处理变得越来越重要。你是否思考过，如何更高效地整理和利用每天接触到的各种信息？无论是在工作中还是在生活中，信息的数字化处理已经成为每个人必备的技能。不仅个人需要掌握这些工具以提高效率，整个社会的进步也离不开它们的推动。
>
> 　　本章将带你了解几类常用的数字加工和处理工具。首先，你会学习如何使用常见的办公软件，这些软件不仅能帮助你更好地处理个人工作，还能让你在团队协作中表现得更加出色。其次，你会接触到图像、音频和视频编辑工具，这些工具使你能够轻松编辑多媒体内容，满足工作、学习或是兴趣之需。最后，我们将探讨数据分析工具的使用方法，这些工具会把复杂的数据转化为直观的图表和有意义的结果，从而帮助你更好地理解和使用数据。
>
> 　　这些实用的工具会帮助你在数字化的世界中游刃有余，轻松应对各种挑战。你准备好开启这段提升数字化技能的旅程了吗？

8.1　常用办公软件

8.1.1　个人办公软件

（1）Word

Word是一款由微软公司开发的文字处理软件，是Microsoft Office套件的核心组成部分，凭借其强大的功能和友好的用户界面，深受用户欢迎并被广泛应用于社会和生活的各个领域，是全球使用范围最广泛的文字处理软件之一。Word主要有文档的创建与编辑、图像与表格的处理、协同工作和共享、自动化和模板、版本控制和修订、安全保护等六大功能，在各种场景和行业领域中都有广泛应用。例如，大学生撰写学术论文、制作简历，教师制作教案和课件，公司职员制作公司文件，媒体运营人员进行文章排版和推文制作，等等。

（2）Excel

Excel是微软公司开发的一款功能强大的电子表格软件，同样是Microsoft Office套件的核心组件，主要用于数据的录入、处理、分析、统计与可视化，在教育、科学研究、统计和商业财经等领域都有着广泛的应用，学会使用Excel有助于更好地管理和处理数据，提高工作效率。Excel主要提供表格的创建与编辑、数据处理和分析、图表绘制与可视化、数据透视表的生成、外部数据源的连接与导入、宏和自动化、文件共享和协作、数据安全和保护等八大功能。

（3）PowerPoint

PowerPoint最初是由罗伯特·加斯金斯（Robert Gaskins）和丹尼斯·奥斯汀（Dennis

Austin）共同开发的，1987年，苹果电脑公司（Apple Computer, Inc.）发布第一版。1990年，微软公司收购PowerPoint，将其整合至Microsoft Office套件之中。此后，该软件不断推陈出新，凭借其强大功能和易用性逐步成为全球范围内广大用户制作和展示演示文稿的首选工具，在商业、教育等领域都有着广泛应用，用于制作商业计划、制作教学课件和进行工作汇报等。PowerPoint的主要功能有7个，包括创建与编辑演示文稿、主题与个性化、插入多媒体内容、图表和数据可视化、动画和切换效果、幻灯片放映、交互与互动。此外，该软件也有与Word和Excel相同的自动化、共享和协作、数据安全保护等功能。

（4）PDF阅读器

PDF（Portable Document Format）是一种常见的电子文件格式，其特色在于无论在何种操作系统与终端上，该格式的文档内容都能保持固定的字体、排版、布局，从而最大限度地保障用户的阅读体验。值得一提的是，用户需要使用专门的PDF阅读器软件阅读PDF格式的文件。

① Adobe Acrobat Reader DC。

Adobe Acrobat Reader DC是全球最著名的PDF阅读器软件之一，由Adobe公司开发，可用于查看、创建、编辑、共享、打印PDF文件，还提供标注、批注、填写表单、签署文档、插入书签、加密、协作等丰富的功能。用户可以在Windows、macOS、Android和iOS等多种操作系统上使用该软件。

② 福昕阅读器。

福昕阅读器（Foxit Reader）由福建福昕软件开发股份有限公司开发，拥有快速加载、流畅阅读、书签管理、文本提取、注释添加、共享协作和跨平台使用等功能；支持大型PDF文件的快速开启；通过数字签名、安全加密、安全认证等功能保障PDF文件的安全。

③ Microsoft Edge。

Microsoft Edge是集成PDF查看与注释功能的浏览器，由微软公司开发。Edge浏览器界面简洁、容易使用，用户可以在Edge浏览器中直接打开PDF文件，还可以使用Edge内置的注释工具对PDF文件进行标注操作。Edge浏览器还支持跨设备同步阅读进度和注释。

（5）输入法

在计算机发展的初期，输入设备只有键盘，没有鼠标和触摸屏等其他交互工具，为了将用户输入的字符转换为对应的文字或符号，输入法诞生了。随着计算机技术的快速发展，输入法软件也在推陈出新，功能越来越强大。目前，主流的输入法软件不但支持键盘输入，还支持手写输入和语音输入。

① 搜狗输入法。

搜狗输入法是搜狐公司旗下的搜狗团队于2006年6月推出的一款汉字输入法工具。该软件通过搜索引擎技术将互联网变成了一个巨大的词库，用户在使用词库的同时也会为词库提供数据。搜狗输入法通过内置的智能算法了解用户的输入习惯，并根据上下文语境向用户推荐正确的拼音和词组，从而大幅提高用户的输入效率。而且其词库广度、首选词准确度等指标表现出色，备受用户欢迎。

② 百度输入法。

百度公司作为国内人工智能领域的头部企业，积极将AI技术应用到其旗下的产品中，百度输入法就是一个很好的例子。该软件的"超会写"功能能够帮助甚至替代用户开展文本输入、润色、续写、扩写、简写、归纳总结等工作，应用场景包括写作、聊天、工作、学习等。

（6）个人文件管理软件

个人文件管理软件是提供个人文件存储、组织、管理和分享服务的应用程序，其中，个人文件包括文档、图片、音频、视频和应用程序等。

① 百度网盘。

百度网盘由百度公司研发，具有文件存储、同步、共享、管理、搜索、预览等功能，采用数据加密技术保障文件安全和个人隐私。用户可以通过百度网盘的客户端或网页版单个或批量上传文件；还可以在百度网盘内快速检索，设置隐藏空间以限制其他用户访问。百度网盘支持多平台同步操作。

② 阿里云盘。

阿里云盘是阿里巴巴集团全球技术团队开发的一款个人网盘，具有存储容量大、下载不限速、智能备份、易于分享、实时同步等特点，采用数据加密、隐私保护、病毒防护等措施保护文件安全和个人隐私。

8.1.2　协作办公软件

（1）在线会议软件

在线会议软件是一种通过互联网技术实现远程视频、音频和文字传输的软件，允许用户在不同地点、不同终端通过屏幕共享、文件传输、语音通话与视频通话进行实时互动与协作，被广泛应用于远程会议、远程办公、远程培训和在线面试等场景。国内外主要的在线会议软件有腾讯会议、钉钉、飞书、Zoom、Microsoft Teams、Google Meet等。下面选取腾讯会议和Zoom进行简要介绍。

① 腾讯会议。

腾讯会议于2019年年底上线，是腾讯公司开发的一款在线会议软件。它支持语音和视频通话、在线协作、在线投票、在线签到、屏幕录制、会议管理、多平台操作等功能；允许用户在进行语音和视频通话的同时共享屏幕和文档、使用屏幕录制功能记录会议过程；支持个人微信、企业微信、手机号、SSO（Single Sign On，单点登录）和邮箱等多种登录方式。

② Zoom。

Zoom是一款由美国Zoom Video Communications公司开发的在线会议软件，以其简洁的界面、稳定的性能和强大的功能闻名，在全球范围内被广泛应用于远程办公、远程会议和远程培训等场景。它支持多人高清视频会议，在线会议室可容纳人数从几人到数百人不等，可满足对不同规模会议的需求；可以共享屏幕和文档、在虚拟白板上实时标注，方便协作和讨论；提供会议录制功能并能进行云端存储，供用户随时回放观看；特别注重数据安全和隐私保护，设置了会议密码与会议室锁定功能；支持跨操作系统的协作，提供基于macOS、iOS、Windows、Android等操作系统的应用程序，不同操作系统的终端可参加同一会议。

（2）文档协作软件

① 石墨文档。

石墨文档由武汉初心科技有限公司开发，专为远程办公、团队协作、文档共享等场景设计，适用于企业、教育机构和个人等多类用户，因其简洁的界面、高效的团队协作功能和便捷的文档编辑能力获得国内外用户的广泛认可。该软件的核心特色是拥有强大的团队协作功能，用户可以创建团队空间并邀请协作伙伴共同工作，为每位协作伙伴分配编辑权限。该软件特别适用于需要多人参与的项目管理、文档编写及远程会议记录等工作场景。批注功能为团队协作提供了便捷的讨论渠道，批注的内容以"+"图标的形式显示在所批注文本的右侧，协作伙伴点击该图标即可实时查看、回复、评论批注和进行讨论，极大地提高了工作效率。它支持多平台跨操作系统使用，包括Windows、macOS、iOS和Android等操作系统。

② WPS Office。

WPS Office是北京金山办公软件股份有限公司开发的一款多功能办公软件，以其简洁的界面、丰富的功能和强大的在线协作能力而闻名，在全球范围内被广泛应用于日常办公、团队协作和文档管理等场景。WPS Office的在线协作功能是一大亮点，允许用户在云端创建和编辑文档；支持多名用户在不同地点、使用不同设备实时在线编辑同一个文档，无须反复传输文件，避免了版本冲突和时间浪费，极大地提高了工作效率；内置了实时聊天功能，允许用户在文档编辑界面直接与其他协作者沟通而无须离开文档编辑界面。用户可以查看文档的版本历史，了解每次编辑的详细信息，并根据需要将文档恢复到某个旧版本。在发生误操作或需要回顾工作成果时，版本控制功能可以提供强有力的支持。WPS Office提供了多种权限管理选项以确保文档的安全性，管理者可以为协作者设置不同级别的访问权限，如查看文档、编辑文档等；如果需要，管理者还可以随时回收某个协作者的编辑权限。

（3）综合协作软件

① 飞书。

飞书（Feishu）是由北京抖音信息服务有限公司开发的全功能办公套件，因为设计理念先进、功能齐全、紧贴用户需求，所以广受欢迎。飞书为团队提供一站式的工作平台，整合了即时通信、云文档、视频会议、任务管理等多种功能，支持多用户在线协作。目标设立——项目的负责人可以利用"OKR"（Objectives and Key Results，目标与关键成果）功能明确项目目标，确保团队成员围绕目标展开工作；项目管理——飞书支持在"协作空间"创建团队项目，所有相关的文档、任务、日程安排和沟通内容都集中在该空间内进行管理；数据存储——"知识库"功能允许用户为项目创建主页，系统地整理项目资料，以便后续查阅和更新；文档协作——团队成员在同一平台共同编辑、评论和管理文件；高效沟通——飞书支持远程屏幕控制，加速问题的解决。

② 钉钉。

钉钉是阿里巴巴集团开发的企业级协作与办公平台，具备强大的多功能集成、稳定的性能和便捷的项目管理功能，被广泛应用于企业、教育机构以及项目团队的远程办公、沟通与协作等场景。钉钉支持多用户在线协作，提供从即时通信、任务分配到项目进度跟踪的全套解决方案。"待办"功能是任务分配与管理的"利器"，项目经理可以通过该功能为团队成员创建并分配任务，并为每个任务设置详细的描述、截止日期和优先级；会议功能可以帮助项目团队轻松组织和管理会议；日程管理功能可以帮助项目团队规划重要的项目节点和任务时间表；考勤与绩效管理功能帮助项目经理轻松了解团队成员的出勤情况和工作表现，确保项目目标的顺利达成。

8.2　多媒体编辑工具

8.2.1　图像美化工具

（1）美图秀秀

美图秀秀是厦门美图网科技有限公司于2008年10月8日推出的一款图像处理软件。该软件的主要功能包括调整、滤镜、人像、文字、画笔、抠图、边框和背景。与其他专业图像处理软件相比，该软件最显著的特点是简单易用，普通用户在无人指导的情况下也可以很快掌握该软件的使用方法，能对图像进行简单的美化操作。随着人工智能快速发展、应用场景不断拓展，美图秀秀也积极引入AI技术，提供AI改图和扩图两种新功能。

（2）光影魔术手

光影魔术手是深圳市迅雷网络技术有限公司（简称"迅雷"）旗下的一款免费图像处理软件，2007年被多家媒体和网站评为"最佳图像处理软件"，2008年被迅雷收购后，面向公众免费开放。该软件简单易用，用户无须具备专业图像处理技术即可制作出胶片摄影的色彩效果。其强大且丰富的功能可以满足绝大部分用户的图像后期处理需求，而特色功能主要有丰富的调图参数、数码暗房特效、精美的边框素材、多样化的拼图、文字与水印、图像批处理等。

（3）Photoshop

Photoshop，也就是公众日常生活中常说的"PS"，是美国Adobe公司开发的专业级图像处理软件，基本功能包括绘图、修复、辅助等。相较于美图秀秀和光影魔术手，它的功能更加强大、入门门槛也更高，普通人需要一段时间的培训学习才能熟练掌握PS中各类工具的操作方法。简而言之，PS将一个复杂图像拆分为多个叠加的图层，每一个图层上都有若干元素，用户单独处理某一图层而不会影响其他图层，为图像处理带来了极大便利。

8.2.2　音频制作工具

（1）Audacity

Audacity是一款免费、开源的音频编辑软件，用于音频录制、编辑和处理。用户可以自由地下载、使用，甚至修改源代码，从而参与软件的开发和改进。该软件可以录制来自话筒、线路输入或计算机内部声卡的音频，同时处理多个音频轨道，安装第三方插件以增强软件功能。

（2）FL Studio

FL Studio 是 Image-Line 公司于 1998 年推出的集编曲、录音、剪辑、混音等功能于一体的音乐制作软件（前身是 Fruity Loops），在国内拥有庞大的用户群体。该软件对计算机的配置要求不高，因而具有强兼容性。其拥有剪切、复制、粘贴、变速、变调等丰富的音频编辑功能，以及吉他、钢琴、鼓、二胡、古筝、笛子、大提琴、扬琴等各种虚拟乐器效果，用户可以利用这些功能和效果制作电子音乐、古典音乐、流行音乐、爵士乐、乡村音乐、民族音乐等各种风格的音乐。它建立了用户社区和教育资源库，推动软件操作的经验、技巧、教程和资源的共享。

（3）Audition

Audition 由美国 Adobe 公司开发，是一款功能强大的音频编辑和混合环境软件，适用于专业音频制作人员。它提供了丰富的功能，包括音频混合、剪辑、控制和效果处理等；支持多声道录音，满足专业录音室级别的影片制作需求。该软件凭借强大的功能被广泛应用于音频制作的各个领域，包括音乐制作、电影和电视节目制作、广告制作、广播制作、游戏音效制作、音频修复和处理、音频教学和培训等。值得注意的是，Audition 的专业性很强，初学者需要花费大量的时间和精力才能熟练掌握该软件。因此，用户需要根据实际情况选择合适的音频编辑软件，如在开展裁剪音乐、消除噪声等简单的音频编辑任务时，使用入门级软件会更加方便。

8.2.3　视频剪辑工具

（1）剪映

随着短视频平台抖音的爆火，剪映作为配套的视频编辑软件也成为主流的视频剪辑工具，拥有庞大的用户群体。剪映的界面直观简洁、编辑功能丰富、特效和滤镜精美，而且专门为视频剪辑新手提供"创作课堂"服务，包括生活记录、商家必看、剪映功能、抖音热门、创意玩法、猜你想学、拍摄教学和风格大片八大课程模块，简单易用，非常适合初学者。

（2）Premiere Pro

Premiere Pro 由美国 Adobe 公司开发，是全球用户数量最多的视频编辑软件之一，几乎拥有视频编辑所需的全部功能，被广泛应用于电影、电视节目、广告、纪录片、短视频等各类视频的制作中。但是，该软件的操作方法和技巧繁多、收费较高，更适合专业视频制作人员使用。

8.3　数据分析工具

8.3.1　计量与可视化工具

（1）中国知网"可视化分析"功能

中国知网是国内领先的学术数据库和知识服务平台，拥有海量的中英文文献资源。

该平台的"可视化分析"功能基于机器学习技术、自然语言处理技术、大数据分析与可视化技术，旨在通过图表展示的方式揭示研究趋势、学科分布、学科发展和作者活跃度等信息，极大地方便了研究人员、学生和学术机构对海量文献开展分析、总结和应用工作。

中国知网的"可视化分析"功能有多个显著的核心特色。其一，多维度（包括文献数量趋势、学科分布、主题热点、作者和机构的活跃度等）分析，帮助用户全面掌握领域内的研究情况；其二，数据可视化呈现，通过折线图、柱形图、饼图等形式清晰地展示数据，让用户能够快速了解复杂的数据关系和发展趋势，减少对数据的阅读和理解成本；其三，自动生成分析报告，自动完成从数据收集到图表生成的全过程；其四，比较和分析功能，比较不同的数据集或分析维度，如分析期刊发文数量与学科的分配关系、揭示不同期刊的重点关注领域、比较不同作者或机构的研究总量。图8-1所示为中国知网对数字素养主题论文的可视化分析。扫描下方二维码查看图8-1的彩图。

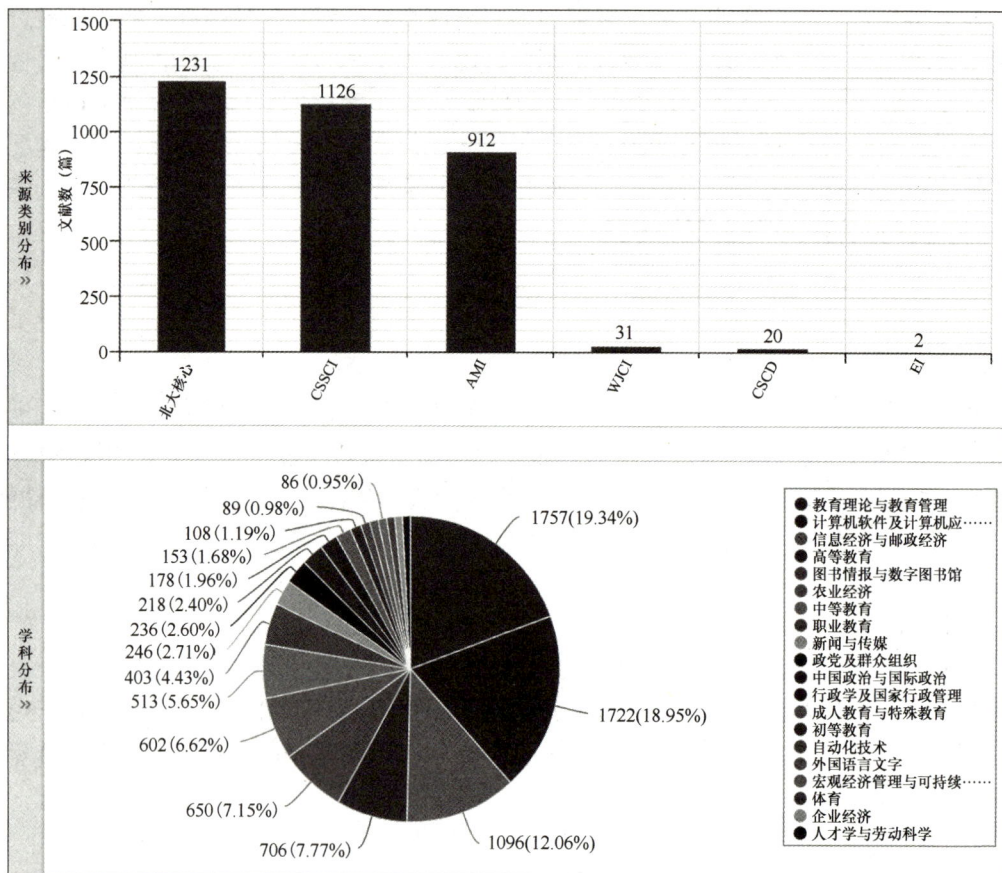

图8-1　中国知网对数字素养主题论文的可视化分析

（2）CiteSpace

CiteSpace是专门用于科学文献分析和可视化的工具，其主要开发者是美国德雷塞尔大学（Drexel University）的陈超美博士。CiteSpace致力于使用科学知识图谱呈现学术文献中的隐藏信息，其核心目标是揭示科学研究领域的知识结构、发展脉络及研究前沿，帮助学者更好地掌握所属领域的最新进展和研究趋势。作为集文献分析和可视化于一体的工具，该软件能够显著提升文献综述的效率和质量，为学者提供一种全新的分析方式。

该软件的核心技术是基于文献的共被引分析和关键词共现分析。具体而言，通过抽取文献的引用关系、关键词以及其他元数据，构建知识网络并以可视化的形式展示，帮助学者从大规模文献数据中快速识别目标领域内的核心作者、机构、期刊以及高影响力文献。图8-2所示为用CiteSpace生成的文献图谱。

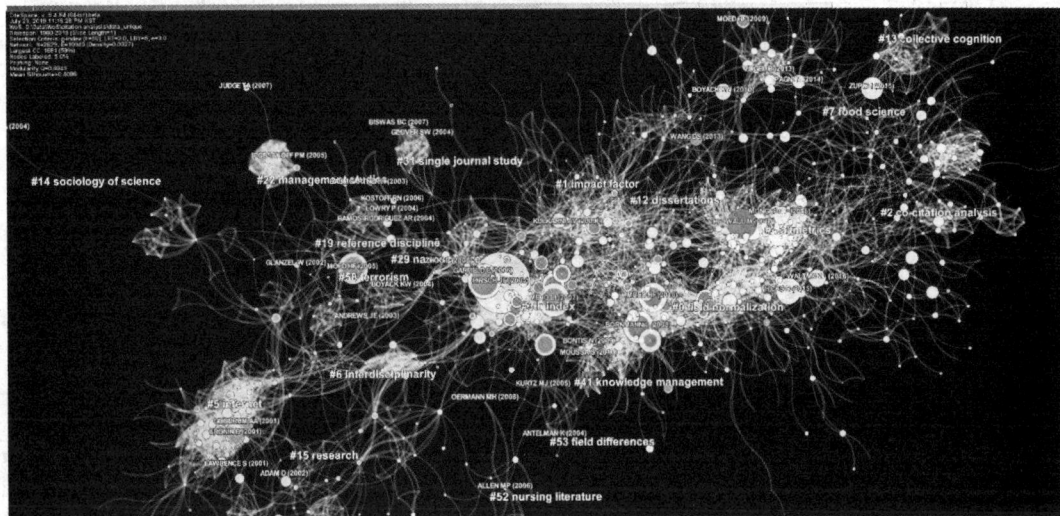

图8-2　用CiteSpace生成的文献图谱

CiteSpace通过时间线视图、严肃分析等功能揭示领域趋势与前沿热点，成为对学术热点进行文献综述和研究分析的有力工具，被广泛应用于综述性论文的写作场景中，其主要功能与用途有以下5个。

① 科研合作分析：挖掘众多作者、机构，以及国家之间的合作网络，识别领域核心学者、重要科研机构以及不同地域的学术合作情况，对于寻找合作伙伴或分析领域核心力量非常有帮助。

② 引用分析：基于期刊间的引用关系生成期刊共被引图谱，通过引用频次和共被引关系识别相关领域的核心期刊，为论文投稿提供指导。

③ 主题挖掘：通过对关键词的共现分析揭示某一领域的核心研究主题，帮助用户迅速了解研究领域的整体框架和重要问题，通过分析词频爆发情况，探测热点主题的变化，展示不同时间段研究重点的转移。

④ 文献识别：识别领域内高被引文献、引用突现文献和高中心性文献。这些文献通常是领域内的重要研究成果，通过分析这些文献，用户能够快速把握目标领域的研究脉络，找到关键的理论基础和研究方向。

⑤ 前沿方向辨析：通过高被引文献的共被引分析识别某个领域的前沿方向，并结合时间线视图分析领域最新发展趋势，该功能对需要掌握领域前沿进展的学者来说极

其重要。

（3）VOSviewer

VOSviewer是一款广泛用于构建和可视化科学知识图谱的软件工具，能够帮助研究人员分析和展示科学领域的结构、演化以及合作关系。该软件由荷兰莱顿大学科技研究中心（Centre for Science and Technology Studies, Leiden University）的内斯·扬·范·埃克（Nees Jan van Eck）和卢多·沃尔特曼（Ludo Waltman）于2009年开发，凭借其强大的图形展示能力，以及在处理大规模文献数据方面的优势，该软件获得了广泛认可。

VOSviewer支持多类型的网络可视化分析，分为网络视图（Network Visualization）、标签视图（Overlay Visualization）和密度视图（Density Visualization）3种视图，以不同方式展示研究领域的网络结构。其中，网络视图通过节点大小和颜色区分不同的聚类，并展示各聚类之间的关系；标签视图根据节点的时间、权重或其他属性，对节点进行颜色编码，直观显示研究热点和趋势；密度视图通过颜色反映节点密度展示某一领域的研究集中程度，帮助用户快速识别研究热点和重要领域。

该软件的核心特色在于"共现聚类"分析方法，即两个事物在同一上下文中出现时，二者之间存在相关性，这种相关性可以通过聚类算法分析与展示。此外，VOSviewer可以分析不同类型的文献关系（如共被引、共词、合作网络等），以揭示不同知识领域之间的关联与演化，用到的算法包括VOS布局算法和VOS聚类算法，可以有效处理大规模文献数据，帮助用户从复杂的数据中提取有价值的知识结构。

VOSviewer在科学知识图谱领域拥有诸多优势。首先，其可视化效果非常直观，用户可以通过清晰的图形界面了解数据整体结构和细节。无论是文献的合作网络，还是作者的合作关系都能够通过不同节点的颜色、大小和布局清晰展示，帮助用户发现隐藏在数据背后的模式与趋势。其次，VOSviewer对大规模数据的处理能力强大，高效的布局和聚类算法使其能够在处理大规模数据时，依然保持较高的性能。最后，VOSviewer的可视化功能不仅能展示节点之间的关系，还能通过数据清洗、文本分析等高级功能对数据进行深度处理，这使得它在科学研究、科技政策制定等领域具有广泛的应用前景。然而，VOSviewer也存在一些不足之处。虽然其算法强大，但在复杂的文本数据分析方面仍有一定的局限性，尤其是在处理多源数据和非结构化文本数据时，可能需要更多的手动调整和预处理。VOSviewer在用户界面的友好性上还有提升空间，新用户在初次使用时可能会感到操作稍显复杂。

（4）HistCite

HistCite是一款用于学术文献引文分析的强大工具，能够帮助研究者从海量文献中迅速筛选出最有影响力的参考文献。该软件基于Web of Science（WOS）数据库，由科学引文索引（Science Citation Index, SCI）创始人尤金·加菲尔德（Eugene Garfield）的团队推动开发。HistCite采用图形化分析技术，将文献之间的引用关系以直观的图谱形式呈现，用户可以迅速理解某个研究领域的发展脉络。

HistCite的核心功能在于其强大的文献引文分析能力。该软件基于WOS数据库导出的文献数据，分析文献之间的相互引用关系，生成一系列引文图谱，帮助用户定位某一领域的核心文献、关键作者和研究机构；根据多个指标对文献进行排序并生成图表，展示文献之间的引用关系，帮助用户快速了解某个领域的重要研究成果及发展趋势。HistCite主要用于以下4个方面的文献分析和研究。

其一，学术领域发展脉络追踪，通过引文关系图谱清晰展示某个研究领域的发展历史与脉络，帮助研究者迅速识别该领域的核心文献；其二，核心文献筛选，借助同行的引用行为，帮助研究者在涉猎新领域时快速找到最具影响力和参考价值的文献，避免被海量低价值的文献"淹没"；其三，研究动态监控，通过分析文献之间的引用情况，洞察某个研究领域的最新进展和研究热点，帮助研究者掌握该领域的前沿动态；其四，机构及作者分析，分析特定领域中哪些机构或作者的影响力较大、哪些期刊发表了较多的关键文献，帮助研究者确定合作方向或投稿目标。

8.3.2 统计分析工具

（1）SAS

统计分析系统（Statistical Analysis System，SAS）是一款被广泛使用的数据分析软件，由SAS Institute Inc.（简称SAS研究所）开发。SAS研究所成立于1976年，是一个私有软件公司，由北卡罗来纳州立大学的几位教授创建。公司总部位于美国北卡罗来纳州。最初SAS的设计目的是满足农业研究的需求，但随着时间的推移，其应用场景已经延伸至各个行业和领域。在后续几十年中，SAS不断扩展产品线和服务范围，进入新兴的大数据分析和云计算市场，提供了包括数据管理、数据可视化、统计分析在内的全面分析功能，在行业覆盖率、售后培训服务方面优势显著，但也存在软件费用高、学习曲线陡峭的缺点。

数据管理功能：SAS提供了一套完整的数据集操作功能，包括读取、更新和删除数据，并通过DATA步和PROC步实现，使用户能够有效地管理和操作数据集。首先，使用DATA步和PROC步读取数据，通过SET、MERGE、UPDATE和MODIFY语句在DATA步中操作数据集。其次，SAS支持多种格式数据的输入，包括本地文件（如CSV文件、XLS文件等）和数据库数据。对于数据的写入与导出，用户通过DATA步可以创建新的数据集或修改现有的数据集，使用OUTPUT语句将数据写入新的数据集；SAS提供了多种导出选项，如导出到CSV文件、XLS文件或直接连接到外部数据库。使用MODIFY语句可以直接在现有数据集上进行修改，而无须重新创建数据集。MERGE语句用于合并两个或多个数据集，也可以根据需要更新或添加记录。数据删除也有相应语句，在DATA步中，可以通过条件逻辑删除特定记录，如使用IF语句判断哪些记录应该被删除。这些功能的实现通常依赖SAS编程语言的灵活和强大的数据处理能力，因此，SAS特别适合需要进行复杂数据处理的应用场景。

数据可视化功能：该软件提供了多样的数据展示功能，使用户能够通过多种图形和报表直观展示数据。用户利用PROC PLOT和PROC CHART等图形过程创建基本的条形图、饼图和折线图，适用于初步的数据探索。对于更复杂的报表需求，PROC REPORT和PROC TABULATE允许高度自定义报表格式和内容，支持复杂的业务分析需求。此外，

SAS Visual Analytics提供了一个交互式的报表分析平台，用户可以凭借拖放操作生成动态的、交互式的图形和仪表板，使数据分析结果更加易于理解。SAS Graph则可以用来创建高质量的专业图形，如地图、气泡图和3D图形，能够满足高级数据可视化需求。这些工具的综合使用极大地提升了数据分析的效率和展示的效果，帮助用户从数据中提取有价值的洞见，进行决策制定。

统计分析功能：该软件最强大的特色功能之一，广泛应用于各种科研、商业和政府数据分析领域。SAS提供了全面的统计方法，从基本的描述性统计到复杂的多变量分析，包括回归分析、方差分析、相关分析以及时间序列分析等。这些方法不仅支持常规的统计测试，还支持现代统计学中的先进技术，如机器学习和预测建模。PROC SQL过程允许用户执行SQL（Structured Query Language，结构化查询语言）查询以进行数据操作和子集选择，而SAS宏语言的强大功能则进一步增强了统计处理的灵活性和自动化程度。此外，SAS的统计图形功能为分析结果的可视化提供了强有力的支持，使之更加直观和易于理解。通过这些综合性统计分析工具，SAS能够帮助用户有效地解读数据，进行复杂的决策。

（2）SPSS

社会科学统计软件包（Statistical Package for the Social Sciences，SPSS）最初由斯坦福大学的一组研究人员于1968年开发，主要用于社会科学领域的统计分析。随着软件的普及和功能的扩展，SPSS被广泛用于商业、医疗等多个领域。2009年，SPSS Inc.被IBM收购，SPSS产品线随后被并入IBM的业务体系。SPSS自诞生以来经历了多次重大更新，从简单的统计软件发展成一个包含数据管理、统计分析、数据可视化和预测分析功能的全面统计工具套件。自被IBM收购以来，该软件获得了更多的企业级别功能和集成，与IBM旗下其他大数据分析产品兼容。

数据管理：SPSS允许用户输入数据，定义数据类型（数字或字符串），设置小数位数，添加标签以描述变量的具体含义；用户可以创建新的变量，并定义它们的属性，如数据类型和标签；在数据视图下，用户可以直接在表格中填写数据。

统计分析：SPSS不仅包含基本的描述性统计分析，如计算均值、中位数、方差等，还涵盖了深入的推论性统计分析，如单样本t检验、独立样本t检验、配对样本t检验、方差分析（Analysis of Variance，ANOVA）、协方差分析（Analysis of Covariance，ANCOVA）、多元回归分析等。这些功能帮助研究人员检验假设，评估不同变量间的关系和影响。SPSS还具备高级的统计技术，如生存分析、时间序列分析、因子分析、聚类分析和判别分析等，这些技术是许多其他统计软件不具备的。特别是因子分析和聚类分析，它们可以对变量进行降维处理，帮助用户识别数据的潜在结构和模式。此外，SPSS的非参数检验功能也非常强大，适用于不满足传统参数检验条件的数据集，如Kruskal-Wallis H检验、Mann-Whitney U检验等。它还提供了复杂的抽样和权重功能，允许用户进行复杂的调查数据分析。

数据可视化：SPSS提供了直观、易用的图形用户界面，使用户能够轻松创建和自定义各种图表。该软件的图表生成器集成在软件的各个模块中，用户可以通过拖放操作选择数据和指定图表类型，快速生成所需的图表。SPSS支持的图表类型非常丰富，包括条形图、柱形图、折线图、饼图、散点图、箱线图、直方图、帕累托图、雷达图等。这些图表可以帮助用户从不同角度展示数据特征，如分布、趋势、关系等。例如，箱线图可以展示数据的中位数、四分位数和异常值，而散点图则可以揭示两个变量之间的相关性。除了基本的图表类型，SPSS还提供了高级的图表选项，如多变量图、轮廓图、3D图表等，这些图表可以展示更复杂的数据关系和模式。用户可以根据自己的需求选择不同的图表样式和颜色方案，甚至可以自定义图表的标题、图例、坐标轴标签等元素，以满足报告或演示的专业要求。在操作方面，SPSS的图表生成过程非常直观。用户可以在数据视图或变量视图中选择需要的变量，然后通过图表生成器选择图表类型和子类型，软件会自动应用适当的统计方法和图表参数。此外，SPSS还提供了图表编辑器，允许用户对生成的图表进行进一步的调整和优化，如修改坐标轴范围、添加注释、调整图例位置等。

图8-3所示为用SPSS生成的图表。扫描下方二维码查看图8-3的彩图。

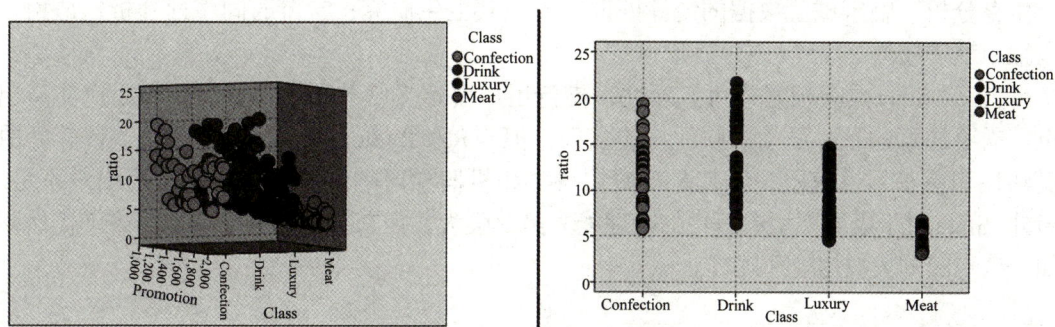

图8-3　用SPSS生成的图表

（3）Tableau

Tableau于2003年发布、2019年被全球科技集团Salesforce以157亿美元的价格收购。该软件最初定位于商业智能工具，随着时间的推移不断增加新功能并扩大市场，逐渐从一家小型创业公司的产品发展为全球领先的数据可视化解决方案，提供一系列功能强大的数据分析和可视化工具，吸引来自不同行业的客户。

数据连接：允许用户从多个数据源［包括常见的文件（如XLS文件和CSV文件）、数据库（如MySQL、Oracle、PostgreSQL等）以及云数据服务］导入数据，支持直接连接和数据提取两种模式，使数据分析过程更加灵活和高效。

数据图表：Tableau的核心优势在于其强大而灵活的数据可视化能力。用户可以通过拖放的方式创建各种图表，包括但不限于条形图、面积图、散点图、箱线图和热力图。Tableau支持高级可视化图表，如树图、甘特图和地理空间图；提供丰富的自定义选项，比如颜色、大小、标签和工具提示，增强图表的表现力和互动性。

动态仪表板：Tableau支持高度交互的数据分析，用户可在仪表板进行实时数据探索，设置过滤器、操作器和参数，动态修改数据视图，深入挖掘信息。

此外，Tableau的强大分析功能还包括趋势线路、预测、异常检测等。

（4）Stata

Stata是一款由StataCorp开发的集成式统计分析软件，发布于1985年，主要用于社会科学、医学和流行病学等领域的概念研究。软件诞生之初就被设计成一个强大、灵活的数据分析工具，适合从学生到资深研究人员的广泛用户群体；强大的界面统计分析功能和高灵活性使其在全球范围内得到了广泛应用。软件的主要特点有3个。

其一，Stata功能丰富，涵盖了数据管理、统计分析、图形显示、仿真和预测分析等多个方面。其提供了多种面向用户的命令，用户可以通过图形或代码进行复杂的统计分析和数据操作；支持多种回归模型、面板数据分析、时间序列分析和生存分析，并且可以通过灵活的编程语言进行自动化数据处理和自定义分析流程；在处理调查数据和实验数据等多变量、大规模数据时表现优异。

其二，Stata应用场景广泛，尤其在学术研究和政策分析中的影响力较大。经济学家和社会科学家经常使用Stata进行回归分析、因果推断和实验数据分析；在医疗领域它被用于生存分析、临床试验数据的统计处理以及公共卫生研究；支持时间序列分析，适用于金融和经济预测等场景。

其三，Stata具有极好的可扩展性，支持用户自定义函数和宏，且文档和用户支持出色。需要注意的是，虽然该软件功能强大，但与R和Python等开源工具相比，该软件的灵活性和可扩展性有限，尤其是在数据科学和机器学习的应用场景中的作用相对不足。另外，Stata对于极端大型数据集的处理能力虽然强大，但在某些高性能计算场景下仍然不如一些专门的大数据处理工具。

本章练习

一、名词解释

协作办公软件

多媒体

二、思考题

1. 你在哪些场景下会使用办公软件？你喜欢使用哪些办公软件？为什么？

2. 你在与他人进行协作办公时遇到过哪些困难？你是如何解决的？

3. 你使用过哪些图像美化工具？你最喜欢这些工具中的哪些功能？

4. 你是否接触过本章介绍的数据分析工具？你能否想出一个使用这些工具来分析的问题？

阅读书目推荐

1．尼古拉·尼葛洛庞帝．数字化生存［M］．胡泳，范海燕，译．北京：电子工业出版社，2017．

2．李杰，陈超美．CiteSpace：科技文本挖掘及可视化［M］．3版．北京：首都经济贸易大学出版社，2021．

第四篇　应用篇

第 9 章 畅享数字美好生活

本章学习目标

- 了解数字技术在日常生活中的应用场景。
- 感知数字生活的好处。
- 应用数字素养帮助解决日常生活问题。

> **导读**
>
> 　　学习完各种概念、方法和工具，我们终于来到应用篇。知识储备再丰富，能用、会用才是硬道理。在本章中，让我们一起探索如何将数字素养与技能应用于日常生活。
>
> 　　谈及信息产品、数字生活、数智社会等概念，许多人可能认为这一切都遥不可及，与自己的日常生活不太相关。其实不然，数字化、智能化早已潜移默化地融入我们日常生活中的每一天，每个人都在不经意之间利用数字资源提升自己的生活品质。早在2009年，美国时任总统奥巴马就高规格签发了《第8429号公告：关于2009年全国信息素养宣传月》（*Proclamation 8429—National Information Literacy Awareness Month*，2009），指出信息对于每一个人都至关重要，但是当时美国国民的信息素养还不够高。为了引起全国对信息素养的重视，奥巴马决定把2009年10月作为美国的国家信息素养宣传月，强调"寻找、发现和解读信息的能力可以应用于无数的生活决策，无论是金融、医疗、教育领域的还是技术领域的"。2024年，中国互联网络信息中心（China Internet Network Information Center，CNNIC）发布的第53次《中国互联网络发展状况统计报告》显示，2023年我国使用互联网的个人比例达到90.6%，网络视频（含短视频）、即时通信的用户规模均突破10亿人，网络支付、网络购物、搜索引擎、网络直播、网络音乐等互联网应用的个人使用率均超65%。从这些数字不难看出，随着数字技术的不断普及，数字化已渗透人类生活的方方面面，数字素养与技能成为数字时代人们日常生产的必备能力。
>
> 　　通过本章的学习你将了解到，衣、食、住、行、乐、购这些看似稀松平常的日常生活场景，都能成为发挥数字素养强大潜力的"大舞台"。

9.1　勤俭节约的技巧

　　勤俭节约是中华民族的传统美德，而现代生活又如此丰富多彩，一味地省钱却不用心体验生活之乐，似乎有些"过犹不及"。人们在合理合法的商业规则下，通过各种信息渠道获取商品折扣信息，货比三家，购买物美价廉的产品，用最少的钱达到最好的效果，何乐而不为呢？

9.1.1　一个便宜三个爱

　　俗话说，"一个便宜三个爱"，借助信息与知识的力量，花最少的钱办最好的事，是更有智慧的做法。2003年，作者朱兆瑞在《3000美金我周游了世界：一个MBA的经济旅行学》一书中介绍了自己仅耗费3000美元就孤身环游世界77天的经历，该书一经出版就引发热议，激发了许多年轻人的穷游热情。

　　以查找廉价机票为例，一般而言，可以通过两种渠道查找价格很低的机票的信息。

其一，使用常见的综合性搜索引擎，并构造恰当的检索式。其中，综合性搜索引擎包括谷歌搜索、百度搜索、必应搜索、搜狗搜索等，而检索式则应在"机票"的基础上，再加上"廉价""0元""免费""特价""折扣"等关键词。如果身处国外，希望购买国际航班，那么也可以使用"cheap""free""discount"等英文关键词。其二，使用专门的旅游搜索引擎直接查找，许多平台设有廉价航空信息专栏。例如，携程旅行的机票-特价机票板块、去哪儿旅行的机票-低价机票板块。值得注意的是，聚焦不同商品的专门搜索引擎各不相同，在实际使用时，一个人难以牢记如此海量的信息。因此，我们必须会用且善用百度搜索、谷歌搜索、必应搜索等综合性搜索引擎，只需输入某一商品品类名称+搜索引擎，即可获得相应的专门搜索引擎信息，如电子书搜索引擎、旅游搜索引擎等。

9.1.2　货比三家不吃亏

随着电子商务的发展，购物网站的选择越来越多，如淘宝、天猫、拼多多、1688、京东等综合性购物平台，以及孔夫子旧书网等专门销售特定品类商品的购物平台。在这些网站上你都有可能淘到便宜的商品，特别是在"双11""双12""周年庆"等大促期间，折扣力度将会更大。然而，同一个商品在不同的电商平台可能售价不同、折扣力度有差异，如果逐个网站检索，则时间成本过高。那么，有什么解决方法吗？购物搜索引擎（Shopping Search Engine）可以给你答案。

购物搜索引擎集成了不同电商平台同一商品的价格信息，只需查找所需商品的信息，即可获取全网该商品的实时价格，还可以选择按照价格从低到高排列，选取价格最低的一个。也有平台提供同一商品的历史价格信息，用户可以通过价格浮动曲线来大致判断现在是否为购入商品的最佳时机。以谷歌公司旗下的谷歌购物（Google Shopping）平台为例，它搜集并比较同一商品的所有价格信息，展示卖家信息、详情与特别优惠、商品价格，以及加上运费等其他费用的商品总价。用户只需输入想要的商品名称，按商品总价升序排序，即可了解在哪个平台购买该商品更加"划算"。我国也有类似的比价平台，如慢慢买、历史价格查询、什么值得买等。以"什么值得买"为例，用户只要输入商品名称，即可获取各个网站的该商品价格信息，以及价格波动趋势。如果认为当前价格还不令人满意，用户可设置自定义价格或折扣的降价提醒，当商品价格或折扣低于自定义价格或折扣时，软件就会自动发送降价通知。

9.1.3　数字消费权益多

在愉快的省钱之旅中，消费者需要时刻谨记的是知晓与捍卫自身消费权益。2023年，中国信息通信研究院和中国互联网协会联合发布《数字消费者权益保护白皮书（2023年）》，指出数字消费者权益贯穿供给、消费链条始终，在不同的供给、消费阶段，经营者与消费者的交互方式及该方式的影响程度存在差异，产生了各种各样的消费者权益保护点。表9-1所示为数字消费者权益的主要类型。

表9-1 数字消费者权益的主要类型

划分方式	权利性质		传统权益升级	新兴权益衍生
按触发机制划分	被动性权利		人身、财产安全权，公平交易权，知情权，受尊重权，个人信息受保护权	普遍服务权，数字空间安宁权，数字空间肖像、名誉权、姓名权，虚拟财产受保护权
	主动性权利		获得知识权，监督举报权，自主选择权，成立维权组织权，获得赔偿权、无理由退货权	获得收益权，信息携带权，特殊群体优待权，信息删除遗忘权
按适用对象划分	民事权利	人身权性质	人身安全权，受尊重权，个人信息受保护权	数字空间肖像权、名誉权、姓名权，数字空间安宁权，信息携带权，信息删除遗忘权
		财产权性质	财产安全权，公平交易权，知情权，自主选择权，获得赔偿权、无理由退货权	虚拟财产受保护权，获得收益权
	社会权利		获得知识权，监督举报权，成立维权组织权	普遍服务权，特殊群体优待权
按作用方式划分	实体性权利		人身、财产安全权，公平交易权，知情权，受尊重权，个人信息受保护权，获得知识权，自主选择权	普遍服务权，数字空间肖像权、名誉权、姓名权，虚拟财产受保护权，数字空间安宁权，获得收益权，信息携带权，信息删除遗忘权，特殊群体优待权
	程序性权利		监督举报权，成立维权组织权，获得赔偿权、无理由退货权	—

数字经济的兴起带来了独特的消费者保护问题。2022年，隶属于联合国开发计划署的"资发基金政策加速计划"发布《消费者保护在数字经济中的作用》，指出虽然"理论上消费者可以更轻松、更有效地比较价格和条款，从而提高他们的议价能力"，但实际上却引发了提供商和消费者之间"严重的信息不对称""数据安全、欺诈和侵犯隐私等新问题"。2023年，新华网就报道了企业通过分析用户浏览记录和互联网行为等数据，"为每一位消费者制定价格""有56.92%的被调查者表示有过被大数据'杀熟'的经历"。消费者可以从购物之前、之中和之后等各个阶段着手，全面捍卫自身的数字消费权益。

购物前，消费者要选择正规的电商网站并辨别购物平台的合法性。通过网站首页最下方查看该网站是否有通信部门的ICP（Internet Content Provider，互联网内容提供商）备案证号、公安部门备案编号、工商部门经营性网站备案信息，以及须经相关部门审批的经营业务批准文号。上述内容的图标或链接如果都能点击打开，那么该网站就是合法的。

购物时，消费者要使用安全的支付方式。妥善保管银行卡和网购账号、密码等信息；消费者要使用平台提供的正规支付渠道，并选择第三方支付平台进行交易担保，不可私下向对方转账、汇款；网上交易、充值时，消费者要核对官网地址；使用银行卡结算时，消费者应提前安装该银行提供的防护软件；收到商品消费者应立即核验，检查无误后才能确认收货。受光线、环境甚至"美颜滤镜"的影响，消费者网购时往往面临"看不见摸不着"的苦恼，网店和直播间中展现出来的商品品质可能和真实情况相去甚远。为以防万一，消费者应树立甄别和存证意识，在网购过程中仔细询问商品细节问题，如品牌、单价、数量、重量、发货日期、质量标准、退货换货的条件等，通过录屏、截图、拍照等方式保留直播录像和回放、聊天记录、交易凭证；若通过微信好友、微信群代购或团购商品，消费者还应在交易前明确卖家的身份信息，并在转账付款时注明款项用途。

收到商品后，消费者可以录制开箱视频，以防在商品存在质量问题时与商家产生责任纠纷。如果遭遇网购纠纷，消费者应明确投诉和维权渠道，包括运用评价权和七天无理由退货权与店家协商解决；向淘宝、拼多多、闲鱼等进行了当前网络交易的第三方平台投诉；拨打12315投诉举报电话，或通过"全国12315平台"进行投诉；提请仲裁机构仲裁；向人民法院提起诉讼；等等。

9.2　时尚大师为你支招

生活的基本需要包括衣、食、住、行等方面，排在最前面的就是"衣"。俗话说，"先敬罗衣后敬人"，虽然以貌取人不可取，但衣着得体着实重要，它既体现自己的品位，也显示对他人的尊重，还影响他人对你的评价。2012年，研究人员豪约·亚当（Hajó Adam）和亚当·加林斯基（Adam Galinsky）提出"着装认知"（Enclothed Cognition）的概念，意思是穿不同的衣服不仅可能影响他人对自己的看法，还会影响自己对自己的看法，进而通过改变人的思维方式来影响决策[①]。

9.2.1　立于时尚的"浪尖"

在一个潮流不断变化、风格瞬息万变的时代，想要走在时尚浪潮的前沿，首先需要关注最新时尚信息、知晓全球时尚走势。可是，怎样才能最快地获得全球一手时尚资讯呢？时尚杂志的工作目标正在于此。

时尚杂志如此之多，要查找穿衣搭配奇思妙想最丰富的那一个，可以首先在综合性搜索引擎中，使用"时尚杂志"加上"排名""榜单""排行榜"等关键词进行检索。为广搜全球时尚资讯，还可以使用"fashion magazine"加上"rank""list""top"等英文关键词检索其他国家的时尚杂志情况。通过检索不难得知，有着"时尚圣经"（The

---

① ADAM H，GALINSKY A D. Enclothed cognition［J］. Journal of experimental social psychology, 2012, 48（4）: 918-925.

Fashion Bible）美誉的 *Vogue*，面向年轻女性的法国时尚杂志 *ELLE*，面向精英女性的《时尚芭莎》等，都是在时尚流行趋势捕获、分析与传播方面具有全球影响力的杂志品牌。

　　在数字时代之前，时尚杂志一般以周刊、月刊等形式印刷发行；如今，每周或每月定期购买纸质杂志已经远远不能满足时尚"弄潮儿"的最新时尚资讯获取需求。更好的方式是在确定符合自身需求和喜好的杂志品牌后，下载专门的手机应用获取推送消息，或登录其官网订阅最新消息推送。以 *Vogue* 为例，进入官网后点击"NEWSLETTER"（简讯），可选择日报、周报或每周 3 ～ 6 次的简讯接收频率，以及购物、婚礼、美妆等不同的简讯主题。通过这种方式，即可快速地知晓时尚前沿信息。

9.2.2　提升自己的"衣品"

　　挑选衣服的款式、颜色、材质等受脸型、体型、肤色、职业、年龄等因素的影响，因此，仅了解通用的时尚资讯还远远不够，只有先了解自己，才能做到扬长避短、穿出自己的风格与特色。那么，如何利用数字素养找到适合自己的穿衣风格呢？

　　首先，你应对脸型、体型、肤色等的分类有一定的了解。以脸型为例，人们初次见面时留下的第一印象就是脸部，选择合适风格的服饰，能够有效地修饰脸型、扬长避短、塑造和谐的个人风格。你只要在搜索引擎中输入"脸型"加上"类型""分类""判断"等关键词，就可以获得各种类型脸型的判定与分析文章、示意图和视频。在全面了解、综合判断自身情况后，你就可以进一步检索适合自己的服装款式与配饰了。例如，输入"圆脸 着装""圆脸 配饰""圆脸 穿搭"，即可获得适合圆脸脸型的穿搭技巧。需要注意的是，由于人的脸型是多面、立体的，仅靠文章与图像有时难以准确地判断自身脸型、观察穿搭效果。这时，你使用视频搜索引擎检索相关视频，选择"按播放量排序""按收藏量排序"等选项，获得的结果将更加可靠。

9.2.3　选择合适的颜色

　　颜色的选择也是选择着装的重要方面，通过对色彩的合理运用，可以让人的整体形象焕然一新。风靡韩国的"个人色彩鉴定"就是由专家综合考虑顾客的肤色、发色、瞳孔色等特点，从冷暖色、春夏秋冬四季色调、彩度和饱和度等角度出发，寻找可以彰显用户外貌特征的色彩搭配。然而，市场上许多个人色彩测试的价格并不低。其实，用户如果能够综合运用数字素养知识，也可以不花钱就锁定适合自己的颜色。

　　要查找色彩相关信息，仅靠文字资料太抽象，图片会更直观，视频给人带来的感受则更强烈。因此，首选百度搜索等综合性搜索引擎的视频搜索功能、小红书等聚焦时尚资讯的社交媒体平台，或者 B 站等视频网站，输入检索词"服装 色彩"进行站内搜索。在海量的色彩搭配视频之中，通过查看视频播放量、收藏量、点赞量，浏览观众留言评价，调查博主专业背景等综合判断哪个视频的影响力最大、质量最优。

9.3　为你的健康保驾护航

9.3.1　均衡营养好体格

健康是我们每个人最重要的本钱，是幸福生活的基石，而饮食与人的健康长寿则有密切的关系。特别是受社会文化、媒体宣传、个人经历等多重影响，许多人难以正确看待食物与人的关系，最终发展成进食障碍。但是，什么才是健康的饮食呢？普通人不是健康营养专家、也不是医生，对"健康饮食"的概念既熟悉又陌生。从数字素养的角度出发，查找与学习和健康饮食相关的资料是我们养成健康饮食习惯的便捷途径。

如果在百度搜索等综合性搜索引擎检索健康饮食相关的关键词，出现的检索结果内容多样、来源广泛，有的支持低碳饮食、有的推荐"生酮餐谱"、有的提倡"轻断食"，常常令人"挑花了眼"。其实，对于饮食这类影响人类身心健康的重要议题，我们有必要遴选来源更加权威的信息资源。

首先，通过综合性搜索引擎了解国内外权威的健康医疗机构，包括国际知名的健康医疗组织机构，如世界卫生组织；各国主管健康医疗事务的政府部门，如我国的国家卫生健康委员会；在健康医疗领域有研究专长的研究机构，如哈佛大学陈曾熙公共卫生学院。

其次，使用"健康 饮食""健康 食谱"等关键词在相关平台进行站内搜索。此时，我们既可以在综合性搜索引擎中使用"site:"命令，例如，在谷歌搜索首页的搜索框中输入"健康饮食 site:www.who.int/"，代表在世界卫生组织官网中检索并返回与健康饮食相关的结果；也可以直接进入相关平台，使用其提供的检索服务。部分平台的检索功能不如综合性搜索引擎完善，例如，某些平台只提供精确检索而不能限定时间等，因此，在相关平台直接检索时，我们需更加关注检索词的选择、检索式的构建等问题。

再次，即使是权威部门发布的健康饮食指南，也会由于发布时间、发布地区、针对人群的不同而有所差异。例如，美国农业部在1992年推出了最广为人知的"食物金字塔"，将食物结构分为4层，从塔尖到塔座，位置越靠下，食物越重要，建议摄入量就越大。虽然1992年版本的"食物金字塔"的初衷是好的，但是它过分地强调碳水化合物的摄入而忽略蛋白质，导致美国人的健康问题频发，糖尿病、高血压、冠心病等"富贵病"的发病率不断上升。于是，美国农业部又于2005年推出了"食物金字塔"的修正版。此外，2002年，当时的哈佛大学公共卫生学院设计了"健康饮食金字塔"；2011年，当时的美国第一夫人米歇尔和农业部长维尔萨克共同发布了"健康餐盘"……那么，哪种健康饮食最适合当代中国人的体质呢？在搜索引擎中检索"健康饮食 中国"可以发现，"中国居民平衡膳食宝塔（2022）"的发布时间是2022年，发布机构是中国科学技术协会主管的中国营养学会，受到人民日报等权威媒体、各级政府部门的报道、关注，从信息时效性、权威性，以及对中国人体质的针对性来看，这是目前最合适的信息资源。

最后，上述食物金字塔、健康餐盘和膳食宝塔都是面向群体的，而每个人的性别、年龄、体质不同，因此，我们还要结合自身实际情况进行有针对性的信息检索。例如，在搜索引擎中检索"老年人 饮食""哺乳期 膳食"等。

9.3.2　安全用药恢复快

从2011年起，我国每年都会启动"全国安全用药月"，各级药品监督管理部门集中围绕"安全用药"主题开展各种宣传科普活动。世界卫生组织强调，"在全球范围内，用药错误造成的代价估计每年为420亿美元"，为此其专门发出了"无害用药"倡议。由此可见，安全、合理地使用药品是多么重要、多么受到全球关注。

人吃五谷杂粮，难免会生病。作为普通人，如果生病了，吃什么药好？自己买的药合适吗？同样的疗效，医生开的就是最经济实惠的吗？这些问题看似复杂，实则相关政府部门早就研制发布了相关主题的药物指南。可由于信息不对称，一些人并不知道这些信息，最终导致看小病花大钱，甚至造成药不对症、延误病情等后果。

在我国，哪些药品合法合规、哪些药品安全有效，国家卫生健康委员会、国家药品监督管理局等部门最有发言权。因此，用户可以在综合性搜索引擎中输入"药品 国家卫生健康委员会"等关键词，检索这些权威部门发布的关于药品使用的信息。例如，国家卫生健康委员会2018年发布的《国家基本药物目录》就明确指出"基本药物是适应基本医疗卫生需求，剂型适宜，价格合理，能够保障供应，公众可公平获得的药品。国家基本药物目录是各级医疗卫生机构配备使用药品的依据"。文件以PDF格式发布，用户可免费下载，并在看病或用药之前，用文件的查找功能就可以找到针对某种疾病的药物。国家药品监督管理局还专门构建了药品、医疗器械和化妆品数据库。例如，直接在药品数据库的搜索框检索批准文号、产品名称、英文名称、商品名称、生产单位等信息，即可获得相关药品数据。数据库中的药品类型更全面，不局限于基本药物。

谈到卫生与健康，有一个不得不提及的机构——世界卫生组织。如果在我国的药物指南中没有检索到想要的药品，用户还可以试试世界卫生组织是否有相关资源。在世界卫生组织官网右上角的搜索框中输入检索式"medicines WHO"，发现世界卫生组织面向儿童和成人出版并多次更新了《世界卫生组织基本药物标准清单》（*WHO Model Lists of Essential Medicines*）。点击进入该网页，用户会发现截至2024年，最新版本是2023年7月更新的第23版《基本药物清单》（*Essential Medicines List*）和第9版《儿童基本药物清单*》（*Essential Medicines List for Children*）。一般而言，用户应选择并使用最新版本的药物清单。

此外，用户如果已患上了某种疾病，希望更有针对性地检索是否有专门面向这种疾病的药物指南，可以直接搜索疾病名称+"药物指南"。例如，"类风湿 药物指南""糖尿病 药物指南"等，并从检索结果中筛选国内外权威机构发布的药物指南信息。

9.3.3　智慧医疗效率高

智慧医疗是基于大数据、移动医疗和云计算等先进科技手段的一种全新医疗模式，与传统医疗模式相比，其更加注重医疗资源的有效利用和患者就医体验的提升。普通人最有可能接触的是线上问诊服务。以好大夫在线为例，它是国内较早成立的互联网医疗平台之一，集合了众多国内顶级医院知名医生的资源。用户登录官网后，可以按疾病、医院、科室找大夫，目前全国共有1万余家正规医院的93万余名大夫可供咨询。为了遴选专业更精通、医术更高明、态度更亲和的医生，用户还可以核实线上的医生是否为三甲医院医师、限定医生职称、查看医生专业方向和特长、查看过往患者对医生治疗效果和态度的满意度。此外，春雨医生、人民好医生等平台和App也提供线上问诊服务，对接包括三甲医院医生在内的国内医疗专家资源，让人足不出户即可通过图文、电话或视频渠道向专家"面对面"咨询。

在遇到仅仅依靠网络信息资源难以解决的健康或医疗问题时，患者可以选择网上预约挂号、线下医院问诊，这能够大大节省患者的时间和精力。我国大部分公立医院都在微信公众号、官网等平台为公众提供预约挂号服务。在微信搜索框或综合性搜索引擎中检索当地公立医院名称，进入官方平台后寻找"预约挂号""挂号服务"相关字样，选择合适的科室与医生后，根据平台要求输入就诊人相关信息，完成预约操作。

9.4　畅行万里路

9.4.1　旅游规划也省心

外出旅游最令人烦忧的就是"做攻略"的烦琐过程，从机票与酒店预订，到景点与路线规划，再到当地特色美食搜罗……这一系列旅行前的复杂"任务"让许多人望而生畏。现在，通过灵活应用数字素养技巧，旅行达人们的旅行经验也能为你所用！

在行程开始前，你可以查阅马蜂窝、飞猪旅行、携程旅行等旅游类手机应用，平台汇聚了针对不同旅行目的地研制的旅游攻略，以及网友上传的自制游记，提供了游客出行前需要掌握的许多信息，包括目的地的风土人情和特色景点、最佳旅行时间、穿衣指南、消费水平、住宿、餐饮、购物、节庆、交通等。此外，也有越来越多的年轻人在小红书等社交类手机应用中围绕地方美食、景点、娱乐活动等进行专题分享，在挖掘"隐藏小众景点""本地人美食"等方面更加有效。

然而，网络平台上"营销式"的旅游攻略越来越多，在不熟悉目的地情况的条件下，当地旅游管理部门的官方网站是更可靠的旅游攻略来源。如果你要畅游我国的大好河山，以"统筹规划文化事业、文化产业和旅游业发展"为主要职责的中华人民共和国文化和旅游部（以下简称"文旅部"）无疑是最权威的信息来源。以文旅部为例，进入网站首页，选择"公共服务-大众旅游服务"，能够通过图文的方式快速、准确地了解我国各省（区、市）有哪些5A级景区、国家级旅游度假区、五星级旅游饭店；在"云游中国"板块观看各地的旅游宣传片；在"旅游线路推荐"板块了解著名景点的游览攻略、历史底蕴、文化典故；你还可以查询受到国家认证的饭店、导游和旅行社信息，有效预防旅游纠纷。除此之外，各地的文化和旅游厅/文化和旅游局，以及各大景点的官方网站都是可靠的旅游信息来源。在综合性搜索引擎中输入"文化和旅游厅"/"文化和旅游局"加上"广东""湖北""天津"等省、市名称，点击进入官网，在主页中寻找"攻略""服务"等字样；或在综合性搜索引擎中输入"故宫博物院""井冈山""张家界"加上"景区""景点"等关键词，一般而言，景区官网会出现在检索结果的前列。如果你想领略异域风情，则不可以忽略目标国家主管旅游部门的官方网站信息。在搜索框中输入"England""Australia"等目的地，以及"travel""trip"等关键词，再输入"site:.gov.uk""site:.gov.au"等命令，可以快速获取由当地政府官方发布的旅游信息。

在大致了解了目的地的地方特色之后，应用专门的行程规划助手，可以轻松地浏览与管理你的行程。例如，手机应用"exping"使标记地点、规划旅行路线、添加活动信息和链接网络资源都可以在一张地图上完成。

9.4.2　不会开车如何"丝滑"畅游

在外旅游时，景点与景点之间距离远，在步行不现实、不会开车或没有私家车的情况下，可谓"寸步难行"。那么，怎样才能克服障碍、"丝滑"畅游呢？其实，你的选择有很多。

第一，在线打车工具。近年来，针对不同群体与出行需求的在线打车工具涌现。例如，"曹操出行"主打中高端车型，而"萝卜快跑"等主打无人驾驶的在线打车品牌的出现，则为人们带来了更加私密、零打扰的出行体验。此外，还有T3出行、美团打车、神州专车等诸多选择。

第二，公交、地铁等公共交通工具。很多人认为，在一个陌生的旅游城市，乘坐公交、地铁太麻烦了，该城市有哪些公共汽车、在哪里等车、在哪站换乘、在哪站下车，都是需要考虑的问题。但只要用对数字工具，公共交通也可以不烦琐。例如，在国内，你可以使用"掌上公交""车来了""易公交""地铁通"等App；在国外，也有Rome2Rio、换乘案内等专用工具。它们提供公交、地铁等城市公共交通工具的路线规划、实时查询、上下车提醒等服务，游客大可在酒店先从容地做好准备工作，再根据App提供的车辆实时状态和到站时间，准时到站上车，省去找车、等车的麻烦。

第三，共享单车、电动车服务。共享单车和共享电动车用租借代替拥有，承包旅行者短途、超短途出行的"最后一公里"需求。大多数共享单车、电动车的租赁平台已嵌入微信小程序，使用起来十分便捷，常见小程序包括滴滴青桔、小团骑行等。用户可以在街道寻找共享车辆，通过扫码、取车、落锁、还车几个简单的步骤，即可享受数字化出行体验。用户也可以在微信搜索框中使用"共享单车""共享电动车"等关键词检索，将检索结果限定为"小程序"，选择并登录一个喜欢的共享车辆小程序，接着使用小程序内的"地图找车""搜停车点"等功能，即可知晓自己附近是否有可租借的该品牌共享车辆，以及目的地附近是否有该品牌共享车辆的还车点。

9.4.3　开车出游不麻烦

随着我国国民水平持续提升、城市化进程加速，人均汽车保有量也在逐渐提升。据公安部统计，截至2023年9月底，全国机动车保有量达4.3亿辆、机动车驾驶人达5.2亿人。

无论是日常通勤还是长途旅行，自驾都能提供直达、便捷、舒适的出行体验，"自驾游"这种灵活、个性化的新兴旅行方式越来越受欢迎。然而，不可否认的是，诸多优点的另一面还是有不少的问题，诸如路况不熟悉、路段拥堵、停车位难寻、意外事故等。善用智慧出行的常见工具可以很好地避免上述问题。

近年来，智慧出行技术的持续发展加强了车辆、道路和人三者之间的联系。用卫星遥感等技术实时监控道路拥堵情况，既能帮助交警提升交通调度的效率，又能让驾驶员根据道路状况提前规划路线，缩短行车时间。三者协同运行，形成智慧出行系统，既提升了道路交通的安全性，改善了交通拥堵状况，也有效优化了城镇居民的出行体验。其中，能够提供智慧出行服务的代表性手机应用有高德地图、百度地图、腾讯地图等。以高德地图为例，平台的地图数据覆盖全球超 200 个国家和地区；国内超过 7000 万个的兴趣点（Point of Interest，POI）数据，并实现分钟级更新；国内超过 650 万千米的导航道路数据；国内超过 3500 万个的地址库数据。在强大的数据支持下，用户可以使用高德地图的限行情况、驾车巡航、停车推荐等服务；进行高速优先/不走高速、大路优先、时间优先、避开限行、躲避拥堵、少收费等设置；提前了解路线规划、预计耗时、路段限速、拥堵情况、停车地点等信息，以极大地提升出行便捷度。

9.5　享受智能家居生活

当你下班回家打开房门，客厅的灯光自动亮起，空调已调至最舒适的温度，你最喜欢的音乐在房间里流淌——放在 1997 年，这是当时的世界首富比尔·盖茨花费 7 年、斥资近 1 亿美金才能拥有的"未来之屋"。但现在，普通居民花费并不高昂的造价也可以拥有这样的生活，这一系列充满科技感的家居智能系统，被称为"智能家居"。它依托各种现代技术，突破不同设备不同系列间的壁垒，魔力般地将家庭中的"全屋智造"设备连接在一起，实现智能化、网络化、远程化的管理。

9.5.1　用语音"指挥"家居

远程操控家居的方式有很多种。例如，使用专门的 App 调整摄像头转动的方向、使用红外遥控器控制电视开关、使用蓝牙控制音箱播放……但是，这些操控方式还是需要你动眼动手。有没有更加省心省力的方式呢？答案是肯定的。"小爱同学，请把窗帘关上！""天猫精灵，将空调开至 25 度。"只需你"一声令下"，从客厅到卧室、从电视到风扇，家中的一切物品都"按指挥行事"。这并不是幻想，配备一个智能音箱，能帮助你拥有全屋智能家居生活。

智能音箱可以在智能家居系统中扮演网关的角色，作为智能家居的控制中枢帮你向其他家居传递开启、关闭、设置等命令。一般而言，如果在全屋定制一套同平台的智能产品，就可以直接通过该平台的智能音箱遥控指挥全屋的智能产品。例如，小米旗下的

"米家"平台接入了200多个品类、6000多个型号的智能设备，大到电视、空调，小到电灯、摄像头，都可以通过轻唤小米旗下的语音交互机器人"小爱同学"进行控制。类似的平台还有很多，如苹果HomeKit、华为HiLink、阿里智能、美的M-Smart等。如果是跨平台产品，则可以通过手动输入唤醒语的方式实现全屋互联。例如，在苹果HomeKit平台中嵌入米家的设备，可事先在苹果系统中输入固定的相应设备唤醒语，比如，"Hi Siri，打开电视"，并在后续需开启电视时使用该语音命令。

9.5.2 躺着把家务活干了

从历史上来看，每一次科学技术的进步都带来了家务劳动的解放。从电熨斗、电动洗衣机到微波炉、洗碗机，各种各样的家用电器将人类逐步从繁重的家务劳动中解放出来。但是，在很长一段时间里，电器的使用还需要大量的人力参与。例如，吸尘器虽然能够吸附灰尘，但是还是需要人类参与充电、移动、清理等工作；洗衣机虽然能够清洗衣物，但还是需要人类参与晾晒。现在，随着智能技术的飞速进步，越来越多的新型智能家务机器人面世，家务劳动迎来了前所未有的解放。

在各种家务机器人中，最常见的要数扫地机器人了。它通过机身安装的感应器探测并规避前方障碍物，在室内行走与打扫。功能强大的机器人还具备自动洗拖布、集尘、烘干、补水等功能，还可根据主人的通勤规律，在特定时间自动完成地板清洗工作，让你下班回家即可享受"光脚自由"。除此之外，目前市面上还出现了自动翻炒和清洗的炒菜机器人、可以记忆食品保质期的智能冰箱等工具，价格亲民、功能便捷、值得尝试。更全能、更精细、更"黑科技"的家务机器人也正在研发之中。例如，美国斯坦福大学团队主导开发的Mobile ALOHA能够完成浇花、煮咖啡、洗碗、扔垃圾等数十种家务任务。

9.5.3 360度的安全防护

智能家居在带来便捷生活的同时，也为家人的安全构筑了更完整的防线。第一道防线来自智能门锁。智能门锁品牌有很多，包括凯迪仕、德施曼、飞利浦、小米等。不同品牌、不同价位、不同功能的智能门锁都已陆续面世，以华为智能门锁为例，用户能够使用指纹、虹膜、人脸等识别开锁，也可以使用同品牌手机、手表触碰开锁，或者使用密码、虚位密码、远程临时密码开锁；并且华为智能门锁嵌入可视猫眼功能，能够返回高清晰度的门外实况画面，并在出现异常情况时进行智能抓拍。第二道防线来自高清摄像头。目前的家用摄像头市场已较为成熟，高分辨率、夜视、远程交流、数据存储、移动物体智能侦测等功能均可实现。值得注意的是，应设置强密码并定期更换、不接入公共网络，以防止家用摄像头的影像数据被滥用。第三道防线是更加精细化的各类智能产品，如侦测燃气泄漏的气体检测仪器、防止火灾/爆炸的烟雾探测器、防摔倒检测仪、居家康养设备、生命体征探测仪等，能够为家中老人、小孩等对象提供更安全的居家环境。

本章练习

一、名词解释

数字生活
网络购物
网络支付
智慧医疗
智能家居

二、思考题

1．娱乐也是生活的一部分，你知道哪些数字娱乐的方式？

2．网络购物与线下购物各有优劣，你喜欢哪一个？

3．轰动一时的"魏则西事件"告诉我们网上求医有风险。你应该怎样利用资源规避风险呢？

4．数字平台的旅游信息与营销信息鱼龙混杂，你应该如何分辨？

5．人们在使用智能家居的同时，也面临数据泄露的风险。你是赞成还是反对使用智能家居呢？

阅读书目推荐

1．北京大学新闻与传播学院．重现日常生活：数字、人文与传播［M］．北京：北京大学出版社，2023．

2．比尔·莫勒，泰勒·C.内尔姆斯，大卫·佩德森．货币文化史Ⅵ：现代数字革命与货币的未来［M］．陈佳钼，译．上海：文汇出版社，2022．

3．安东尼·艾略特．人工智能文化：日常生活与数字变革［M］．郝苗，译．武汉：华中科技大学出版社，2022．

第 10 章 提高终身学习能力

本章学习目标

- 了解获取免费电子书的途径。
- 了解查找及获取免费有声书的方法。
- 了解在哪些平台上可以免费听国内名师的课程。

> ↑ **导读**
>
> 　　我们在第9章讨论了如何通过数字素养提高生活质量，谈到了如何通过着装使自己的形象焕然一新。而内在涵养比外在美更为重要，正所谓"腹有诗书气自华"，所以本章我们讨论数字素养如何助力终身学习能力提升。
>
> 　　终身学习能力提升是个人进步和跟上时代发展的必备条件。随着社会的发展与技术进步，知识更新速度不断加快，有的领域更是日新月异，每个人需要不断学习才能跟上时代发展的步伐。
>
> 　　通过数字素养助力建设全民终身学习的学习型社会、学习型大国是国家的战略需求。2021年3月，《中华人民共和国国民经济和社会发展第十四个五年规划和2035年远景目标纲要》提出"完善终身学习体系，建设学习型社会；加强全民数字技能教育和培训，普及提升公民数字素养"；2022年10月，党的二十大报告指出："推进教育数字化，建设全民终身学习的学习型社会、学习型大国。"2023年2月，教育部部长怀进鹏在世界数字教育大会发表题为《数字变革与教育未来》的主旨演讲。
>
> 　　本章介绍通过数字素养提升，增强终身学习能力的5种免费途径：读书、听书、学习国内名师课程、学习国外名师课程、轻松学英语。

10.1 免费读万卷书的好地方——图书馆

　　宋代大教育家朱熹云："为学之道，莫先于穷理，穷理之要，必在于读书。"阅读是获取知识、增长智慧的重要方式，更是传承文明、提高国民素质的重要途径。

　　我国高度重视全民阅读。自2014年起，"全民阅读"已连续11年被写入政府工作报告，从最初的"倡导全民阅读"，到"大力推动全民阅读""深入推进全民阅读"，再到2024年的"深化全民阅读活动"，这些提法的转变意义深远，表明我国对全民阅读工作的重视程度不断提高。2015年11月，专门的中国全民阅读网正式上线。2022年4月23日，首届全民阅读大会在北京开幕，习近平总书记发来贺信，提出殷切期望："希望广大党员、干部带头读书学习，修身养志，增长才干；希望孩子们养成阅读习惯，快乐阅读，健康成长；希望全社会都参与到阅读中来，形成爱读书、读好书、善读书的浓厚氛围。"2023年、2024年分别于杭州、昆明召开第二、第三届全民阅读大会，主题分别为"深化全民阅读 建设书香中国""共建书香社会 共享现代文明"。2020年10月中共中央宣传部印发《关于促进全民阅读工作的意见》；2023年，教育部等八部门印发《全国青少年学生读书行动实施方案》、全国妇联等五部门印发《关于开展"书香飘万家"全国家庭亲子阅读行动的实施意见》、国家语言文字工作委员会印发《国家语委关于深入实施"典耀中华"主题读书行动的指导意见》。

如今，人们的阅读方式有了多种选择：阅读纸质书、数字化阅读（网络在线阅读、手机阅读、电子阅读器阅读、平板电脑阅读等）、听书、听他人讲书、利用AI轻松阅读等。

10.1.1　到附近的图书馆阅览

图书馆是读书的首选之地，阅读氛围浓厚，馆藏文献都是经过图书馆员筛选的，质量有保障，涉及图书、期刊、报纸、试听资料等。并且图书馆提供数据库检索和上网空间，组织丰富多彩的展览、讲座、培训等活动，提供图书的阅览、借阅等服务。可搜索家里或单位附近的公共图书馆、新型阅读空间、城市书房、城市书吧、社区书屋、职工书屋、书院、农家书屋、乡镇综合文化站、流动阅读车等阅读设施，或者通过图书馆的网站、微信公众号、微博、抖音等了解其开放时间、办证流程等。很多图书馆一位难求，可以通过"预约"功能提前预约座位。

10.1.2　网上借阅

如需了解某本书在某所图书馆是否有收藏，某个主题或者某位作者有哪些图书，可以查询各个图书馆的馆藏目录［有的图书馆网站将其称为联机公共检索目录（Online Public Access Catalog，OPAC）］，或者在某图书馆自己建立的、可以同时检索馆藏书刊与数据库的搜索界面进行查询，如国家图书馆的"文津搜索"、首都图书馆的"首图检索"等。例如，在清华大学图书馆的"水木搜索"界面上，用户可以查询该校图书馆及各专业分馆含有的全部中西文图书，可以了解某一种图书是否被该图书馆收藏，以及馆藏地点、索书号和当前馆藏状态（已订购、编目中、馆内阅览、在架上、在预约架上），等等。

对于图书外借的政策，包括每人一次最多可借多少本书、借阅期限、可以续借几次、超期罚款政策等规定，各个图书馆的情况不同，可登录图书馆的网站、微信公众号等进行查询。为方便读者借书，很多图书馆推出了邮寄服务，可以将书快递到家，还提供了24小时还书及方便读者就近使用图书馆馆藏的"一卡通"通借通还服务。

10.1.3　图书馆更多的服务等你体验

公共图书馆关注大众的需求，服务越来越便利化、人性化。上海图书馆网站的《上海市公共图书馆阅读报告2023》显示，随着电视剧《狂飙》《繁花》的播出，上海公共图书馆2023年2月和12月的热门查询分别是这两部电视剧剧名，热门出版社前5位依次是：北京联合出版公司、人民邮电出版社、浙江少年儿童出版社、中信出版集团股份有限公司和人民文学出版社。2024年七夕前夕，首都图书馆推出中国古典四大名剧《西厢记》《牡丹亭》《长生殿》《桃花扇》的扫码听书服务；北京城市图书馆"打开耳朵"系列活动于乐心、乐动、乐享3间顶级视听室举办，该系列活动以馆藏"发烧"资源为依托，围绕黑胶唱片、"发烧"碟片、"发烧"器材开展活动，包括电影、纪录片、三维声赏析等；深圳图书馆推出的"文献转借服务"是指需要还书的读者和需要借书的读者利用双方智能手机中图书馆提供的服务功能，通过当面扫码的方式办理图书转借手续，还有网上预借、新书直通车、深中城市预借等服务。

10.1.4　你选书、图书馆买单

如果你想要阅览或外借的图书不在图书馆收藏之中，那么，你可以充分利用图书馆的读者荐购服务，各馆名称不一，如"你选书、我买单""你悦读，我采购"等。

10.1.5　搜索全球图书馆的目录——WorldCat

每个图书馆的收藏有限，我们要查找某本书在全球有哪些图书馆收藏，可以利用全球最大的图书馆联合目录 WorldCat，它收录全球 1 万多家国家图书馆、大学图书馆和公共图书馆的馆藏纸本与电子图书、DVD 等媒介的资源。如我们想找今年热播的电视剧《玫瑰的故事》的同名小说，通过 WorldCat 检索，不仅可以看到亦舒的小说《玫瑰的故事》出版的纸质图书的多个版本，还可以看到其电子版图书，以及改编自亦舒的小说、由周润发主演的同名电影的 DVD，同时可以看到这些资源在全球的馆藏地点。

10.2　搜索免费电子书

生活中，我们时常面临一些情况，比如急需的图书恰好没有被图书馆收藏，馆际互借、文献传递来不及，怎么办？在书店中看到的新书很喜欢但觉得只有几页有用、不值得购买，或者价格太贵，怎么办？例如，有人向你推荐心灵启迪之作《当下的力量》（*The Power of Now*），这本书曾排在《纽约时报》畅销书排行榜第一名，被翻译成 30 多种文字，畅销全球 300 多万册。别人的推荐是不是勾起了你马上就想读这本书的欲望？可图书馆、书店都关门了。遇到这些情况，我们可以搜索这本书的免费全文电子版。获取免费电子书，主要有以下 5 种途径。

10.2.1　利用综合性搜索引擎的网页检索功能

我们可以在搜索框中输入下列检索式中的一个：书名 +PDF、书名 +filetype:PDF、书名 +免费阅读、书名 +免费下载、书名 +PDF 下载、书名 +TXT 下载等。

10.2.2　利用综合性搜索引擎的图书搜索功能

使用搜索引擎专门的图书搜索功能进行检索。例如，谷歌图书（Google Books）在搜索框下面自称"搜索全世界最全面的全文图书索引"，搜索的是谷歌经过数字扫描的图书，检索速度很快；同时，谷歌图书还推出了移动版，便于用户通过移动设备检索、阅读与下载。对于搜索到的图书，如果不受版权保护或出版商已授权给谷歌图书，用户可

以预览该图书，在某些情况下甚至可以查看全书内容；如果是公有领域的图书，用户可以免费下载其PDF副本；其他图书则只能预览该书的一小部分内容，如一页或一章的内容。

百度公司旗下多个产品都提供图书搜索功能。百度公司曾于2007年上线过百度图书搜索，但目前已停止所有服务。百度阅读提供图书搜索功能，除提供付费图书之外，还提供部分免费图书，截至2024年8月15日，百度阅读提供的免费图书为31192本。在百度文库中也可检索到部分免费图书。

10.2.3　利用专门的图书搜索引擎

鸠摩搜书是一个强大的电子书搜索网站，可以帮助用户找到各种类型和领域的电子书资源。它提供多种格式的下载资源，包括PDF、DOC、TXT、MOBI和EPUB等。用户可以通过关键词、作者名或书名等信息进行搜索，找到所需的电子书资源；针对无法直接免费获取的图书，鸠摩搜书还提供相应的借阅和购买信息，包括不同电子商城的购买比价，帮助用户以最低的成本获取电子书。

古腾堡项目（Project Gutenberg）是一个全部由志愿者参与、致力于将文学作品数字化并发行电子书的全球项目。该项目于1971年启动，是最早的数字图书馆之一，其中的大部分图书都是版权过期而进入公有领域的图书。古腾堡项目使格式开放的电子书能够自由流通，用户可通过访问该项目网站自由阅读丰富的免费图书。

开放图书馆（Open Library）是一个丰富的图书数据库，收录各种各样的图书，包括小说、科学文献等。用户可以在其中在线阅读或借阅电子书，其中部分图书可以直接在网站上阅读，对部分无法直接阅读的图书，则提供了数字化的借阅服务。所有的在线阅读和借阅服务都是免费的，但用户需要创建账户之后才能使用这些服务。

免费电子书（Free-eBooks）是一个提供免费电子书下载的网站，有学术出版物、小说、教科书、杂志、有声读物等多种类型的图书资源，该网站对电子书的分类非常多且详细，用户可以通过分类浏览精准地找到自己喜爱的电子书进行下载。用户利用邮箱注册成为会员后可以免费下载PDF、EPUB、TXT等格式的电子书。

10.2.4　使用专用的网盘搜索引擎

我们可以通过毕方铺、优聚搜等网盘搜索引擎获取百度网盘、阿里云盘、夸克网盘等网盘中公开分享的图书资源。

10.2.5　读书App

掌阅是一个主流的中文数字阅读平台，拥有数百万册的正版电子书，包含小说、漫画、杂志等多种类型。掌阅App也提供了丰富的阅读功能，包括听书功能和AI辅助轻松阅读功能，听书功能提供了20多种音色供用户选择，AI辅助轻松阅读功能则利用AI自动提炼全书核心来帮助用户快速了解图书内容。

10.3 解放你的眼睛——听书

读书对于提高我们的综合素质有着极为重要的作用，但长时间读书容易造成眼睛疲劳、眼睛近视等问题，尤其是现在通过电子书阅读器、手机、平板电脑等设备进行电子书阅读，对手腕、肩颈和脊椎也有一定的伤害。我们不妨用耳朵听书，也就是利用有声书进行阅读。有声书朗读人员的普通话标准，不仅能帮助我们高效地获取信息，还能将我们带入图书中的情景。

2024年4月中国新闻出版研究院发布的第二十一次全国国民阅读调查结果显示，成年国民有声阅读规模持续扩大。有声读物板块在全球数字出版市场迅速发展，各类有声书的资源也愈发丰富。

下面介绍几种查找及获取免费有声书的方法。

10.3.1 利用综合性搜索引擎的网页检索功能

与查找免费图书类似，用户可以利用综合性搜索引擎的网页检索功能进行检索，可参考以下检索式并将其输入搜索框中：书名+MP3、书名+朗读、书名+朗诵、书名+有声书、书名+有声读物、书名+有声小说、书名+听小说、书名+听书、书名+音频书、书名+Vocal/Audible/Reading/Audiobooks等。

10.3.2 利用有声书搜索引擎

LibriVox是一个由世界各地志愿者组建的全球最大的免费有声书资源站，所有资源都是各个国家或地区的志愿者录制的，该网站提供多种语言版本的有声书，用户能在线听、打包下载。网站收录了大量的公有领域图书，包含小说、诗歌、传记等。

古腾堡项目开放式有声读物集（The Project Gutenberg Open Audiobook Collection）网站是由微软公司、谷歌公司和古腾堡项目共同发起的有声书开发项目，将古腾堡项目包含的数万种电子书，利用AI文本转语音技术全部转化为有声读物，截至2024年10月，已经免费开放、上线了5000多种有声读物，总计约35000小时的有声内容。

10.3.3 有声书App

微信听书是微信推出的听书应用，通过微信听书可以免费收听有声小说和音频节目，微信听书还支持用户创建音频号成为声音创作者上传自己创作的有声读物。

蜻蜓FM是国内首家网络音频应用，不仅包括数千家FM广播电台，还涵盖有声小说、相声小品、戏曲、音乐、脱口秀、财经、科技、历史、文化、教育等30多类有声读物或音频节目。

10.3.4　有声书分享网站

喜马拉雅是国内领先的音频分享平台，拥有丰富的独家出版物有声书，汇集了有声小说、相声评书、历史、音乐、广播剧等多种类型的数亿条免费声音内容。

Audible是全球知名的大型正版有声读物出版与发行网站，也是全球最大的有声读物提供商之一。Audible提供部分免费的有声读物，用户需使用亚马逊账户登录后才可以进行免费收听。

B站是国内知名内容创作与分享的视频网站，有大量用户自主上传分享中文和外文的有声书资源，这些资源均为免费的，可直接使用。

10.3.5　有声图书馆

公共图书馆、高校图书馆、少儿图书馆等文化服务机构上线了听书服务平台。有声图书馆的资源库以国家正式出版物为主，涵盖中国文学、外国文学、散文诗歌、人物传记、职场进阶、商业管理、童话名著、国学启蒙、百科知识、亲子教育、哲学思想、法律普及、中国历史、世界历史、军事战争、党建学习等丰富的内容。澳门公共图书馆于2023年开展粤语有声书计划，从馆藏中挑选本土作家的作品，以声音"说"故事，目前提供60篇粤语儿童故事有声书，包括一系列认识澳门历史与文化、启发青少年的想象力与创意的少儿故事。

10.3.6　利用文字转音频的工具

利用文字转音频的工具将文字转化为有声读物。例如，用Audioread、TTSReader等工具将文字转化为有声读物。此外，大部分浏览器、阅读App及阅读平台也提供将文字转音频功能或听书功能。例如，在阅读微信公众号文章时，我们可以通过点击"听全文"或在"微信读书"中将文字转化为有声读物进行语音播放。再如，移动阅读App掌阅也提供听书的功能。

此外，我们还可以通过微信视频号、抖音等视频网站或借助各类阅读App的听书功能，通过手机、智能音箱及车载收音机实现多场景移动收听有声书。

10.4　免费学习全国名师课程

随着终身学习理念的广为传播、信息通信技术的发展和网络开放程度的增强，网上可以利用的开放教育资源日益丰富。2019年，联合国教科文组织通过了第一份将开放许可的教育材料和技术纳入教育领域的国际准则性文书《关于开放式教育资源的建议书》（*Recommendation on Open Educational Resources*），其中提到"支持在地方、地区和全球层面针对不同的主题、语言、机构、地区和教育水平等，建立和维持有效的同行网络，共享开放教育资源"。开放教育资源包括教科书、课程设置、教学大纲、课堂笔记、作业、测试、项目、音频、视频和动画等，其中，最广为人知的开放教育资源可能就是"慕课"了。

什么是"慕课"（MOOC）呢？它的全称是大型开放式网络课程（Massive Open Online Courses），其中"M"代表Massive（大规模），与传统课程只有几十个或几百个学生不同，一门慕课课程的受众动辄上万人，最多达几十万人；第二个字母"O"代表Open（开放），以兴趣为导向，凡是想学习的都可以参与进来，只需一个邮箱或电话号码就可注册参与；第三个字母"O"代表Online（在线），学习在网上完成，无须出行，不受时空限制；第四个字母"C"代表Courses（课程），开放的是课程视频、专题讲座等内容。

在我国，大家熟知的中国大学MOOC、国家智慧教育公共服务平台等都属于整合慕课资源的网络平台。此外，也有许多高校自建课程平台，甚至还有高校名师直接在网络平台开通自媒体账号，与学生实现"零距离沟通"。

10.4.1 五大"国字号"学习平台

我们要跟随全国顶级的名师学习，当然要先找到全国最权威的慕课平台。在我国有五大国家认证的"国字号"学习平台，它们收录了受国家认可的精品开放教育资源，资源集中、质量上乘，是学子们理想中的知识殿堂。

（1）国家智慧教育公共服务平台

国家智慧教育公共服务平台是教育部推出的国家教育公共服务的综合集成平台，包括国家中小学智慧教育平台、国家职业教育智慧教育平台、国家高等教育智慧教育平台等子平台，又整合了北京、上海、浙江等各试点省、市的智慧教育平台入口。用户可以通过两种渠道获取平台的基础教育、职业教育或高等教育的教育资源。其一，直接登录国家智慧教育公共服务平台的官方网站，其首页就提供了各子平台入口。其二，根据自身需求，在综合性搜索引擎中检索"国家中小学智慧教育平台""国家职业教育智慧教育平台""国家高等教育智慧教育平台"关键词。

各大子平台提供的学习资源与线下课程的对接性强，有助于线下学习和线上自学的有机融合。以中小学课程为例，用户进入平台后，根据学段、学科、教材版本、教材册次遴选学习资源。对于每门课程，平台都提供一个完整的课程包，包括每个单元、每个课时学习所需的视频课程、课件、教学设计、学习任务单、课后练习等资源。根据授课教师、指导教师、课程评分、点赞人数等信息，评估课程资源质量。除了与线下课程对接的线上开放课程，还有德育、体育、美育、劳动教育、家庭教育等教学课程可供探索，助力学生全面发展。

（2）中国大学MOOC

中国大学MOOC是由网易与高等教育出版社携手推出的在线教育平台，合作高校包括北京大学、南京大学、浙江大学、复旦大学等821所大学（截至2024年9月）。该平台向大众提供中国知名高校的慕课，特别是提供了数千门教育部认证的国家精品在线开放课程。课程既涉及文史哲法理工农医等专业型主题，也有专门面向考研、四六级、专升本、求职就业的实用型主题。与国家智慧教育公共服务平台相比，中国大学MOOC针对性提供的高等教育资源、收录的课程更多。

如何在中国大学MOOC选择心仪的课程呢？用户可以在主页浏览热门/好评/推荐课程，让往届学员与网站编辑帮自己"探路"。用户进入感兴趣的课程模块后，可以了解授课高校与授课教师的信息，核实该高校与教师在相关主题领域是否权威；根据授课目标、课程大纲等信息，对比自身学习兴趣、基础水平、学习能力与之契合的程度；根据是否为"国家精品"课程、课程评分、课程评价、学员累计数量等指标评估课程质量。

（3）"学习强国"

"学习强国"学习平台汇聚了大量期刊、古籍、公开课、戏曲等资源，用户可以通过PC端或手机客户端注册账号、登录学习。用户通过平台主页进入"学习慕课"板块，可获取文学、经济学、法学、教育学、哲学、历史学、管理学、理学、工学、农学、医学等领域的慕课资源。

（4）全民数字素养与技能提升平台

2021年11月，中央网信办印发《行动纲要》，对提升全民数字素养与技能做出安排部署。为响应该政策要求，2022年，全民数字素养与技能提升平台正式上线，由中央网信办、中共中央党校（国家行政学院）共同指导，由中共中央党校（国家行政学院）电子政务研究中心、信息技术部建设运营。平台提供数字生活、数字工作、数字学习三大板块的学习内容。学习内容既包括各大高校提供的公开课程，也包括由企业和教育培训机构提供的与实践紧密结合的各类讲座或培训类课程。

（5）全民终身学习公共服务平台

全民终身学习公共服务平台由教育部职业教育与成人教育司指导、中国成人教育协会主办。该平台"社区教育"板块提供讲座类课程；"学习公社"板块则提供更加体系化的课程学习，包括职业技能、综合素养等主题。

10.4.2　知名大学"压箱底"的好课

除了集成式的慕课平台外，我们还可以直接聚焦高校自建的开放课程平台。

（1）清华大学"学堂在线"

"学堂在线"是清华大学于2013年10月发起建立的慕课平台，是教育部在线教育研究中心的研究交流和成果应用平台，也是联合国教科文组织国际工程教育中心的在线教育平台。目前，"学堂在线"包含了来自清华大学、北京大学、复旦大学、中国科学技术大学，以及圣彼得堡国立大学等国内外高校的10000余门优质课程，覆盖计算机、经济学、农林园艺、医药卫生、理学、历史、法学、文学文化、哲学、艺术设计、外语、教育教学、管理学、工学等十余个学科门类；涵盖微学位、直播课、高校认证、训练营四大课程类型。平台分为在线学习和课程管理系统，学生通过注册登录可自由选课、听课和在社区进行讨论，系统会根据听课进度给出练习题目及评分；教师则可上传上课视频、添加教学资料及练习题，并能及时查看学习反馈情况。

（2）上海交通大学"好大学在线"

"好大学在线"由上海交通大学研发，现为中国高水平大学慕课联盟的官方网站、中国部分高水平大学自愿组建的开放式合作教育平台。目前，平台提供3000余门课程，涵盖了哲学、经济学、法学、教育学、文学、历史学、理学、工学、农学、医学、军事学、管理学、艺术学、体育学等十四大学科门类。学员可通过知识导航、作业互评、翻转课堂、学分互认、证书认证等环节开展学习实践。除了高校研制的课程资源外，"好大学在线"还吸纳了IBM认知学堂、万学教育集团、华为人才在线等机构的课程资源，将理论知识与实践经验有机融合。

（3）深圳大学"优课联盟"

2014年5月，深圳大学作为理事长单位发起成立"全国地方高校UOOC（University Open Online Course）联盟"（简称"优课联盟"），并于2015年开始独立商业化运作。优课联盟是首个全国地方高校优质MOOC课程资源共享平台，成员高校超过100所，上线MOOC课程数量近1000门，课程覆盖理学·工学、计算机、教育·语言、文学·艺术、创业·职场、哲史·文化、经济·管理、医学、心理学、社会·法律、农学等十余个领域。用户进入"课程"页面后，可以通过课程分类、供课院校、课程状态、课程类型等选择课程。其中，课程类型包括国家线上一流课程、省级线上一流课程、国家混合一流课程、省级混合一流课程、省级精品课等，便于用户根据课程所获荣誉评判课程质量。

除了上述3个汇集多所学校的慕课平台外，很多大学也搭建了自己的慕课平台，如武汉大学的珞珈在线AI智慧教学中心网站等。

10.4.3 趣味好课，藏在意想不到的平台

学习不一定枯燥无趣，数字学习更不必"对屏枯坐"，在自媒体、短视频等各类数字媒介蓬勃发展的当今世界，名师好课已经突破了"老学究"的刻板印象，以更加生动、有趣的形式融入我们的生活。

（1）网易公开课

网易公开课是网易公司推出的公开课程平台，收录了TED演讲、国际名校公开课、中国大学视频公开课等课程，北京大学、清华大学、哈佛大学、牛津大学、耶鲁大学等国内外知名高校的公开课资源均囊括其中。该平台除了提供前述"严肃型""学术型"课程，还提供一些趣味性更足的课程，这些课程的主题与日常生活息息相关，如"人生学院：如何成为他人的好朋友？""如何成为有趣的人？"等。值得一提的是，为方便普通用户学习，许多使用英语授课的课程配有中文或中英双语字幕，用户在课程预览页即可检查"翻译完"或"翻译至第×集"标签。

（2）B站

一谈到B站，很多人联想到的是动漫、番剧、UP主等关键词。其实，它也提供丰富的公开课资源。在网站导航栏中选择"课堂"，可以看到"通识科普""兴趣生活""考试·考证"多个板块。B站的特色在于，在这样一个主打二次元的"年轻"平台，"UP主"们多以轻松、亲切、平易近人的方式讲解知识，风格深受平台目标用户的喜爱。

（3）抖音

你想在抖音当"名校走读生"吗？《2023抖音公开课学习数据报告》显示，2023年

间，国内高校在抖音累计直播1万场，总时长超过7350万分钟，相当于1.68万节课，共有400位教授、45位院士在抖音传递知识。

"快节奏"短视频成为知识"快传播"的好帮手。在抖音平台搜索"抖音公开课""在抖音学习""抖音知识"等官方账号，它们会持续更新北京大学、复旦大学、中国科学技术大学等知名高校的教师的公开课程。每集课程的时长不长，但在几十秒到一分钟的时间内，集中、快速、颇具趣味性地讲解一个小知识，趣味性与教育意义兼备。此外，抖音平台与各领域专家合作，不定期开展公开课直播活动。例如，2023年9月，抖音持续推出了60余场"开学公开课"系列知识直播，10余位院士领衔开讲，掀起了知识共享的热潮。

10.5　免费学习全球"大咖"课程

如今，慕课已然掀起全球知识共享的热潮，只要掌握了数字素养，不仅是在中文互联网，全球范围内的免费"大咖"课程也任由你享用。你知道领衔全球慕课发展的"三驾马车"吗？你知道其他国家有哪些特色慕课平台吗？不用出国留学是否也能获取来自国际名校的教育认证呢？本节内容将带你领略全球慕课的美好图景。

10.5.1　慕课的"三驾马车"

2012年，在美国先后诞生了Udacity、Coursera和edX三大慕课平台，被称为慕课的"三驾马车"。

（1）Udacity

Udacity的诞生得益于两位斯坦福大学教授在网上免费提供"人工智能入门"课程的想法。2011年，来自190多个国家和地区的16万多名学生注册了这门课程，这门课程采用了一种新的教育方式。一个令人吃惊的情况出现了：课程学习成绩排名前400的学生并非来自斯坦福大学，这激发了承担着"使终身学习更加公平和包容"这一使命的Udacity的创立。

Udacity上线之初专注于大学式课程，但目前它的内容更多地面向专业人士的未来职业发展需求，在网站首页顶部，就写着标语"Build Job-Ready AI&Tech Skills"（培养就业所需的人工智能和技术技能）。从课程内容、课程时长、导师背景等角度均可以看出平台面向实践的浓郁特色，人工智能、数据科学、编程、云计算等内容是平台主要的课程主题，课程时长不长，从几小时到几个月不等，学员得以快速上手最实用的知识与技能。与前述慕课平台中以高校教师为主体的导师团队不同，Udacity的课程导师多来自谷歌公司、亚马逊公司、Adobe公司、微软公司等全球领先的公司。

（2）Coursera

Coursera同样诞生于斯坦福大学，在Udacity成立两个月后，美籍华裔人工智能科学家吴恩达与美国计算机科学家达夫妮·科勒（Daphne Koller）共同创建了这一平台。与Udacity相比，Coursera的课程内容综合性更强，涵盖数据科学、商务、个人发展、信息技术、语言学习、数学和逻辑、医学科学与工程、健康、社会科学、艺术与人文等学科门类，教学风格也更偏向高校式教学。除了面向个人学员提供的课程外，Coursera还为企业员工培训、高校教学教师培训、政府公务员培训等提供相应的课程培训服务。截至2024年10月，已有300余所全球领先的大学和公司在该平台提供课程，包括伊利诺伊大学、杜克大学、谷歌公司、IBM公司等，课程超7000门。

（3）edX

edX由麻省理工学院和哈佛大学于2012年5月创立。课程资源来自260余个世界一流大学和公司，包括哈佛大学、麻省理工学院、加州大学伯克利分校、谷歌公司、亚马逊公司等，课程数超4600门。其课程主题同样综合性较强，包括计算机编程、数据分析、经济学、生物学、物理学、语言学、社会科学、数学、人文科学等。如果说Udacity强调就业技能、Coursera聚焦名校风采，那么edX则更注重线上线下融合，体现在以下两点：第一，edX允许用户以获得证书、获得学位为目标开展学习，学位学习又分为博士、硕士、学士学位3类；第二，edX提供职业培训服务、工作机会、求职指南、职业发展指南、技能测验等系列职业资源，帮助学员对接学习与就业。

10.5.2　足不出户享受全球顶尖大学资源

哈佛大学、耶鲁大学、斯坦福大学、麻省理工学院……这些全球顶尖学府是不是令人心动？它们的课程内容和上课方式到底有何不同？你有没有想过有一天能够学习这些课程，拥有教学大纲、讲座视频、笔记、作业等全套资源呢？这真的可以成为现实！

（1）麻省理工学院"网络公开课"

2001年，麻省理工学院推出"网络公开课"（Open Course Ware，OCW）项目，在该项目的引领下掀起了一场免费获取知识的全球革命，前述各大慕课平台这才如雨后春笋般发展、壮大起来。OCW是一个免费开放的课程合集，拥有麻省理工学院数千门课程的教学材料集合，涵盖麻省理工学院的全部课程体系。用户无须注册、无须申请、无须遵守任何学习时间规划，可按自己的方式自由获取与使用教学素材。学习材料不仅限于视频课程，教师教学灵感、课程设计、教学方法、教科书、考试材料、播客一应俱全，全部免费。教学内容与时俱进。例如，截至2024年10月，在OCW网站中检索"AI literacy"，可以得到与AI素养相关的课程900多门、各类教学资源3500余份。

（2）哈佛大学"专业和终身学习"平台上的课程

哈佛大学"专业和终身学习"（Professional and Lifelong Learning）平台整合了500多门课程资源（截至2024年10月），学科领域涵盖了艺术与设计、商业、计算机科学、数据科学、教育与教学、健康与医学、人文科学、数学、编程、社会科学等。这些课程以面对面、混合、在线、线上直播等形式提供，用户可根据"形式"（Modality）进行筛选。一些资源随时可用，也有需要跟随教学大纲逐步完成的课程。课程语言和视频字幕一般为英文，不妨跟随哈佛大学的授课节奏测一测自己的英语水平吧！

（3）耶鲁大学开放课程

2007年12月，耶鲁大学宣布启动"耶鲁大学开放课程"（Open Yale Courses，OYC）

项目，通过互联网向公众免费提供耶鲁大学选定课程的讲座和其他材料。这些课程是由杰出教师和学者教授讲授的，面向自主学习者、终身学习者、教育工作者、高中生和大学生的入门级课程。所有讲座均在耶鲁大学课堂上录制，并以视频、音频和文本记录格式提供；同时该网站提供其他课程材料，如教学大纲、建议阅读材料和问题集。课程涵盖了所有文科学科，包括人文学科、社会科学，此外也有物理学和生物科学等学科。同样，用户无须注册即可获取全部资源。

除了上述提到的课程，还有很多全球一流大学（如斯坦福大学、普林斯顿大学、杜克大学等）的数字化课程是免费开放的。不同大学提供的教学资源略有区别，有的大学仅提供讲课视频，有的大学还共享了教材、课件、试题"大礼包"。要查找你的心仪学校有没有慕课资源也很简单，你只需在综合性搜索引擎中输入"MOOC 学校名称"，如"MOOC Yale University""MOOC Harvard University"，在检索结果中，寻找网址后缀为".edu"并包含该学校简称的条目，如".mit.edu"".harvard.edu"，即可访问该学校的慕课官方网站。

10.5.3   在线获取博士学位

参与慕课学习可以取得相应的技能认证，这已是很多人都清楚的事实。参与慕课学习还可以获得学士、硕士，甚至是博士级别的学位，你大概会怀疑这真的可能吗？

以前述 Coursera 平台为例，选择"explore-earn a degree"，你会发现许多世界一流大学都提供在线获取学位的机会，特别是数据科学、计算机科学、商学等学科的在线学位项目十分热门。进入全部课程页面，你可以通过专业领域和项目级别选择课程，包括本科项目、硕士研究生项目。单击进入意向申请页面，你可以查询学校是否已声明认可该在线学位、学习时间、是否承诺完全在线学习、学习费用等内容。

再以 edX 为例，该平台不仅提供能够获得学历认证的本科和硕士生课程，还提供博士生课程，如乔治·华盛顿大学的"在线公共卫生博士"项目等。申请界面提供了该学校/学院在相关领域的权威性，包括全球排名、全国排名等数据；介绍了相关专业的入学要求、就业前景等信息；阐述了对学位、文凭有效性的承诺等内容，帮助用户综合判断。

10.6   自学英语也轻松

英语既是我国义务教育阶段的必修课程，也是高校学生学习、求职、科研等过程中必不可少的语言技能，还是全体公众在日常生活中拓展信息来源、广泛涉猎知识的强大助力。学好英语大有裨益，令人苦恼的是，除了义务教育和课外培训，去哪里才能学到免费、优质、地道的英语知识呢？掌握了数字素养，自学英语也可以很轻松。

10.6.1   品味英语美文

对于普通的非英语母语者，能够流畅地阅读、理解英语单词、句子和文章，就可以应对大部分"语言难关"。例如，了解最新的国外趣事、玩一款仅提供英语的游戏、和英语母语者进行简短沟通等。要读懂英文，勤加练习、坚持阅读是重点。互联网上的英文文章如此丰富，哪些文章是英语母语者撰写的？哪些文章的表达更地道？哪些文章的遣词造句更优美？作为语言学习者的我们，很难对此做出专业判断。但是，这可以通过数字素养来解决。

根据作者来源，可以将英文文章分为母语者撰写和非母语者撰写两类，在寻找英文阅读材料时，以母语者撰写的为宜。我们可以通过以下方式判断：若网站顶级域名为 .us、.uk、.au、.ca 等，则一般是来自美、英、澳、加等英文使用国的网站；查阅网站顶部或底部的"关于"（About）内容，核实网站的来源国家；若文章有作者署名，可通过姓名拼写特征大致判断是中文拼音还是外文人名，或直接在网上搜索作者的背景信息。

为了确保文章质量，甄选适宜的文风与难度，我们还应关注文章来源。新闻报道类的英文文章，遣词造句严谨易懂、篇幅不大，如国际知名媒体路透社（Reuters）发布的新闻文章；经典名著类的英文文本，语言优美、篇幅较长、情节跌宕、阅读趣味性更强，如《哈利·波特》（*Harry Potter*）；知识科普类的英文文章，表述严谨、专业词汇丰富，在提升英文阅读能力的同时，可以帮助用户丰富知识储备，如《科学美国人》（*Scientific American*）刊发的文章。

10.6.2　找英语母语者练口语

英语学习不外乎听、说、读、写4门功课，其中，中国学生缺乏与以英语为母语的人进行口语练习，"哑巴英语"是最"老大难"的问题。对有出国留学、国际贸易、国际旅行等更广泛需求的人来说，开口说英语十分重要。可喜的是，在数字技术高速发展的今天，在网上寻找外国友人开展实时口语交流不再是难事。

以致力于促进语言学习者和母语者交流的语言交换App"Tamdem"为例，它提供160多种语言，为有语言学习需求的用户匹配语言交换伙伴，用户可通过语音消息、语音通话和视频通话等不同形式对谈。语言交流期间将时间平均分配给双方，确保每个人都能练习到自己的目标语言。用户可根据自己的学习偏好，指定寻找来自美国或英国等以英语为母语的国家，甚至不同年龄、性别、兴趣的语言交换伙伴。此外，用户在搜索引擎中输入"英语 交流App""口语 练习App"等关键词，可以看到更多主打口语练习的语言交流App，如 HelloTalk、Speak 等。

10.6.3　英语大考轻松备战

四级、六级、雅思、托福……通过这些语言水平认证，就可以证明你卓越的语言能力，进而助力求职或深造。为了顺利通过考试，许多人选择在考前进行针对性训练。不管是报名补习班，还是购买习题册，都是一笔不小的花费。同时还要考虑题库是否完整、与考纲是否契合、题型是否完备、难度是否与正式考试一致。如果缺乏数字素养，我们很有可能陷入花钱花力但考试效果却不理想的尴尬境地。

怎么寻找权威的考试资料呢？以雅思考试为例，输入"雅思"或"IELTS"关键词，搜索引擎会优先提供雅思考试中文官方网站和总网站。进入官网的"备考指南"模块，通过评分标准、题型介绍、备考建议、官方指南、备考冲刺等模块可以了解最新、最权威的考试流程与规则，还可以购买官方制作的模拟试题与解析。

练习往期真题是最好的精准应试方法，但官网中的真题数量不多。这时，我们可以优化检索式以缩小检索范围，如输入"雅思 真题"。检索发现，剑桥雅思官方出版了系列雅思真题集，权威性强，但仅提供纸质版本，题量有限。在以雅思考试为主题的论坛平台和教培网站中，有往届考生分享所考真题、交流考试经验，由此形成了真题回忆库。这类资源具备一定的参考价值，但受共享者记忆、转述等影响，可能出现信息失实的情况。

本章练习

一、名词解释

数字学习

智慧教育

全民阅读

有声书

慕课

二、思考题

1. 你更喜欢阅读电子书还是纸质书，为什么？

2. 电子阅读器、翻译笔、学习机……你如何在日常学习中活用这些数字设备？

3. 本章介绍了系列慕课平台，请你探索这些慕课平台并谈一谈它们的优劣。

4. 你知道怎样才能快速找到质量较好的在线课程吗？

5. 你用数字工具开展过哪些学习活动？

阅读书目推荐

1. 内奥米·S.巴伦. 读屏时代：数字世界里我们阅读的意义［M］. 庞洋，周凯，译. 北京：电子工业出版社，2016.

2. 钱冬明. 数字学习实用利器：Top 100＋工具［M］. 北京：清华大学出版社，2018.

3. 萨尔曼·可汗. 教育新语：人工智能时代教什么，怎么学［M］. 王琦，万海鹏，译. 北京：中信出版社，2024.

第五篇　安全与伦理篇

第 11 章　应对数字安全新挑战

本章学习目标

- 了解数字活动中常见的安全问题。
- 辨别暴力、虚假、不良的数字信息资源。
- 了解维护数字权益的渠道与方法。
- 能够平衡自己的数字生活与日常线下生活。
- 理性看待数字技术的利与弊。

导读

恭喜！来到最后一篇，意味着你已经掌握了数字素养的大部分"精髓"与"窍门"。但是，还请你耐心了解这最后一篇的关键内容，毕竟，安全、有序、负责任地参与是所有数字活动的"牢固地基"。

古往今来，很多技术都是"双刃剑"，用好则造福一方人民，用不好则损害民众利益。数字技术在引领人类走向美好生活的同时，也不可避免地带来了一系列问题，如隐私泄露、电信诈骗、数字成瘾、网络暴力等。看似无形的网络，也能给人带来实质性的伤害。英国通信管理局Ofcom发布的调研数据显示，62%的13岁及以上的互联网用户每4周至少面临一次潜在的网络危害，其中，诈骗和网络钓鱼是最普遍的类型[①]。这些统计数据反映出全球网络危害的范围和造成的现实影响，我们有必要采取数字素养对策，应对数字安全挑战。正如2023年，世界经济论坛在《全球数字安全守则》（*Global Principles on Digital Safety*）中所建议的，"寻求对危害预防和教育的投资，包括采取行动促进包容性社会，提高数字安全和素养，提高媒介素养技能，并对社区进行数字公民教育"[②]。

本章介绍日常生活和工作中常见的数字安全问题，诸如隐私泄露、电信诈骗、数字成瘾、网络暴力等。通过对本章的学习，你能够在数字活动中保持警觉，准确识别潜在危险和威胁，并采取正确的防范与应对措施。

11.1　逃离屏幕背后的窥探

11.1.1　隐私，数字时代的"奢侈品"

隐私是一项基本人权，被载入国际人权条约，如1948年《世界人权宣言》第十二条、1966年《公民权利和政治权利国际公约》第十七条。在不同的社会背景和情形下，"隐私"的含义有所不同。2019年，联合国毒品和犯罪问题办公室（United Nations Office on Drugs and Crime，UNODC）在一份指南中对"隐私"的含义进行了梳理："包括不受观察的权利；独处的权利；对自己的思想、信仰、身份和行为保密的权利；选择和控制何时、为什么、在哪里、如何、向谁透露有关自己的信息，以及在多大程度上披露信息的权利"。2020年，我国通过《中华人民共和国民法典》，第四编"人格权"中的第六章"隐私权和个人信息保护"指出，"隐私是自然人的私人生活安宁和不愿为他人知晓的私密空间、私密活动、私密信息"。

---

① Ofcom．Online nation 2022 report［R］．London：Ofcom，2022.

② World Economic Forum．Global principles on digital safety［R］．Davos：World Economic Forum，2023.

数字时代，个人隐私安全受到越来越多的关注。在"谷歌趋势"（Google Trends）上，"数字隐私"（Digital Privacy）一词的热度在近十年里（2014—2024 年）持续上升，如图 11-1 所示。2023 年，皮尤研究中心发布调研报告《美国人如何看待数据隐私》（*How Americans View Data Privacy*），指出"在线隐私是复杂的""81% 的受访者表示非常担心或有些担心公司如何使用有关他们的数据"。

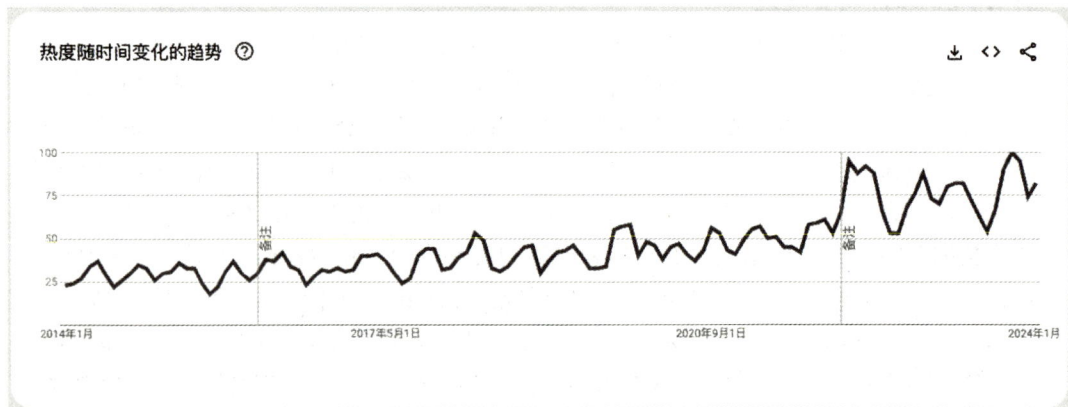

图 11-1　"数字隐私"的检索热度持续提升

11.1.2　隐私泄露后的"裸奔"

个人隐私侵犯事件与日俱增、难以察觉。在数字时代，人们越来越多地以在线的方式完成工作任务、与朋友交流、办理银行业务……这个过程将产生海量个人信息，如个人工作机密、家庭住址、银行卡号与密码。海量个人隐私数据蕴藏着"诱人"的巨大政治、经济价值，大数据技术的进步为隐私数据的不当使用提供了便捷条件。据美国全国广播公司（National Broadcasting Company，NBC）报道，2014 年，英国咨询公司"剑桥分析"（Cambridge Analytica）未经数千万 Facebook 用户同意，收集了他们的个人数据并用于政治广告，直到 2018 年该事件被该咨询公司的前雇员主动披露，丑闻才被用户知晓，导致用户对 Facebook 的信任度暴跌 66%。

数字时代，个人隐私泄露的后果不容小觑。第一，扰乱个人生活。2023 年 4 月 19 日，光明网发文揭露了个人隐私信息被滥用于垃圾短信营销，"我手机里的短信大多是垃圾短信""这一周收到近 300 条短信，260 多条是垃圾短信"。第二，破坏社会秩序。2023 年 8 月 10 日，我国公安部公布，随着人脸识别、人工智能等技术的发展，以及姓名、身份证号、身份证照片等个人隐私的泄露，"AI 换脸"案件频发。第三，危害国家安全。2020 年 5 月 9 日，国家保密局官网发文强调"个人信息与国家安全的同一性"，指出即使是非涉密人员的个人敏感信息，也"与国家安全的边界越来越模糊""已成为现代情报获取的'新石油'"。

11.1.3　构筑个人隐私的"长城"

面对个人隐私泄露的严峻形势与不良后果，全球政府部门、教育机构、学术组织、媒体、非营利机构与个人纷纷提出保护之策。例如，澳大利亚政府发起关注数字包容的全国性运动"Be Connected"，2023年发布专文《如何保护您的在线隐私》（*How to Protect Your Privacy Online*），面向普通公众提出九大建议；2023年，北卡罗来纳大学教堂山分校分享"帮助保护数字隐私的3个技巧"（3 Tips to Help Protect Your Digital Privacy）；2022年4月14日，"人民资讯"媒体账号转载文章《教你四招保护个人隐私数据安全》；等等。个人隐私保护技巧众多，本书梳理、整合最佳实践，从数字接入、数字参与和数字创造3个阶段提出个人信息保护的实用方法。

从物理和网络层面实现数字接入的双重隐私保障。从物理接入的层面出发，从正规渠道购买正规厂商生产、经过相关部门检测认证的电子产品；维修电子产品时，事先备份并删除原有数据，避免被陌生人随意使用；定期升级操作系统和软件版本，以填补系统漏洞、增强软件对新兴恶意程序的防范能力；安装受信任的反病毒和反恶意软件。从网络接入的层面出发，避免在公共Wi-Fi上进行资金交易、传输重要文件、输入密码等敏感活动。

树立数字活动参与的信息安全屏障。软件或数字服务可能在不经意间收集用户信息。用户在下载软件时，要关注软件要求的个人信息使用权限并评估其合理性，及时关闭现有软件的敏感数据收集权限。例如，一个照相软件要求获取摄像头的使用权限，可以被认为是合理的；如果一个软件要求访问摄像头、话筒、定位服务、日历、联系人和社交媒体账户等系列权限，下载它则很可能带来隐私泄露的风险。为避免恶意"盗号"，需强化密码保护屏障。设置强密码以保护账户和个人信息，强密码应该包含字母、数字和特殊字符；避免设置常见的密码，如生日、123456和888888等；为不同账户设置不同的密码；每6个月左右更改一次密码；开启双重身份验证，即在输入密码之外，还应设置短信验证码、指纹、可插入设备的USB密钥等验证用户身份；离线存储个人的账号和密码。

谨慎创造含有个人信息的数字内容。在社交媒体上分享日常生活已经成为许多人的常态，在"晒娃""晒萌宠""晒美食"的同时，可能无意间暴露了人际关系、家庭事务、工作安排等个人生活细节。因此，在网上公开发帖之前，应充分考虑发布该条消息、图片或视频有没有可能泄露性别、样貌、家庭住址、生活习惯等个人信息；还应设置帖子的可见范围，如"公开""仅对好友开放""私密"等。

11.2 谨防电信诈骗

11.2.1 电信诈骗的多重面具

2022年，我国开始施行《中华人民共和国反电信网络诈骗法》，其中，第一章第二条规定"本法所称电信网络诈骗，是指以非法占有为目的，利用电信网络技术手段，通过远程、非接触等方式，诈骗公私财物的行为"。诈骗行为自古有之。例如，著名的"庞氏骗局"早在20世纪初就已在美国出现，用我国的俗语来形容，就是"拆东墙补西墙""空手套白狼"。随着技术的进步，欺诈已经演变成更复杂的形式，电信诈骗这一数字安全问题日益严峻。

电信诈骗的类型如此之多，不胜枚举。通信欺诈控制协会（Communications Fraud Control Association，CFCA）下设消费者教育委员会，列举了八大典型电信诈骗类型，包括：账户接管（account takeover）、信用骡（credit muling）、第一方欺诈（first party fraud）、网络钓鱼欺诈（phishing, smishing and vishing）、SIM卡欺诈（SIM card fraud）、短信垃圾（SMS spam）、邮件订阅欺诈（subscription fraud）和身份盗窃（identity theft）。

2024年，我国公安部基于对案件的数据分析，公布了最新的我国十大高发电信网络诈骗类型，发案占比约88.4%，包括刷单返利类诈骗，虚假网络投资理财类诈骗，虚假购物服务类诈骗，冒充电商物流客服类诈骗，虚假贷款类诈骗，虚假征信类诈骗，冒充领导熟人类诈骗，冒充公检法及政府机关类诈骗，网络婚恋、交友类诈骗，网络游戏产品虚假交易类诈骗。其中，刷单返利类诈骗的发案量最大、造成损失最多；虚假网络投资理财类诈骗的个案损失金额最大；虚假购物服务类诈骗的发案量明显上升。

11.2.2　破解电诈刻不容缓

受害者数量多。2023年7月3日，英国通信管理局Ofcom发布的调研数据显示，"英国87%的互联网成年用户遇到过疑似诈骗或欺诈的内容"。2023年，我国最高检发布《检察机关打击治理电信网络诈骗及其关联犯罪工作情况（2023年）》，系统分析了当前电信网络诈骗及其关联犯罪的主要态势，2023年1月至10月，全国检察机关共起诉电信网络诈骗犯罪3.4万余人，同比上升近52%。被害群体分布广泛，存在于各年龄段和各地域，根据不同被害群体人员的不同特征，电信网络诈骗犯罪分子会量身定制不同的诈骗手法，其中，以老年人、未成年人和"宝妈"三大群体最为突出。

经济损失极大。2023年，非营利组织全球反诈骗联盟（Global Anti-Scam Alliance，GASA）和数据服务提供商ScamAdviser联合发布《全球诈骗状况报告（2023）》（*Global State of Scams Report - 2023*），其中提到在过去一年里，全球诈骗案共造成经济损失达1.026万亿美元，造成的经济损失总量呈增长态势。2023年，通信欺诈控制协会公布全球电信行业调查结果，"与2021年相比，2023年报告的欺诈损失增加了12%"。

诈骗手段升级迅速。诈骗集团紧跟社会热点，随时变换诈骗手法和话术。目前，我国公安机关发现的电信网络诈骗类型已不下50种，上到老人，下到儿童，诈骗对象覆盖全年龄段，诈骗手法和话术的花样不断翻新，特别是以人工智能为代表的新兴数字技术被迅速用于深度伪造和诈骗活动。2024年，新华社报道了借助智能AI换脸和拟声技术实现远程视频诈骗的案例，定制性、迷惑性大幅提升，"由于在视频电话中确认了对方的面孔和声音，所以毫不怀疑对方身份有诈"。

11.2.3　练就信息甄别的火眼金睛

电信诈骗类型多、更新迭代迅速，及时了解最新的电信诈骗手段与特征才能有效预防受骗。公安部、中央网信办、国家反诈中心等相关部门识别最新的电信诈骗手段并编制科普材料。2023年，国家反诈中心发布《防范电信网络诈骗宣传手册》，介绍"十大高发类案"，绘制了信息图（见图11-2），通过8个"凡是"指导读者识别电信诈骗。澳大利亚政府总结了电信诈骗的五大关键词，包括权威（Authority）、紧急（Urgency）、情绪（Emotion）、稀缺（Scarcity）、时事（Current Event），并配以简洁易懂的科普图文。

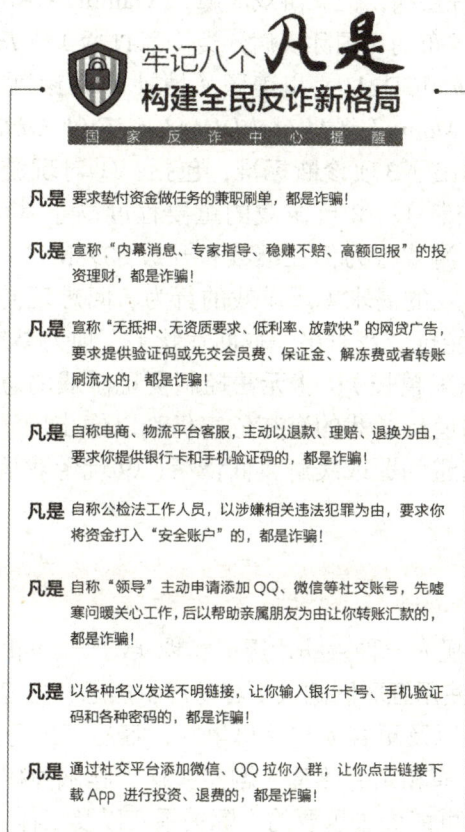

图11-2　国家反诈中心的反诈信息图

11.3　逃脱"数字成瘾"

"网络成瘾症"（Internet Addiction Disorder，IAD）俗称"网瘾"，是指"在无成瘾物质作用下对互联网使用冲动的失控行为，表现为过度使用互联网后导致明显的学业、职业和社会功能的损伤"[①]，包括网络游戏成瘾、网络强迫行为（在线赌博、购物或炒股）、

---

① 中华人民共和国国家卫生健康委员会.中国青少年健康教育核心信息及释义（2018版）［R］.北京：中华人民共和国国家卫生健康委员会，2018.

网络关系（社交媒体上的好友关系、在线约会关系和其他虚拟通信关系）成瘾、信息搜索（为获取网络性恋而进行的网上冲浪或数据库搜索）成瘾。

11.3.1 "网瘾"究竟是不是病

目前，对于"网瘾"是否应该被视为一种精神障碍，尚存在争议。世界卫生组织未将过度使用互联网视为一种疾病，但"游戏成瘾"（Gaming Disorder）已被全球公认的诊断标准——世界卫生组织发布的《国际疾病分类（第11版）》（*International Classification of Diseases, Eleventh Edition*，ICD-11）和美国《精神障碍诊断与统计手册（第5版）》（*Diagnostic and Statistical Manual of Mental Disorders, Fifth Edition*，DSM-5）收录。其中，ICD-11对游戏成瘾提出了3项诊断标准，包括：①对玩游戏的控制受损（如对时间、频率、场合等不能控制）；②玩游戏的重要程度高于其他兴趣爱好和日常生活；③即使造成了负面影响，游戏行为仍在继续和升级。DSM-5对游戏成瘾提出了9项诊断标准，包括：①对玩游戏的渴求（玩游戏的行为、回想玩游戏和期待玩游戏支配了个体的日常生活）；②不能玩游戏时出现戒断症状（表现为易怒、焦虑、悲伤）；③耐受症状（需要玩的时间越来越长）；④无法控制要玩游戏的意图；⑤因游戏而对其他爱好丧失兴趣；⑥即使知道玩游戏的潜在危害仍难以停止玩游戏；⑦因玩游戏而向家人朋友撒谎；⑧用游戏逃避问题或缓解负面情绪；⑨玩游戏危害到工作、学习和人际关系。

11.3.2 过度上网危害大

无论"网瘾"是否被视为一种疾病，虚拟和现实活动之间的失衡都已被研究证明将给人带来显著伤害。过度使用互联网的人更容易产生焦虑、强迫症状和敌意/攻击性，并且上网时间会逐步增加，以及更容易与父母争吵；容易产生身体不适，如腕管综合征、眼睛干涩或视力疲劳、背痛和颈部疼痛、剧烈头痛、睡眠障碍、体重明显增加或减轻；因使用互联网而危及或有可能失去重要的人际关系，以及工作、学业或职业机会。2023年12月，中国共产主义青年团中央委员会维护青少年权益部和中国互联网络信息中心联合发布《第5次全国未成年人互联网使用情况调查报告》，调查结果显示，51.8%的家长和69.9%的老师（主要为班主任）认为网络游戏、短视频造成的网络沉迷问题是当前最需要治理的未成年人互联网使用问题。[①]

11.3.3 平衡"数字-现实"跷跷板

美国领先的非营利组织Common Sense针对青少年难以平衡数字-现实生活的问题，提出5点建议，包括创建无屏幕的时间和区域、探索系统内置的数字健康工具、为孩子做出榜样、帮助孩子识别健康行为、了解科技公司如何赚钱。非营利组织Internet Matters制

---

① 中国共产主义青年团中央委员会维护青少年权益部，中国互联网络信息中心. 第5次全国未成年人互联网使用情况调查报告 [R]. 北京：中国共产主义青年团中央委员会维护青少年权益部，中国互联网络信息中心，2023.

作了"创造平衡的数字饮食"（Creating a Balanced Digital Diet）信息图，将数字活动时间划分为倒金字塔形的3个部分。其中，顶端为"学习和创造"时间，被用于促进教育、培养个人兴趣和学习生活技能，可以开展教育游戏、研究、阅读电子书、协调学校项目、创建内容、完成家庭作业等数字活动；中间为"关联"时间，被用于发展沟通和社交技能，可以在社交媒体上与家人和朋友联系、玩适合自己年龄的多人在线游戏、利用电子屏幕来增加家庭互动时间（如电影之夜或游戏之夜）；底端为"休息"时间，可以开展适度的被动屏幕活动，如看视频或电视、玩电子游戏和手机游戏、浏览社交媒体等。

11.4 当心网络暴力

11.4.1 互联网"隐秘的角落"

互联网中的内容丰富多彩，许多人带着善意传递知识、分享美好，但正如硬币总有正反两面，互联网也存在"隐秘的角落"。"网络暴力"，有时也被称为"网络霸凌""网络欺凌""网暴"。2023年，国家互联网信息办公室等四部门联合发布的《网络暴力信息治理规定》对"网络暴力信息"的定义为"通过网络以文本、图像、音频、视频等形式对个人集中发布的，含有侮辱谩骂、造谣诽谤、煽动仇恨、威逼胁迫、侵犯隐私，以及影响身心健康的指责嘲讽、贬低歧视等内容的违法和不良信息"。欧洲委员会（Council of Europe，COE）详细划分了6类网络暴力，为我们精准识别、快速应对各种类型的网络暴力提供了参考依据，这6类网络暴力包括：网络骚扰（如诽谤性谎言）、与信息通信技术相关的侵犯隐私行为（如窃取用户账号、获取用户个人信息）、网络犯罪（如非法访问私密个人数据）、与信息通信技术相关的直接威胁或实际暴力（如涉及计算机系统的敲诈勒索）、与信息通信技术相关的仇恨犯罪等。

11.4.2 虚拟的现象，真实的后果

网络暴力既可以表现为激烈的谩骂，也可以表现为看似微不足道的、不易察觉的玩笑与暗示——你或许见过它，却没注意它；你或许注意到了它，却没有意识到它的严重性。下面的真实案例，揭露出网络暴力的可怕之处在于它可以伤人于无形。

> 👁 **拓展阅读** 伤人于无形的网络暴力
>
> 2023年，13岁的小J因游戏失利被队友"开盒"，其个人的真实信息被发送到各种聊天群中，小J受到了陌生人的电话、短信骚扰，甚至遭到对其父母、老师的威胁。为了平息此事，小J只好用压岁钱买礼物给队友赔礼道歉。

随着信息通信技术的升级，网络暴力案件发生的频率也在持续增长。2024年，专注于网络暴力研究的"网络欺凌研究中心"（Cyberbullying Research Center）对2007年到

2023年美国初、高中学生遭受网络暴力的情况进行了调研与统计分析，发现近年来美国初、高中学生被霸凌率呈显著增长的态势，2023年已超50%。网络暴力造成的后果也日益严峻。2021年，联合国教科文组织发布的《应对涉及儿童和青少年的网络欺凌和其他形式的网络暴力：情况介绍》指出，网络暴力的后果包括引发肢体冲突，厌学，人际关系受损，出现抑郁、自残企图等心理健康问题[1]。

11.4.3　如何应对网络暴力

互联网是网络暴力的独特来源。受网暴者与施暴者之间可能在现实生活中并无关联；暴力信息或行为多以匿名形式发布，其他网络用户的点赞、评论与分享对网暴起到了重大的推波助澜作用……上述一切，都给惩治施暴者、消除网暴影响、受网暴者的身心创伤恢复带来了极大的挑战。2023年，联合国教科文组织发布《通过教育解决仇恨言论：给政策制定者的指南》，指出"仇恨言论助长了偏见和歧视，并可能助长暴力并使之正常化。最近，随着社交媒体的使用，它在全球范围内升级"，而媒介与信息素养为"解决长期仇恨言论提供了至关重要的工具"[2]。

网络暴力可能发生在每个人身上，那么人们应该如何应对网络暴力呢？联合国儿童基金会呼吁人们谨慎发表言论、小心分享信息；受网暴者要拒绝"以暴制暴"，要及时寻求帮助；旁观者要积极对受网暴者给予支持。美国政府专门搭建了"停止暴力"（StopBullying）官方网站，为青少年提供网络暴力举报入口，并提出了忽略和屏蔽恶意信息、友善尊重他人、与支持者保持联系、理解他人的批评可能源于他人的痛苦、承认自己的感受、继续做自己等建议；对父母提出了留意、谈话、记录、举报、支持五大应对方法。澳大利亚政府发布的行为指南《应对网络暴力或有害内容》提供了"收集证据—举报—防止进一步接触"的解决思路。特别是对心智尚未成熟的未成年人而言，更要学会"自救"与寻求"他救"——立即停止浏览、辩论或"对骂"，远离不良信息来源，及时向家长、学校、青少年网络服务平台、心理咨询师等寻求帮助。

本章练习

一、名词解释

数字安全
个人信息
数字成瘾
网络霸凌

---

① United Nations Educational，Scientific and Cultural Organization．Tackling cyberbullying and other forms of online violence involving children and young people：fact sheet［R］．Paris：UNESCO，2021．

② United Nations Educational，Scientific and Cultural Organization．Addressing hate speech through education：a guide for policy-makers［R］．Paris：UNESCO，2023．

二、思考题

1. 在参与数字活动时，哪些行为容易泄露隐私？

2. 电信诈骗的形式多样，怎样才能精准识别电信诈骗？

3. 有的人认为"网瘾"是一种疾病，有的人认为所谓的"网瘾"并不存在，你的看法是什么？

4. 如何在积极参与数字世界和防止"数字成瘾"中保持平衡？

5. 如果不幸遭遇网络暴力，有哪些举报与求助渠道？

6. 你还知道哪些数字安全问题？谈谈如何用数字素养应对它。

阅读书目推荐

1. 周鸿祎. 数字安全网络战［M］. 北京：中国科学技术出版社，2023.

2. 戴昕. 信息隐私：制度议题与多元理论［M］. 北京：北京大学出版社，2024.

3. 特奥·康普诺利. 释放孩子的大脑：从网络成瘾到数字自由［M］. 傅豪，译. 长沙：湖南教育出版社，2024.

第 12 章

守望数字道德与伦理

本章学习目标

- 了解数字活动中常见的道德与伦理问题。
- 理解与遵循数字礼仪。
- 掌握信息茧房的数字素养应对方法。
- 认识到数字社会发展不均衡、不充分的事实。
- 能够帮助有相关需求的人跨越数字鸿沟。

🔀 **导读**

通过第11章的学习，我们知道了如何预防与应对外来的数字伤害。本章变换为个人视角，聚焦数字世界的"慎独"，你面对的绝不仅是冷冰冰的屏幕。

联合国教科文组织指出"信息伦理涵盖信息和通信技术应用的伦理、法律和社会方面"，在其2001年开始实施的"全民信息计划"（Information for All Programme，IFAP）中，"信息伦理"被纳入六大优先领域之一。2023年，牛津大学出版社出版的《牛津数字伦理手册》（*Oxford Handbook of Digital Ethics*）绘制了包括访问互联网的权利、社交媒体上的言论、假新闻、在线约会、有说服力的技术、价值对齐、算法偏见、预测性警务、在线价格歧视、医疗人工智能、隐私和监视、工作的未来，以及人工智能和生存风险等37个主题的数字伦理"地图"。[①]

数字道德与伦理相关的问题广泛存在，身为普通人的我们，在日常生活中也常常会遇见这些问题。你注意过相关的现象吗？你知道应该如何处理吗？你了解跨越数字道德与伦理"红线"的后果吗？本章围绕数字伦理与道德中的常见问题展开探讨，经过本章的学习，你将了解守法、负责、友善地参与数字活动的方法。

12.1 网络不是"法外之地"

自1994年我国全功能接入国际互联网以来，人们对网络安全法治建设的认识逐渐深入。在习近平新时代中国特色社会主义思想的指引下，我国更是将依法治网作为全面依法治国和网络强国建设的重要内容。我国网络立法经历了从无到有的过程，相关机构已出台网络领域立法140余部。2023年，国务院新闻办公室发布的《新时代的中国网络法治建设》指出，我国"基本形成了以宪法为根本，以法律、行政法规、部门规章和地方性法规、地方政府规章为依托，以传统立法为基础，以网络内容建设与管理、网络安全和信息化等网络专门立法为主干的网络法律体系"，而"提升全社会网络法治意识和素养"是我国网络法治建设中的重要一环。

这些法律法规在保护普通人的合法权益的同时，也为我们的数字行为划定了"红线"，只有人人懂法、人人守法，才能营造和谐的数字生活。那么，普通人有没有可能触及这些"红线"呢？一些人们习以为常的数字现象真的合法吗？有哪些必须遵守的上网守则呢？

12.1.1 网上的作品是"免费午餐"吗

据最高检网站2022年3月的报道，随着网络信息技术的快速发展，网络侵犯知识产

---

① VÉLIZ C. Oxford handbook of digital ethics [M]. Oxford：Oxford University Press，2023.

权成为当前重要的侵权方式，受到相关部门的高度关注。IP（Intellectual Property，知识产权）一词更是成为影视文化领域的热词。普通人从单一的信息消费者，升级为信息传播者甚至信息生产者。随手下载电子书、向其他网友共享"破解版"软件、拍短视频时搭配使用背景音乐……在这些多种多样的数字活动过程中，或许你的某些行为在不经意间就构成了侵权。

2021年，世界知识产权组织（World Intellectual Property Organization，WIPO）在其发布的小册子《什么是知识产权？》中将"知识产权"定义为"智力创造成果——从艺术作品到发明创造，从计算机程序到商标和其他商业标志，不一而足"。我国商务部主办的"中国保护知识产权网"指出，"知识产权，也称'知识财产权'，是关于人类在社会实践中创造的智力劳动成果的专有权利。各种智力创造比如发明、文学和艺术作品，以及在商业中使用的标志、名称、图像以及外观设计，都可被认为是某一个人或组织所拥有的知识产权"。2020年通过的《中华人民共和国民法典》对知识产权的客体做出如下描述，"知识产权是权利人依法就下列客体享有的专有的权利：（一）作品；（二）发明、实用新型、外观设计；（三）商标；（四）地理标志；（五）商业秘密；（六）集成电路布图设计；（七）植物新品种；（八）法律规定的其他客体。"在众多知识产权的类型中，最常见的有3种：

著作权，也称版权，主要是指对文学、艺术和科学作品享有的专有权利；

专利权，主要是指对发明创造所享有的专有权利；

商标权，主要是指对商品的可识别性标志所享有的专有权利。

知识产权制度力图在创新者的利益和广大公众的利益之间达成平衡，营造创新创造蓬勃发展的环境。诺贝尔经济学奖得主道格拉斯·诺斯（Douglass North）认为，知识产权保护制度的出现和发展，使得发明成果大量涌现，从而启动了工业革命并创造了现代经济增长的奇迹[1]，可见知识产权对于社会发展和人类福祉实现的关键作用。

> **◉ 拓展阅读　　抖音用户使用热门音乐作品遭起诉**
>
> 2023年，央视网聚焦短视频创作中的版权冲突，该专题介绍了某抖音用户使用热门音乐作品《你笑起来真好看》作为短视频背景音乐，遭该音乐作品的著作权人起诉的案例。虽然该抖音用户没有营利目的、主观上没有侵权的想法，但是"如果将视频进行公布展现给公众，无论为个人目的使用还是商业目的使用，均已经脱离'为个人学习、研究或者欣赏'这一合理使用前提"[2]，需要承担侵权责任。

尊重知识产权，是每个人义不容辞的责任。个人应树立"知识付费"的理念，拒绝盗版软件、音乐、电影；不能擅自复制、改编与重新传播他人的原创作品；在创作数字作品时，创作者若使用有版权的素材，应处理好授权申请、规范引用等事宜。

---

① 万勇. 新型知识产权的法律保护与国际规则建构［J］. 中国政法大学学报，2021（3）：94-104.

② 余建华. 网络短视频里的背景音乐可不能乱用［N/OL］. 人民法院报，（2023-05-12）［2024-11-22］.

12.1.2　网络造谣有何后果

社交媒体的快速发展使网民们能够在虚拟的网络世界里不在乎他人的眼光，做最真实的自己。然而，网络空间的匿名性和隐蔽性使部分网民在网络平台上的行为过于随意，将网络作为"放飞自我"的"宣泄口"，发表不负责任的虚假言论，博取关注与流量。在入选最高检 2020 年度十大法律监督案例的"取快递女子被造谣出轨案"中，两名造谣者偷拍受害者取快递的过程，编造不实聊天内容并发至微信群，使受害者遭受大量询问与谩骂，并被公司劝退。受害者选择维权到底，最终两名造谣者以诽谤罪被判处有期徒刑一年，缓刑二年。

我国法律关于网络谣言的责任判定，根据行为的情节严重程度可能会判定为民事责任、行政违法责任和刑事责任。例如，《中华人民共和国民法典》第四编第五章第一千零二十四条规定，"民事主体享有名誉权。任何组织或者个人不得以侮辱、诽谤等方式侵害他人的名誉权"；《中华人民共和国治安管理处罚法》第三章第二十五条规定，有"散布谣言，谎报险情、疫情、警情或者以其他方法故意扰乱公共秩序的"这一行为的人，"处五日以上十日以下拘留，可以并处五百元以下罚款；情节较轻的，处五日以下拘留或者五百元以下罚款"；《中华人民共和国刑法》第六章第一节第二百九十一条之一规定，"编造虚假的险情、疫情、灾情、警情，在信息网络或者其他媒体上传播……严重扰乱社会秩序的，处三年以下有期徒刑、拘役或者管制；造成严重后果的，处三年以上七年以下有期徒刑"。除此之外，还有《中华人民共和国宪法》《中华人民共和国网络安全法》《全国人民代表大会常务委员会关于加强网络信息保护的决定》《互联网信息服务管理办法》等系列法律法规都对网络造谣进行了法律规定。

12.1.3　不小心传谣不用负责吗

很多人都知道网络造谣属于违法行为，但是不小心传谣呢？是不是传谣者不具备主观故意，就不需要承担相应的责任了？实则不然，如果传谣者在未核实信息真实性的情况下散布谣言信息，仍有一定的过失。如果谣言尚未造成恶劣的社会影响，则需要通过删除和澄清谣言及时止损；如果谣言已广为流传且造成了严重的社会不良影响，则传谣者仍可能要承担法律责任。例如，上述《中华人民共和国治安管理处罚法》第三章第二十五条规定了散布谣言，故意扰乱公共秩序的处罚办法。

12.2　网络社交时代的那些礼仪

中国自古以来就是礼仪之邦，《论语》中有"不学礼，无以立"的说法，讲的是如果不学会礼仪礼貌，就难以立身处世。在现代，人们的社交空间从线下转到线上，逐渐形成了一套适应数字环境的、具有时代特色的社交礼仪规范——"网络礼仪"。"网络礼仪"的英文是 Netiquette，它由"网络"（Network）和"礼仪"（Etiquette）组合而成，是互联网使用者在网络活动中对他人应有的礼仪。值得注意的是，网络礼仪与传统的、线下生活中的礼仪并不完全相同。例如，在现实中常用的"嗯"等词语，在网络社交时使用却有可能冒犯对方；在现实中对他人微笑以传达友好与善意，在网络社交时发送微笑表情包却有可能让对方觉得是在嘲讽自己。

12.2.1　网络发言有温度

与现实生活中类似，在网络上公开发表个人观点或是与亲友联络时，都应以礼待人、尊重他人。"礼貌"与"尊重"是网络发言的关键词。

礼貌。面对冰冷的屏幕，我们很容易忘记每个屏幕背后都有一个具有独立思想和感受的人，如果遣词造句过于随意，很容易造成对方的误解，或是显得无礼。因此，在点击"发送"之前，我们要谨记屏幕后面是活生生的人，不妨问问自己："我会当着对方的面这么说吗？"

尊重。发表的内容宜简明扼要、重点突出；注重遣词造句、避免语病和错别字；保证来源的可靠性和内容的真实性；避免出现与他人相关的隐私信息，以此表达对他人时间、精力与人格的尊重，避免给其他人带来麻烦。

12.2.2　数字行为有风度

我们在进行数字活动时要有风度，一方面，需要"守法"与"得体"，做到严于律己；另一方面，通过"平等"与"共享"，做到"宽以待人"。

守法。受匿名性的影响，不少人在数字环境下就放松了对自己的要求。然而，骚扰、欺凌、侵犯版权和个人隐私……无论是在线上还是线下世界，这些都是法律明令禁止的行为，现实社会中的道德和法律标准也应延伸至网络空间，我们必须遵守与现实生活中相同的行为准则。

得体。不同的场合下，行为得体的含义不同。例如，不能将与亲友交往的方式生搬硬套到工作场景中。这一原则也延伸到在线环境。例如，在短视频平台"抖音"上可以发表诙谐幽默的评论，而在职场社交平台"钉钉"上开玩笑可能被认为不够得体。因此，我们须时刻谨记自己所处的数字场合。

平等。专家、设计师、系统管理员，这些群体在数字活动中拥有更多的权利。这些权利应被负责任地使用，而不能将自己视为上位者，操纵与伤害其他群体。

共享。互联网既可以用来共享高质量信息，也可以用来传播虚假信息。数字环境清朗与否，在于每个人是否都贡献了自己的知识与智慧。

12.2.3　偶遇冲突有气度

人与人之间的背景、经历、三观、作风皆有不同，在数字活动中难免发生摩擦与冲突。作为参与者，应以"包容"的心态对待他人；作为旁观者，应增强"责任"意识，争做网络空间的秩序维护者。

包容。数字平台的网友们有着不同的成长和生活背景，一部分人不会操作数字工具，另一部分人不了解网络礼仪。遇到他人犯错时，我们应求同存异，以礼貌、尊重和包容的方式回应。

责任。友好的数字环境应由每个人共同建设。随着互联网的普及，持不同观点的人聚集在一起，"网络骂战"常常一触即发，对某一公共事件持有不同看法的网民，在抖音、微博等网络平台上分成相互对立的队伍，互相指责。具备网络礼仪的人应在其中积极发挥"劝架"作用，而不能在网友们失控的情绪上"加把火"。

12.3 冲破"信息茧房"

社交媒体时代，推荐算法"投其所好"地为人们推送"定制化"消息。一方面，这让受众可以毫不费力地在海量信息中获取感兴趣的那些；另一方面，随着时间的推移，用户的信息获取渠道越来越窄、信息同质化越来越严重，信息环境"舒适区"如同温水煮青蛙一般强化了用户的固有认知、收拢了用户的信息视野，最终将使人们置身于蚕茧一般的"信息茧房"（Information Cocoon）之中。

"信息茧房"概念是由哈佛大学法学院教授凯斯·R.桑斯坦（Cass R. Sunstein）在其2006年出版的著作《信息乌托邦：众人如何生产知识》（*Infotopia:How Many Minds Produce Knowledge*）中提出的。通过对互联网的观察，桑斯坦指出，在信息传播中，因公众自身的信息需求并非全方位的，公众只注意自己选择的东西和使自己愉悦的通信领域，久而久之，会将自身桎梏于像蚕茧一般的"茧房"中。

从主观感受到科学研究，大量证据揭示了"信息茧房"无处不在，其深度影响甚至"操纵"着人们的生活。2023年，中国青年报社社会调查中心联合问卷网，向1501名受访者展开调研，发现"62.2%的受访者直言，'大数据+算法'的精准推送方式，让自己陷入了'信息茧房'"，受访者纷纷感叹："虽然喜欢看，但也不希望闲暇时间全被娱乐化的内容填满""我有一个朋友，她就被'20岁初抗老'这样的话题裹挟，每天为自己的皮肤焦虑"[1]。这并不仅仅是人们的主观感受。印第安纳大学的一个研究小组分析了来自4万余名用户的25万条政治主题推文的随机样本，创建算法以确定每个用户的政治倾向，并检查每个用户转发内容的党派关系。研究结果如何呢？右倾者转发的内容中有93%是保守派的，左倾者转发的内容中有80%是自由派的。社交媒体非但没有拓宽用户的政治视野，反而为日益孤立的党派社区创造了"茧房"。

随之而来的，是个人的观念极端化与公共信息空间的破坏。2023年，东莞图书馆主办的阅读推广读物《易读》专门刊登了"信息茧房"主题的系列科普文章，强调信息茧房容易造就偏激狭隘的头脑，身在"唯一真相"幻影中的人，常常会自视真理在握，自认为自己是正义化身，而同质化的社群内部，又有着"乌合之众"的种种特征。2020年，上海外国语大学教授施展在《破茧》一书中指出，"信息茧房在某种意义上取消了'公共领域'的'公共性'"。在同质观点的不断迎合、重复之下，个人的价值取向和对世界的

---

[1] 王品芝，等. 深陷"信息茧房"，年轻人如何破茧［N］. 中国青年报，2023-07-14（3）.

认知在被持续固化，茧房之间的壁垒日益牢固；进而，低级、简单的"网络骂战"日益频繁，人们逐渐失去正常的沟通交流能力，难以和与自身认知相悖的人共处。

那么，身为普通人，怎样才能跳出"信息茧房"的裹挟呢？2023年，联合国新闻发布专题报道《"联合国是虚假信息的受害者"：一位中国记者眼中的"信息茧房"》，强调"用户数字素养的提升"，"因为这或许才是击垮'信息茧房'的突破口"。

12.3.1　掌握信息获取主动权

随着数字技术的飞速发展，人与信息的关系从"人找信息"变成"信息找人"，人们亟需改变长时间"刷"手机的被动信息获取习惯，反思自己真正需要的信息内容并开展针对性检索，学会"点菜"，掌握高质量信息的获取主动权。2021年，我国国防部在官网刊文《警惕陷入"信息茧房"》，强调"要带着自己的头脑和个人的主见从网上获取信息，不要变成被机器控制的'机器人'"。

12.3.2　拓宽信息获取渠道

了解和使用高质量的信息获取渠道，如搜索引擎、权威媒体、专业数据库、图书馆等；阅读一些不同类型和观点的图书或新闻报道；关注不同领域的社交媒体用户和博主……许多图书馆、媒体组织、研究机构等整理了多个主题的信息来源和获取渠道，意在支持用户从多渠道全方位地获取信息，做到"兼听则明"。例如，诺丁汉大学发布视频《信息资源的类型》，建议为实现有效学习，应该从字典、百科全书、电子书、期刊、网站、报纸、会议论文集、报告、标准、手稿和特藏、专利、社交媒体等多元渠道获取信息资源，并列举了各类信息源的用处、优势与不足。

12.3.3　拒绝人云亦云

我们要对互联网平台正在提供的算法推荐服务及其造成"信息茧房"的可能性有清醒的意识，在接受或拒绝一条信息之前开展事实核查与理性探讨，了解观点的多样性和事实的多面性，进而拒绝沉浸于算法推荐的同质化信息中。2024年，欧盟在"欧洲学校教育平台"专门发文说明批判性思维是"互联网时代的生活技能"，批判性思维被认为是"四个公民能力领域之一"。联合国教科文组织在"国际媒介与信息素养电子平台"共享了一批优质的课程、框架、信息图等参考资源与工具，帮助公众在数字社会利用媒介与信息素养"批判性思考、明智地点击"。

12.4　跨越"数字鸿沟"

12.4.1　接入、技能与效果的多重差距

数字技术在社会中的应用越来越广泛，在我们畅享智能化带来的便捷时，一些群体

的世界却越来越"小"。例如，在没人陪伴的时候，很多老年人甚至"不会"出门，他们不会扫码骑车、不会用手机叫车、不会通过网络购票、不会使用手机移动支付。2023年，新华社新媒体在报道《新华网三评"老年人数字困境"：跨过"数字鸿沟"，避开"数字陷阱"，跳出"数字沉迷"》中，使用"不会用""不敢用""不愿用"3个词，精准地揭示出老年人面临的数字困境。在数字世界中，老年人与年轻人之间似乎隔着深深的沟壑，沟的一边是美好的数字生活，另一边是老年人无法融入数字世界的无奈，这就是"数字鸿沟"。

其实，数字鸿沟不止一种表现形式，"用不上"是沟，"不会用"是沟，"用不好"也是沟。具体而言，可将其分为第一级、第二级、第三级数字鸿沟，三级的内涵层层深入。①最初的"数字鸿沟"强调物理设备接入的差距，后被称为"第一级数字鸿沟"。早在20世纪90年代末，数字鸿沟这一社会现象就受到关注，并于1999年在美国国家通信和信息管理局（National Telecommunications and Information Administration，NTIA）发布的《在网络中落伍：定义数字鸿沟》中（首次在官方出版物中）出现："'数字鸿沟'——能够获得新技术的人和不能获得新技术的人之间的鸿沟——现在是美国主要的经济和公民权利问题之一"[1]。②随着对数字鸿沟理解的深入，越来越多的人发现，人与人之间在数字知识与技能方面也存在鸿沟，这被称为"第二级数字鸿沟"[2]。除了数字知识与技能，自我效能低下、计算机焦虑等心理层面的差距也被囊括在第二级数字鸿沟之中[3]。③近年来，一些学者提出为了更全面地表述数字鸿沟概念，除互联网接入和数字知识与技能，还应考虑互联网使用的效果，这种关注通过使用数字技术获得有益成果的鸿沟被称为"第三级数字鸿沟"[4]。"第三级数字鸿沟"的假设是即使两个用户均拥有高质量的自主访问能力和足够的技能，他们也可能无法在互联网使用中获得相同的回报；在互联网接入几乎普及的社会中，"第三级数字鸿沟"变得越来越突出。

12.4.2　数字富有者和数字贫困者

除了上述年龄数字鸿沟外，数字鸿沟还广泛存在于不同地区、不同社群之间，健全人与残障人士、高收入者与低收入者……前者拥有更多的数字资源，能够借此得到更多的发展机遇，后者被数字世界排斥，生活质量也因此大幅下降。2020年，联合国发布的《数字合作路线图》揭示出，移民、难民、境内流离失所者、老年人、儿童、残障人士等群体均面临数字鸿沟的挑战[5]。2022年，中央网信办发文指出我国处于数字鸿沟另一端的

① National Telecommunications and Information Administration. Falling through the net：defining the digital divide［R］. Washington，D. C.：NTIA，1999.

② HARGITTAI E. Second-level digital divide：mapping differences in people's online skills［J］. First Monday，2002，7（4）：1-19.

③ VAN DIJK J，HACKER K. The digital divide as a complex and dynamic phenomenon［J］. The information society，2003，19（4）：315-326.

④ VAN DEURSEN A J A M，HELSPER E J. The third-level digital divide：who benefits most from being online?［M］// Communication and information technologies annual. London：Emerald Group Publishing Limited，2015，10：29-52.

⑤ United Nations. Roadmap for digital cooperation：implementation of the recommendations of the high-level panel on digital cooperation［R］. Geneva：UN，2020.

主要是老年人、残障人士等，并特别强调"开展数字助老助残行动"，面向老年人、残障人士开展帮扶。

12.4.3　连接、飞跃、融合

处于数字鸿沟另一边的人群类型不同、需求不同，跨越数字鸿沟的方式也有差异。整体而言，我们要在考虑该群体特殊需求的基础上，从三级数字鸿沟出发，连接互联网，飞跃技能差距，最终让该群体融入数字世界。

以老年人为例，《初学记·鸟赋》云："雏既壮而能飞兮，乃衔食而反哺。"意思是雏鸟长大后，衔食喂其母，比喻子女长大奉养父母。在数字时代，帮助家中老人跨越数字鸿沟、进行"数字反哺"，是每个子女应尽的责任。

连接——支持老年人配备智能手机、计算机等数字接入设备。据新华网2023年2月的报道，在我国，跨越第一级数字鸿沟对很多老年人而言已不成问题。2023年，在第三届中国人口与发展论坛上发布的一项调查结果显示，我国一半以上的65岁至69岁老年人使用智能手机，百岁及以上老年人中仍有1.3%使用智能手机。2024年，中国互联网络信息中心发布的《第53次中国互联网络发展状况统计报告》显示，截至2023年12月，我国50岁及以上网民群体占比为32.5%（见图12-1），并指出"互联网进一步向中老年群体渗透"[1]。

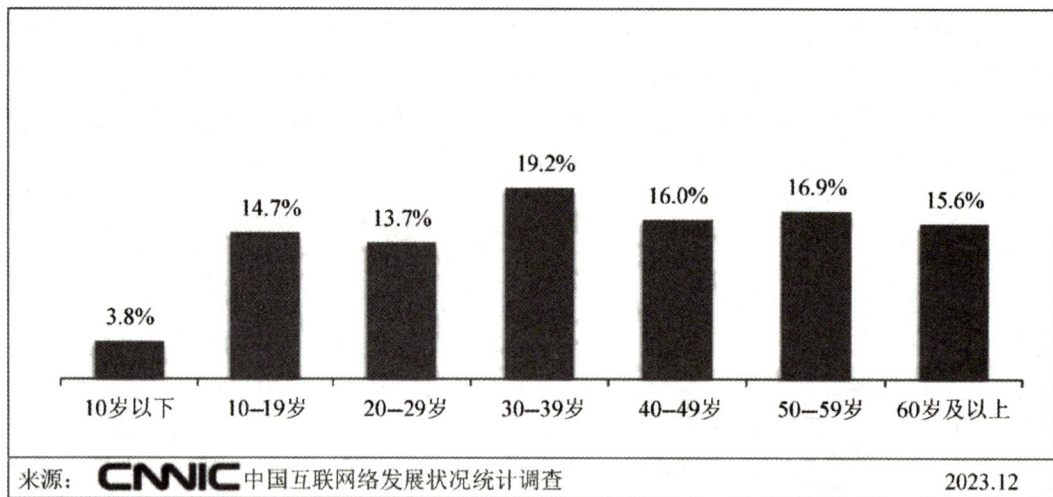

图12-1　我国网民的年龄结构

飞跃——帮助老年人掌握数字基础技能。要帮助老年人跨越数字鸿沟，首先需要提升他们使用手机、计算机等数字设备，以及使用各种支付软件、打车软件、社交软件的基础能力。我国已出现一批以基础操作技能为核心的优质课程。例如，央广网与贝壳公益联合打造了"我来教您用手机"系列短视频教材，以视频动画形式普及智能手机基本操作知识，为老年人提供便捷的线上课堂服务；浦东图书馆开设老年人智能手机培训班，以老年读者生活中常用App的使用为主讲内容，手把手教老年人使用智能手机。

---

①　中国互联网络信息中心. 第53次中国互联网络发展状况统计报告［R］. 北京：中国互联网络信息中心，2024.

　　融合——助力老年人畅享数字红利。考虑到老年人生理、心理机能逐渐衰退的客观事实，儿女在引导家中老人学习数字知识和技能时，可以聚焦数字出行、数字就医等主题，强化老年人在重点场景下的数字技术应用效果。例如，2021年，中国人口福利基金会、高德地图联合编制了首个《老年人数字化出行服务指南》，以图文的形式向老年人说明如何使用助老服务、领取和使用助老就医出行补贴，帮助老年人学习使用互联网助老出行服务。2019年开始，我国国家卫生健康委员会等单位在全国范围组织开展"全国老年健康宣传周"活动，制作了大量旨在提升老年人健康素养水平的数字化学习资料。

本章练习

一、名词解释

数字伦理

数字道德

信息茧房

数字鸿沟

二、思考题

1. 我国针对数字行为的法律体系日益完善，你还知道哪些"红线"呢？
2. "信息茧房"有哪些危害呢？
3. 网络礼仪与现实礼仪有相似也有不同，请你谈谈你的看法。
4. 互联网上的不良信息包括哪些？
5. 处于数字鸿沟另一端的人群还有很多，针对不同人群分别有何解决办法？

阅读书目推荐

　　1．马克·考科尔伯格．人工智能伦理学［M］．周薇薇，陈海霞，译．上海：上海交通大学出版社，2023．

　　2．凯斯·R.桑斯坦．信息乌托邦：众人如何生产知识［M］．毕竟悦，译．北京：法律出版社，2008．

　　3．马长山．迈向数字社会的法律［M］．北京：法律出版社，2021．

附　录

联合国教科文组织《教师信息和通信技术能力框架》

联合国儿童基金会《教育工作者的数字能力框架》

中央网信办《提升全民数字素养与技能行动纲要》

美国大学与研究图书馆协会《高等教育信息素养框架》